겨레의 뿌리를 밝히는 책 2

우리 금관의 역사를 밝힌다

우리 금관의 역사를 밝힌다

초판 1쇄 발행　2008. 2. 25
초판 2쇄 발행　2014. 2. 20

지은이　　박선희
펴낸이　　김경희
펴낸곳　　㈜지식산업사
주　소　　본사 : 경기도 파주시 광인사길 53 (문발동 520-12)
　　　　　서울사무소 : 서울시 종로구 자하문로6길 18-7 (통의동 35-18)
전　화　　본사 : (031)955-4226~7 / 서울사무소 : (02)734-1978
팩　스　　본사 : (031)955-4228 / 서울사무소 : (02)720-7900
　　　　　한글문패　지식산업사
　　　　　영문문패　www.jisik.co.kr
　　　　　전자우편　jsp@jisik.co.kr
　　　　　등록번호　1-363
　　　　　등록날짜　1969. 5. 8.

책값은 뒤표지에 있습니다

ISBN 978-89-423-1111-8 93910

이 책을 읽고 지은이에게 문의하고자 하는 이는
지식산업사 전자우편으로 연락 바랍니다.

겨레의 뿌리를 밝히는 책 2

우리 금관의 역사를 밝힌다

박 선 희

지식산업사

광개토대왕릉 출토, 금으로 만든 절풍과 새 깃 모양 관식
길림성 집안시 집안박물관

광개토대왕릉 출토, 금으로 만든 관테 둘레
길림성 집안시 집안박물관

광개토대왕릉 출토, 금으로 만든 관 장식들
길림성 집안시 집안박물관

평양시 대성구역 청암리 토성 부근에서 출토된 금동
평양 조선중앙력사박물관

평양시 력포구역 룡산리 7호 무덤에서 출토된 금동 절풍
평양 조선중앙력사박물관

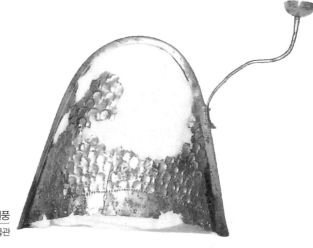

익산 입점리에서 출토된 금동절풍
국립공주박물관

무령왕릉 출토, 금으로 만든 왕의 관 장식
국립공주박물관

무령왕릉 출토, 금으로 만든 왕비의 관 장식
국립공주박물관

백
제

나주 신촌리 9호 무덤에서 출토된 금동관
국립광주박물관

공주 수촌리 4호 무덤에서 출토된 금동관
충청남도역사문화원

금관총 금관
국립중앙박물관

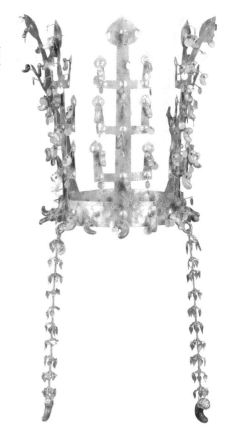

신
라

황남대총 북분 금관
국립중앙박물관

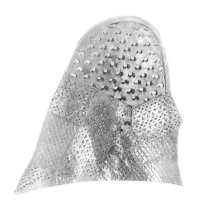

금관총 출토, 금으로 만든 절풍
국립중앙박물관

천마총 출토, 금관(왼쪽)과 금으로 만든 절풍(오른쪽
국립경주박물관

천마총 출토, 금으로 만든 관장식
국립경주박물관

서봉총 금관의 앞모습(왼쪽)과 옆모습(오른쪽)
국립경주박물관

금령총 금관
국립중앙박물관

고령에서 출토된 금관
호암미술관

부산 복천동 11호무덤에서 출토된 금동
국립김해박물관

창녕에서 출토된 금동관
동경국립박물관

책을 내면서

나는 중국 고대사를 전공하면서 고대의 한국과 중국 및 북방 지역의 역사와 문화에 대해 비교연구를 해왔다. 그 결과 우리 민족의 문화와 중국이나 북방 지역의 문화는 발생 초기부터 서로 다른 특성을 지니고 있었다는 사실을 알게 되었고, 그 높낮이에서 고대의 한국이 중국이나 북방 지역보다 훨씬 우수했다는 사실을 확인할 수 있었다. 복식 문화의 경우도 그 시기와 수준이 앞서 있었다. 이러한 사실을 비교연구로 잘 알고 있는 나로서는, 우리 금관에 관한 선행 연구들을 만나면서, 우리 관모와 금관이 중국이나 북방 지역으로부터 영향을 받아 이루어졌다는 내용에 매우 혼란을 느꼈다. 그리고 그러한 연구를 자세히 검토해보니 해석에 여러 가지 모순이 있음을 알게 되었다.

우리 민족의 관모와 금관이 갖는 고유한 원형은 한국의 고대 사회, 특히 고조선 문화에서 찾아야 한다고 생각한다. 즉, 고조선시대의 관모를 잘 알지 못한다면 금관을 포함한 우리 민족의 복식을 바르게 인식할 수 없는 것이다. 때문에 나는 이 책에서 한민족 고대 관모의 내용들 가운데 고조선시대로부터 지속되어온 고유한 양식들을 확인해보고, 이것들이 이후 금관의 양식으로 어떻게 계승되었는지 그 내용을 분석하고자 노력했다. 그래서 우리의 관모와 금관을 중국이나 북방 계통으로 보는 가장 중요한 근거였던 양식과 관련해 종래의 잘못된 견해들이 갖는 모순을 검토하는 작업에서 출발했으며, 우리 금관이 갖는 고유성과 정체성 및 계승성을 체계적으로 밝히려고 했다.

대체로 고조선시대부터 계승된 고구려·백제·신라·가야의 관모 양식에 대한 분석을 중심으로, 당시 역사의 전개 과정과 권력 구조 및 대외 관계사와 관련해 금관이 만들어지고 사용된 내용을 해석해내고자 했다. 이 과정에서 한국 금관과 이웃나라 금관을 비교·분석해 우리 금관의 고유 양식을 밝히는 데 특히 힘썼다. 따라서 이 책은 고대에 한국이 동아시아에서 금관의 종주국이었다는 사실을 체계적으로 추적한 동시에 금관을 중심으로 다양한 관모들의 역사를 모두 정리한 한국 관모사의 성격을 지닌다.

제1장에서는 금관 연구의 문제점과 중요성 그리고 연구 방법을 다루고, 고조선시대부터 사용했던 관모의 고유 양식을 밝혀야 하는 이유를 서술했다. 제2장에서는 우리 민족이 쓴 변·절풍·책·나관 등에 보이는 관모의 전통과 금관을 이웃나라와 비교·분석했다. 제3장에서는 고구려 금관의 정체를 제시하고 관모 장식의 고유 양식을 이웃나라와 비교해 다루었다. 아울러 고구려에서 금관이 만들어진 시기와 고유 양식을 밝히고 백제와 신라 및 가야에 미친 영향을 분석했다. 제4장에서는 신라와 가야 금관의 유형과 고유 양식이 고구려와 같은 문화적 계통 속에서 이루어진 것으로 해석하고, 신라 금관에서 세움장식이 출현한 역사적 배경과 용도 및 장식의 상징성을 밝혔다. 또한 세움장식의 변화를 시기별로 분석했

다. 제5장에서는 서봉총 출토 은합우에 새겨진 명문, 곧 '연수(延壽)'라는 연호의 재해석을 통해 서봉총의 정체를 밝혔다. '연수원년(延壽元年)'은 고창국 국문태왕 5년인 서기 624년으로, 진평왕 46년이라고 해석된다. 서봉총의 절대 연대를 밝힘으로써 신라 적석목곽분의 편년과 더불어 신라 금관의 하한 연대 설정의 새로운 기준을 마련함과 동시에 서봉총의 주인이 진평왕이라는 사실을 비정했다. 제6장에서는 백제 금관의 유형을 추론하고 관모 장식에 대해 분석했다. 나관에 보이는 왕관의 양식과 관모 장식의 고유성을 분석하고, 금동관에 보이는 양식으로부터 금관의 독자성을 추론해보았다. 제7장에서는 제2장~제5장에서 얻은 성과에 따라 우리 관모의 역사와 금관의 전통에 대해 얻은 결론의 요점들을 간략하게 정리했다.

이 책은 민족 문화의 정체성을 주체적으로 인식하고 우리 겨레의 뿌리를 밝히고자 기획된 지식산업사의 '겨레의 뿌리를 밝히는 책' 가운데 한 부분으로 집필되었다. 깊은 애정을 갖고 출판을 맡아주신 김경희 사장님과 좋은 책을 만들기 위해 애써주신 편집부 직원 여러분께 진심으로 감사드린다.

2008년 2월

지은이 朴仙姬

우리 금관의 역사를 밝힌다 | 차례

고조선은 우리 민족이 처음으로 세운 나라이다. 고조선이 건국됨으로써 고조선의 통치 영역 안에 살고 있던 사람들이 하나의 통치 조직 속에서 공동체를 형성해 한민족이 출현하게 되었다. 그러므로 고조선의 사회와 문화는 우리 민족 사회와 문화의 원형이라고 할 수 있다.

고조선이 붕괴된 이후 한민족은 고구려·동부여·동옥저·읍루·동예·최씨낙랑국·한·신라·백제·가야 등의 여러 나라로 각기 독립해 있었으나, 이들은 모두 고조선의 문화를 그대로 계승하고 있었다. 그러므로 우리의 모자와 금관의 원형은 고조선으로부터 지속되어온 고유한 양식들을 바탕으로 설명해야 할 것이다.

제1장

금관의 원류로서
고조선의 관모

우리나라 금관은 학계에서 논의되는 것처럼 정말 중국이나 북방 지역에서 비롯되었을까? 얼마 전까지만 해도 고구려에는 금관이 없었던 것으로 알려졌으나, 최근의 발굴 보고서를 보면 고구려는 서기 4세기 무렵에 이미 금관을 쓰기 시작했음을 알 수 있다. 학계에 널리 알려진 것처럼, 신라는 서기 5세기 무렵에 금관을 두루 사용했다. 백제 지역에서는 아직 출토된 금관이 없으나, 금동관은 계속 출토되고 있다. 그런데 고구려와 신라 및 백제의 금관과 금동관은 모두 고조선시대부터 우리 관모의 전형을 이루었던 절풍을 기본형으로 하고 있다.

모자의 양식은 머리 양식과 밀접한 연관성을 지닌다. 한민족은 고대부터 머리를 올려 상투를 트는 고유한 머리 양식을 이루어왔다. 절풍은 상투를 튼 머리에 알맞은 관모 양식이다. 중국이나 북방 지역에는 이러한 양식이 없다.

한국 사람들은 누구나 금관을 자랑으로 삼고 금관에 대해 잘 알고 있다고 생각하지만, 사실은 그렇지 않은 것 같다. 금관 가운데서도 신라 금관의 형태만을 어느 정도 알고 있을 뿐이다. 고구려와 백제 및 가야의 금관이나 금동관에 대해서는 잘 알려져 있지도 않거니와, 알려진 것들도 거의 중국이나 북방 지역의 영향을 받아 만들어졌다는 내용들이다. 게다가 그 원류를 그리스에서 찾기도 한다.

지금까지 출토된 것으로 볼 때, 모든 부분을 금이나 금동으로 만든 관은 고구려·백제·신라·가야의 사국시대부터 시작되었다. 그리고 이 같은 금관이 나오기 전에 이 나라의 왕들은 모자에 금테나 금단추를 두르거나 또는 금으로 만든 장식을 관에 꽂아 왕권을 상징했다. 그러므로 금 장식을 한 관은 관 전체를 금으로 만든 금관의 이전 단계로, 금관과 연관성을 가질 것으로 생각된다. 왜냐하면 오랫동안 써왔던 왕관을 버리고 어느 날 갑자기 다른 지역에서 새로운 형태의 금관을 들여왔을 것이라고는 생각하기 어렵기 때문이다.

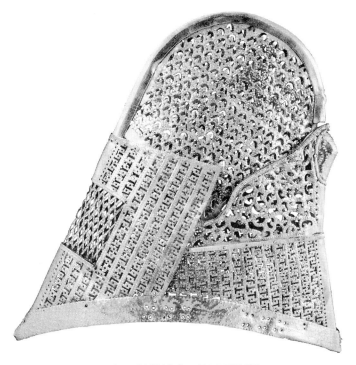

〈그림 1〉 경주 천마총 출토, 금으로 만든 절풍

　　실제로 금관 속에 쓴 관은 절풍이라고 불리는 모자를 금으로 만든
것인데(〈그림 1〉), 이 절풍은 우리 민족이 고조선시대부터 한반도와 만주
전 지역에서 오랫동안 써왔던 모자이다. 또한 관에 흔들리게 달려 있는
원형이나 나뭇잎 모양의 장식과 곡옥도 고조선시대부터 우리 민족이 사
용해온 것이기 때문에 더욱 그러하다.

　　고조선은 우리 민족이 처음으로 세운 나라이다. 고조선이 건국됨으
로써 고조선의 통치 영역 안에 살고 있던 사람들이 하나의 통치 조직 속
에서 공동체를 형성해 한민족이 출현하게 되었다. 그러므로 고조선의 사
회와 문화는 우리 민족 사회와 문화의 원형이라고 할 수 있다.

고조선이 붕괴된 이후 한민족은 고구려·동부여·동옥저·읍루·동예·최씨낙랑국·한·신라·백제·가야 등의 여러 나라로 각기 독립해 있었으나, 이들은 모두 고조선의 문화를 그대로 계승하고 있었다. 그러므로 우리의 모자와 금관의 원형은 고조선으로부터 지속되어온 고유한 양식들을 바탕으로 설명해야 할 것이다.

고대에 한민족은 고조선시대부터 다양한 관모들을 썼다. 그러면 관모와 거기에 달거나 꽂았던 장식의 원형을 제시하고, 이로부터 고구려·백제·신라·가야의 금동관과 금관의 기원 문제를 밝혀보도록 하겠다.

고대에 한민족은 변(弁)과 책(幘) 그리고 절풍(折風)이라고 불리는 관모를[1] 썼다. '변'·'책'·'절풍'은 우리 민족의 관모에 관한 중국 사서의 기록으로, 중국의 이름을 빌려 우리 민족의 관모를 표현한 것이다. 이에 따르면, 변은 고깔 모양이고, 책은 머리 뒷부분이 앞부분보다 올라간 모양이며, 절풍은 윗부분이 둥글거나 각진 모양이다.

그런데 지금까지의 연구에서는 고대 한민족의 관모들이 모두 북방이나 중국으로부터 영향을 받아 만들어진 것으로 보았다. 즉, 변을 '북방계에 뿌리를 둔 가죽변이 삼국시대에 와서 절풍변모(折風弁帽)로 정착한 것'으로 본 것이다. 책과 절풍의 경우도 북방계의 가죽으로 만든 변이 중

---

1   그동안 연구자들은 고대 한민족이 사용했던 모자를 관·모·관모·모관 등으로 일컬었다. 복식과 고고학 연구에서 관모 양식과 관련한 우리말 용어들이 다양하지 않아 한자 용어를 빌려 사용했기 때문에 분명한 체계를 이루지 못했다. 발굴 과정을 보더라도 역시 상투를 덮었던 절풍이나 변만이 출토되는 경우, 절풍과 겉관이 함께 출토되는 경우, 또는 겉관만이 출토되는 경우 등 다양하기 때문이다.
중국은 고대에 변(弁)과 대부(大夫) 이상이 쓰는 면(冕)을 모두 관(冠)이라고 불렀다. 관에는 따로 모(帽)가 없고, 관 밑에 두터운 실크인 증(繒)으로 머리싸개를 만들어 썼다. 이후에 이 머리싸개를 모(帽)라고 불렀다(《說文解字》. "冠, 弁冕之總稱也. 冕, 大夫以上冠也";《正字通》. "古者冠無帽, 冠下有纚, 以繒爲之, 後世因之帽與冠, 或裁纚爲帽" 참조). 중국은 고대에 이처럼 관과 모를 구분했으나, 후대로 오면서 구분이 없어지고 관을 모두 모라고 부르기도 했다. 따라서 이러한 내용을 참고해 금관의 구조를 보면, 속에 쓴 절풍은 모에 속하고 세움장식이 있는 겉관은 관에 속하므로, 고대 한국에서 쓰던 모자는 관과 모 또는 관모라고 하는 것이 좋을 것이다.

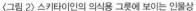

〈그림 2〉 스키타이인의 의식용 그릇에 보이는 인물상

〈그림 3〉 피노 스키틱 인물상

국 한(漢) 문화의 영향과 혼합되어 만들어진 것이라고 보았다.[2] 또한 고
대 한국의 변은, 쿨 오바(Kul Oba) 지역에서 출토된 것으로 서기전 4세기
무렵의 병에 새겨진 스키타이 인물상(〈그림 2〉)과 아나니노(Ananyino) 고분
에서 출토된 피노 스키틱(Finno Scythic) 인물상(〈그림 3〉)이 쓴 관과 같다고
해서, 그 원류가 스키타이계의 관모에 있다고 보기도 했다.[3] 또 다른 경
우는, 신라 고분에서 출토된 유물들과 로마 문화의 유물들을 두고 형태
나 양식의 유사성을 찾아 선긋기를 하면서, 신라의 금관이나 금동관이
"머리띠 모양의 관테에 나뭇가지를 삼면에 꽂은 듯한 수목관으로, 그 원
류는 그리스에서 찾을 수 있다"고[4] 했다. 한편으로는, "한국의 금관은 선

---

2 權兌遠, 〈百濟의 冠帽系統考 – 百濟의 陶俑人物像을 中心으로〉, 《史學志》第16輯, 1982,
   547~575쪽.

3 金文子, 《韓國服飾文化의 源流》, 民族文化社, 1994, 36~39쪽 ; 국사편찬위원회 편, 《옷차림
   과 치장의 변화》, 두산동아, 2006, 25~26쪽.

행형식(先行形式)이 존재하지 않는다. 옛날부터 있었던 것을 더욱 크게 하거나 더욱 아름답게 한 것이 아니다. 즉 한국의 금관은 갑자기 나타난 문화현상이다"라고[5] 보기도 한다.

　그러나 이러한 다양한 주장들과 달리, 고대 한민족은 고조선시대 초기부터 변과 책 및 절풍을 한반도와 만주의 모든 지역에서 널리 사용했다. 이는 이어지는 내용에서 고고학의 출토 자료를 통해 밝혀질 것이다. 그리고 병에 새겨진 스키타이 인물상과 피노 스키틱 인물상이 쓴 모자는 윗부분이 삼각형 모양이지만, 앞면은 앞이마를 모두 덮고 뒷부분은 목 부분을 완전히 덮어 어깨 부분까지 드리워 있으므로 그 모양에서 고대 한국의 변과는 전혀 다르다.

　자작나무껍질로 만든 신라의 절풍에 대해서도, 신강 자치구 낙보현(洛甫縣) 노인-울라(Noin-ula)의 산보랍(山普拉) 고묘에서 출토된 자작나무껍질 모자와[6] 그 재료·기법·형태 등에서 같다고 하여, 그 원류를 북방계로 보는 견해가 일찍이 제기된 바 있다.[7] 그러나 뒤에서 밝히겠지만, 동부여의 유적에서는 자작나무껍질로 만든 여러 가지 유물들이 다수 출토되었기 때문에, 고대 한민족이 이미 오랫동안 자작나무껍질로 다양한 물건들을 만들어 사용했음을 알 수 있다. 또한 나는 이미 노인-울라에서 출토된 복식 가운데 일부 바지들이 한민족의 것이거나 한민족의 영향을 받은 것이라고 분석했다.[8] 따라서 자작나무껍질로 만들어진 노인-울라

4　요미즈 츠네오 지음, 오근영 옮김, 《로마문화 왕국, 신라》, 씨앗을 뿌리는 사람, 2002, 5쪽.

5　김병모, 《금관의 비밀》, 푸른역사, 1998, 164쪽.

6　梅原末治, 〈蒙古ノイン·ウラ發見の遺物〉, 《東洋文庫論叢》 第27冊, 榎一雄, 51쪽.

7　梅原末治, 〈慶州金鈴塚飾履塚發掘調査報告〉, 《大正十三年度古蹟調査報告》 第1冊, 朝鮮總督府, 1924, 73~78쪽 ; 이은창, 《한국 복식의 역사-고대편》, 세종대왕기념사업회, 1978, 188~190쪽 ; 金東旭, 《增補 韓國服飾史研究》, 亞細亞文化社, 1979, 62~63쪽 ; 金文子, 앞의 책 39~43쪽.

8　박선희, 《한국 고대 복식-그 원형과 정체》, 지식산업사, 2002, 424~430쪽.

출토의 절풍도 한민족의 것일 가능성이 크다.

일반적으로 고구려 고분벽화에 보이는, 새 깃 등을 꽂은 관을 조우관(鳥羽冠)이라고 부르는데, 이는 적합한 이름이 아니라고 생각된다. 사서에는 단지 절풍에 조우(鳥羽)를 꽂는다는[9] 설명만 있을 뿐, 조우관이라는 이름은 보이지 않는다. 그러므로 새 깃을 꽂은 관 또는 새 날개를 꽂은 관이라고 부르는 것이 옳을 것이다. 또한 관모의 분류에서 새 깃을 꽂은 관은 절풍에다 새 깃의 장식만 더한 것이므로, 절풍으로 분류해야 마땅할 것이다. 새 깃을 꽂은 관과 절풍을 따로 구분하는 것은 옳지 않아 보인다.

고구려 고분벽화에 보이는 것으로 새 깃 또는 새 몸털이나 꼬리털 등을 꽂은 절풍, 그리고 출토된 것으로 새 깃과 새 날개 등의 금속제 관식을 흔히 북방계 유목민족으로부터 영향받은 것이라고 설명한다.[10] 그 근거로 《후한서(後漢書)》의 〈여복지(輿服志)〉에 쓰여진 '무관(武冠)'과 관련한 내용을 든다. 즉, 중국 전국시대의 조나라 무령왕 때 북방 민족의 의복을 모방해 관 앞에 담비 꼬리털을 꽂아 조혜문관(趙惠文冠)이라고 하여 귀한 벼슬임을 나타내거나, 할새(鶡)의 꼬리털을 좌우에 꽂아 갈관(鶡冠)이라고 했다는[11] 내용을 제시하는 것이다. 그러나 이 내용이 말하는 것은 꼬리털을 꽂았다는 것이지, 새의 깃털을 꽂았다는 것은 아니다.

뿐만 아니라, 북방 민족들의 관모들은 앞에서 말했듯이 윗부분이

---

9   《魏書》卷100, 〈列傳〉, 高句麗傳. "頭著折風, 其形如弁, 旁揷鳥羽, 貴賤有差" ; 《隋書》卷81, 〈列傳〉, 高(句)麗傳. "人皆皮冠, 使人加揷鳥羽". 《北史》卷94, 〈列傳〉, 高句麗傳에서는 이 '使人'을 '士人'이라고 했다 ; 《北史》卷94, 〈列傳〉, 高句麗傳. "人皆頭著折風, 形如弁, 士人加揷二鳥羽" ; 《舊唐書》卷29, 〈志〉, 音樂 二. "高麗樂, 工人紫羅帽, 飾以鳥羽."

10   李如星, 《朝鮮服飾考》, 白楊堂, 1947, 177쪽 ; 이은창, 앞의 책, 201쪽.

11   《後漢書》卷30, 〈志〉, 輿服下. "武官, …… 侍中·中常侍加黃金璫, 附蟬爲文, 貂尾爲飾, 謂之趙文冠. 胡廣說曰, '趙武靈王效胡服, 以金璫飾首, 前揷貂尾, 爲貴職'…… 武官, 俗謂之大冠. 環纓無蕤, 以靑系爲緄, 加雙鶡尾, 豎左右, 爲鶡冠云."

〈그림 4〉 금판에 새겨진 스키타이 무사의 모습

삼각형 또는 둥근 모습으로 되어 있어 귀와 머리의 뒷부분을 모두 덮고
목 부분까지 내려오거나 어깨까지 드리우는 모양이 대부분이다(〈그림
4〉). 또 윗부분을 높이 세운 둥근 모자를[12] 쓰기도 한다(〈그림 5〉). 그러나
이들 관모에는 새 깃으로 장식한 모습이 보이지 않는다.[13] 한편, 중앙아
시아의 카자흐스탄 이시크(Issyk) 적석묘에서 출토된 관(〈그림 6〉)은[14] 금

---

12 李肖冰, 《中國西域民族服飾研究》, 新疆人民出版社, 1995.

13 T. T. Rice, *The Scythians*, Thames & Hudson, 1957 ; K. Jettmar, *Art of the Stepps*, Heidelberg,
1966 ; M. I. Artamonov, *Treasures from Scythian Tombs*, Kupriyanova(trans.), Thames &
Hudson, 1969 ; S. I. Rudenko, *Frozen Tombs of Siberia*, M. W. Thompson(trans.), J. M. Dent
& Sons Ltd., 1970 ; 梅原末治, 《蒙古ノイン・ウテ發見の遺物》, 平凡社, 1960 ; 江上波夫,
《ユーテンの古代北方文化の研究》, 山川出版社, 1951 ; 香山陽坪, 《騎馬民族の遺産》, 新潮
社, 1970 ; 岩村忍, 《中央アジアの遊牧民族》, 講談社, 1970 ; 李肖冰, 같은 책 등 참조.

14 K. A. Akishev, *Issyk Mound*, Moscow, 1978.

〈그림 5〉 서역에서 출토된 청동무사용

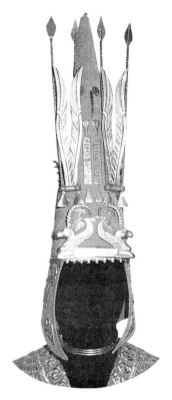

〈그림 6〉 이시크 적석묘에서 출토된 관

제 새 깃을 꽂은 예로 대표적으로 드는 것이다.[15] 그러나 이 관에 꽂혀 있는 장식은 새 깃이 아니라 화살과 창의 모형일 뿐이다. 새 깃을 꽂은 관에 대해서는 이 책의 제2장과 제4장에서 사진 자료와 함께 상세히 분석할 것이다.

고대 한국의 금관 유래와 관련해서는 대표적인 몇 가지 견해가 있다. 첫째는 고대 한국의 금관이 스키타이와 시베리아 유목민족의 영향을

15   金文子, 앞의 책, 77쪽.

〈그림 7〉 아프가니스탄 금관

받았다는 견해이다.[16] 둘째는 스키타이풍의 북방적 성격 그리고 불교 전
래와 함께 꽃을 세워 장식한 보살 모자의 인도적 성격이 합성된 위에, 신
라의 자생성이 만들어냈다는 견해이다.[17] 셋째는 당나라의 원숙한 기술
에 영향을 받아 제작되었다는 견해이다.[18] 그리고 넷째로 중앙아시아 아
프가니스탄의 틸리아-테페(Tillya-Tepe) 6호분 유적에서 출토된 박트리
아시대의 금관(서기전 1~2세기, 〈그림 7〉)이 신라 금관보다 앞선 연대에 만
들어졌다고 해서 '신라 금관의 조형(祖形)이 될 수 있다'고 보기도 한다.
아프가니스탄 금관의 기본 구조가 나무와 나뭇잎으로 되어 있기 때문에
이 모양이 신라 금관과 유사성을 갖는다는 것이다.[19]

16 金元龍, 《韓國考古學槪說》, 一志社, 1977, 180~181쪽 ; 秦弘燮, 〈百濟·新羅의 冠帽·冠飾
     에 關한 二三의 問題〉, 《史學志》, 檀國大學校 史學會, 1973, 1~34쪽 ; 金文子, 같은 책, 78~
     96쪽 ; 尹世英, 〈韓國古代冠帽考〉, 《韓國考古學報》 第9輯, 韓國考古學研究會, 1981, 34~
     35쪽.

17 李如星, 앞의 책, 218~219쪽.

18 馬場是一郎·小川敬吉, 〈梁山夫婦塚と其遺物〉, 《古蹟調査特別報告》 第5冊, 朝鮮總督府,
     1926.

〈그림 8〉 사르마트 금관

　기원전 2세기 또는 1세기로 이야기되는 흑해 북안의 로스토프 지역 노보체르카스크 호흐라치 무덤군에서 출토된 사르마트 금관(〈그림 8〉)이 신라 금관의 양식과 비슷한 이미지를 분명히 공유하는 듯하다고[20] 보기도 한다. 또한 운남성 진령(晉寧) 석채산(石寨山)에서 출토된, 춤추는 네 사람의 모양을 표현한 전인(滇人) 금동상(〈그림 9〉)에 보이는 모자 장식이 신라 금관의 세움장식과 관련이 있을 것으로 추정하기도 한다.[21] 그러나 중국의 복식 연구자들과 고고학자들은 높은 관을 쓰고 제사 의식에서 매우 긴장된 모습으로 춤추는 금동상의 신분을 낮은 계층으로 보았고, 높은 관 위의 세움장식 끝에 있는 둥근 모양을 화구(花球)라고 했을 뿐이다.[22] 게다가 높은 관의 뒷부분은 두 가닥의 긴 천으로 머리에서 발끝까

19　　김병모, 앞의 책, 39~41쪽.

20　　이한상, 《황금의 나라 신라》, 김영사, 2004, 50쪽.

21　　같은 책, 52~53쪽.

22　　沈從文, 《中國古代服飾硏究》, 上海出版社, 1997, 114~115쪽 ; 陳麗瓊 · 馬德嫻, 〈雲南晉寧石寨山古墓群淸理初記〉, 《文物》, 1957年 第4期, 57~59쪽.

〈그림 9〉 석채산에서 출토된 전인 금동상

지 길게 드리워 있기 때문에 신라 금관의 양식과 전혀 무관하다. 양식과 상관없이 낮은 신분의 전인이 춤출 때 쓴 모자의 양식을 왕권을 상징하는 신라 금관과 연관시키는 것은 참으로 황당한 일이다.

그리고 아프가니스탄 금관에는 다양한 색상의 보석이 장식된, 금으로 만든 꽃이 여러 송이 붙어 있는 것이 특징이다. 사르마트 금관의 관테 둘레에는 흰색 구슬과 금 구슬이 계속 연결되어 있으며, 여인상과 함께 붉은색 보석으로 크게 장식되어 있는 것이 특징이다. 그런데 이러한 특징들은 신라 금관의 여러 양식들과 거리가 너무 멀다. 특히 신라 금관이 갖는 큰 특징인 곡옥도 전혀 찾아볼 수 없다.

고대 한국에서 금이나 금동 등으로 만든 관모와 관모의 장식에는 거의 대부분 원형이나 나뭇잎 모양의 장식이 달려 있고, 관을 구성하는 나무줄기의 끝 부분은 거의 나뭇잎 모양으로 마무리되어 있다. 금관이나 금속으로 된 관모 장식 등에 달린 나뭇잎 모양의 양식은 하트형·도형(桃形)·보주형(寶珠形)·심엽형(心葉形) 등 다양한 이름으로 불린다.

중국의 고분벽화와[23] 돈황 벽화에 보이는 나뭇잎 묘사와 달리, 고구려 고분벽화에서는[24] 금관 장식에 달린 것과 같은 모양으로 나뭇잎을 묘사하고 있기 때문에, 이 같은 장식물이 고조선시대부터 표현해온 나뭇잎임을 알 수 있다. 이 원형과 나뭇잎 모양의 장식은 서기전 25세기 무렵인 고조선 초기 유물에서 이미 보이기 시작하며, 이후 줄곧 계승되어 고대 한국 예술품의 주된 양식으로 발전한다. 또한 뻗어 올라간 나무줄기 모양을 나타내는 양식도 고조선 중기에 해당하는 소조달맹(昭烏達盟) 출토 청동칼집의[25] 문양에서 보이기 시작한다. 이 문제는 제3장에서 더 상세히 다루고자 한다.

소조달맹은 고조선의 영역으로, 이 유적에서는 고조선의 특징을 갖는 청동투구와 청동장식단추, 비파형동검, 부채 모양 도끼 등이 출토되었다. 또한 서기전 206년에서 서기전 70년 무렵에 속하는, 고조선 말기 유적인 서차구(西岔溝) 옛무덤 출토 청동 조각 장식에서도[26] 그 특징을 볼 수 있다. 이 유적에서는 고조선 유적에서만 특징적으로 나타나는 새김문양의 청동장식단추와 청동방울이 발굴되었다. 발굴자들은 서차구 옛무덤을 흉노족의 유적으로 분류하기도 하고, 부여족의 유적으로 막연히 분류하기도 한다. 그러나 고조선의 영역에 속해 있는 서차구 옛무덤은 고조선 말기부터 고구려 초기에 해당하는 한민족의 유적으로 추정된다. 이러한 내용들은 제3장 2절에서 상세하게 다룰 것이다.[27]

여기서 잠시 고조선의 영역에 대해 설명하고자 한다. 왜냐하면 고조선의 강역이 확인되어야만 그 범위에 포함된 문헌 기록과 고고 자료를

<hr>

23   漢王得元墓畵像 · 武梁詞畵像 · 南珦堂山第五窟北齊小龕 등.
24   각저총 · 통구 17호묘 抹角石隅交界處壁畵와 오회분 4호묘 藻井鍛鐵圖와 制輪圖 등.
25   李逸右, 〈內蒙昭烏達盟出土的銅器調査〉, 《考古》, 1959年 第6期, 276~277쪽.
26   孫守道, 〈西岔溝古墓群被發掘事件的敎訓〉, 《中國考古集成》, 東北卷 秦漢之三國(二), 929~932쪽 ; 孫守道, 〈'匈奴西岔溝文化'古墓群的發現〉, 《文物》, 1960年 8 · 9期, 25~35쪽.
27   이 책의 제3장 2절 참조.

고조선 연구의 사료로 삼을 수 있고, 이 사료들을 바탕으로 관모를 비롯한 고소선에 관한 모든 연구가 가능하기 때문이다. 나는 중국이나 북방 지역에 견주어 그 문양이나 양식에서 구별되는 고조선의 가락바퀴, 원형 장식단추, 나뭇잎 모양의 장식, 긴 고리 모양의 허리띠 장식, 뼈·청동·철로 만든 갑옷 조각 등 복식 자료들의 특징과 출토지를 고찰했다. 또한 동일한 복식 재료를 사용했던 지역 그리고 동일한 양식의 관모와 복식을 착용했던 지역을 분석했다. 이러한 출토지와 지역들을 지도 위에 표시하면 다음과 같이 고조선의 영역이 나타난다.[28]

이 지도로부터 다음과 같은 결론을 얻을 수 있게 되었다.

첫째, 고조선 특징의 유물 분포도로부터, 고조선은 북경(北京) 근처에 있는 난하(灤河) 유역과 갈석산(碣石山) 지역을 중국과 경계로 하여 한반도와 만주 전 지역을 그 영역으로 삼고 있었음이 확인된다. 이것은 문헌 자료를 통해 확인된 고조선의 강역과 일치한다. 그리고 비파형동검, 청동거울, 새김무늬 질그릇 등 고고학적 출토 자료에 근거해 설정된 고조선의 영역과도 일치한다. 복식 자료와 복식 재료 및 복식 양식을 통해서도 그러한 고조선의 강역이 다시 한번 확인된 것이다.

둘째, 복식 자료 가운데 가락바퀴는 신석기시대부터 청동기시대까지의 출토물들이고, 장식물들과 갑옷 조각은 청동기시대와 철기시대의 것으로, 출토 분포에서 같은 지역으로 나타난다. 특히 관모를 비롯한 복식 양식의 특징과 복식 재료의 종류도 같은 분포를 보인다. 이는 복식 재료를 생산하고 복식 양식을 만들었던 사람들이 동일한 지역에 줄곧 살아오면서 하나의 문화권을 형성하고 동일한 정치체제를 가진 하나의 국가를 이루고 있었던 거주민이라는 사실을 뜻하는 것이다.

액이고납하(額爾古納河) 유역과 흑룡강성 북부 지역에서는 유물들이

---

28 윤내현·박선희·하문식, 《고조선의 강역을 밝힌다》, 지식산업사, 2006 참조.

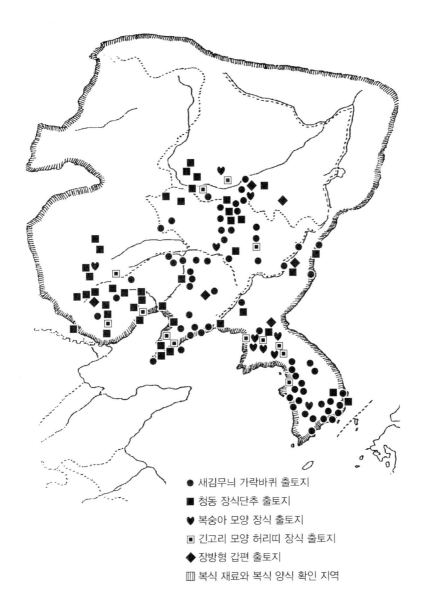

● 새김무늬 가락바퀴 출토지

■ 청동 장식단추 출토지

♥ 복숭아 모양 장식 출토지

▣ 긴고리 모양 허리띠 장식 출토지

◆ 장방형 갑편 출토지

▥ 복식 재료와 복식 양식 확인 지역

한민족 특징의 복식 유물 출토지와 복식 재료 및 복식 양식 확인 지역

거의 출토되지 않고 있는데, 액이고납하 아래에는 대흥안령(大興安嶺)산맥이 놓여 있고 흑룡강 아래에는 소흥안령(小興安嶺)산맥이 가로놓여 있는 고산지대이므로, 사람들이 거주하기에는 적합하지 않았던 지역이기 때문일 것이다. 그리고 흑룡강성 지역에서는 다른 지역에 견주어 고고학적 발굴이 거의 이루어지지 않았다는 점도 이유가 될 수 있을 것이다. 이 지역에서는 고조선에 관한 고고학의 자료뿐만 아니라 다른 성격의 유물도 출토된 예가 거의 없다.

이상의 고찰로서 한민족은 신석기시대부터 한반도와 만주 전 지역에 거주하면서 하나의 문화권을 형성해나갔으며, 청동기시대에는 고조선이라는 국가를 건립해 하나의 민족을 이루었음을 알 수 있다.[29] 한반도와 만주에 거주하던 고대 한민족은 고조선시대부터 변과 책 그리고 절풍을 모든 지역에서 써왔다. 그리고 고조선의 대부분 지역에서는 초기부터 이들 모자에 새 깃을 꽂거나 나뭇잎 모양과 원형의 장식단추를 달아 사용해왔다.

위 지도의 한반도와 만주 지역에 거주하던 고대 한민족들은, 금관이 만들어지기 이전 시기에는 관모에 금이나 금동으로 만든 장식물을 사용했다. 그러다가 이것들이 이후 금관의 주요한 구성 부분으로 수용되었던 것이다. 이 과정에서 고구려·백제·신라·가야의 여러 나라들이 중국이나 북방 또는 인도 등의 외래적 영향을 받음에 따라 각기 그 성격이 조금씩 변했을 뿐이다. 그러므로 금속으로 만든 고대 한국의 관모나 관모의 장식들이 북방 지역의 영향을 받아 만들어지기 시작했다거나 북방적 성격과 인도적 성격이 복합되어 만들어진 것이라고 보는 것은 옳지 않다고 생각한다.

또한 지금까지의 금관 연구에서 금관이 출토된 무덤은 모두 5세기

---

29 같은 책 참조.

후반부터 6세기 전반까지 약 100여 년 동안에 만들어진 것으로 편년되었다. 그러나 이 책의 제5장에서 밝히듯이, 서봉총의 제작 연대가 7세기 무렵으로 추정되기 때문에 금관은 5세기에서 7세기까지 만들어졌다고 보아야 한다. 따라서 이들 금관이 출토된 고분들의 연대 편년 또한 새로 수정되어야 할 것이다.

나는 이 책에서 고대 한민족이 고조선시대부터 사용해왔던 관모를 분석해 고대 한국의 관모와 관모 장식의 고유 양식을 복원하고, 이후 이 요소들이 금관의 주요 양식으로 계승되어가는 모습을 밝혀보고자 한다. 이 과정에서 고구려 고분벽화에 보이는 여러 관모들의 국적이 바르게 밝혀질 것이며, 고구려·백제·신라·가야의 금동관이나 금관 등이 갖는 우수성은 바로 고조선 관모의 고유 양식을 발전시켜나간 데 있음을 알게 될 것이다. 또한 신라의 금관이 만들어지고 사라졌던 시기에 대한 새로운 분석은 고분의 연대 편년을 수정하는 데 도움이 될 것이다. 더 나아가 고조선의 고유 양식을 계승한 금관과 관모들을 중국이나 북방 지역과 비교함으로써 한민족 관모의 독창성과 고유성을 밝히는 작업은, 우리의 문화적 전통을 바르게 인식하는 길일 뿐만 아니라 민족적 정체성과 민족 문화의 독자성을 입증하는 긴요한 연구가 될 것이다.

나는 그동안 한국 고대 복식을 연구하면서 신석기시대부터 한반도와 만주 지역에서 생산했던 복식 재료와 복식 양식이 지역마다 조금씩 특성을 달리할 뿐 같은 종류라는 사실과, 중국이나 북방 지역의 것과는 차이점을 가지고 있다는 사실을 발견했다. 과학적인 학문에 바탕하여 새로운 근거가 나타나고 있는 것이다. 이는 이를 생산하고 사용했던 사람들이 동일한 정치체제를 갖는 하나의 국가에 속한 거주민들이었음을 보여주는 것이라고 생각한다. 이들에게 공통의 귀속 의식이 없었다면 공통성을 지닌 복식 문화를 만들어낼 수 없었을 것이기 때문이다.

제2장

한민족이 쓴
모자의 전통과 금관

1. 변(弁)과 절풍(折風)에 보이는 금관 양식

고대 한민족은 변과 절풍 및 책으로 일컫는 관모들을 오랫동안 써왔다. 고대 한민족의 관에 대해《후한서(後漢書)》의〈동이열전(東夷列傳)〉서(序)에서는, "동이(東夷)는 거의 모두 토착민으로서, 술마시고 노래하고 춤추기를 좋아하며, 변(弁)을 쓰거나 물들인 오색실로 섞어 짠 실크(錦, 누에실천)로[1] 만든 옷을 입었다"고[2] 하고 있다. 동한(東漢)시대에 한반도와 만주에 거주하던 한민족은 공통적으로 변을 썼는데, 이들을 모두 토착인이라 했으므로 고조선시대부터 변을 사용해왔으리라 생각된다. 《석명(釋名)》의〈석수식(釋首飾)〉에서는 변에 대해 두 손을 서로 마주칠 때와 같은 모습이라고[3] 설명하고 있는데, 아마도 고깔 같은 모양을 묘사한 것으로 보인다.

위에서 한민족은 변과 더불어, 물들인 오색실로 섞어 짠 실크섬유(누에실천)인 금(錦)으로 만든 옷을 입었다고 했다. 이는 당시 한반도와 만주에 실크섬유가 널리 대중화했음을 말해주는 것이다. 실크 옷과 함께 어우러진 변과 절풍 및 책의 모양새는 꽤 수준이 높았을 것으로 생각된

---

1   고대 한국에서 누에실로 짠 천은 그 종류와 특징이 다양해 명칭도 여러 가지로 나타난다. 예컨대, 錦·絹·絺·紬·繡·繒·帛·綾·綺·紈·羅·紗·緞·練·紗縠·絹 등이 그것이다. 종래의 복식사 연구에서는 이 직물들의 다양한 특성이 정확히 구분되지 않았을 뿐만 아니라, 이들을 총칭해 모두 견직물(絹織物) 또는 비단이라고 불렀다. 그러나 絹은 바탕이 거친, 익히지 않은 흰색 누에고치실로 짠 천을 말하고, 비단은 붉은색의 누에고치실로 두껍게 짠 천을 말한다. 그러므로 絹이나 비단 등은 누에고치실로 짠 모든 직물의 총칭이 될 수 없다.
    종래에 이렇게 부정확한 명칭이 쓰인 것은, 누에고치실 천에 대한 정확한 한민족의 명칭을 갖지 못하고 있는 상태에서 습관적으로 일컬을 대중적인 명칭이 그대로 전달되어왔기 때문이라고 생각된다. 그러나 고대 한국과 중국이 생산한 누에고치실 천은 서로 차이가 있다. 때문에 중국에서 생산된 누에고치실 천의 특징에 따라 붙여진 한 두 가지의 이름으로 고대 한국에서 생산한 누에고치실 천 모두를 총칭할 수는 없겠다. 따라서 이 책에서는 고대 한국의 누에고치실 천을 총칭하는 단어로 '누에실천' 또는 '실크'를 사용하려고 한다.

2   《後漢書》卷85,〈東夷列傳〉, 序. "東夷率皆土著, 憙飮酒歌舞, 或冠弁衣錦."

3   《釋名》,〈釋首飾〉. "弁如兩手相合抃時也."

〈그림 1〉 납포달림 무덤 출토, 자작나무껍질로 만든 인형

다. 변은 고조선이 멸망한 이후 여러 나라에서 모두 사용했던 것으로 알려지고 있다.

　동부여의 경우, 동한 초기에 속하는 흑룡강성 액이고납우기(額爾古納右旗) 납포달림(拉布達林)의 무덤에서 출토된 자작나무껍질로 만든 인형(〈그림 1〉)에서[4] 변의 모습이 실제로 확인된다. 발굴자들은 이 유적이 선비족의 것이라고 추정하지만, 당시 이 지역에는 동부여가 자리하고 있었기 때문에 자작나무껍질로 만든 인형은 동부여의 유물이라고 보는 것이 맞다. 고조선의 멸망 이후 동부여는 북부여의 지배 세력이 동쪽으로 이동해 세운 나라로, 지금의 길림성 북부와 내몽고 자치구 동부의 일부 그리고 흑룡강성 지역을 차지하고 있었다.[5]

4　內蒙古文物考古硏究所 · 呼倫貝爾盟文物管理站 · 額爾古納右旗文物管理所, 〈額爾古納右旗拉布達林鮮卑墓郡發掘簡報〉, 《中國考古集成》, 東北卷 兩晋至隋唐(一), 北京出版社, 114~122쪽.

5　윤내현, 《한국열국사연구》, 지식산업사, 1998, 56~83쪽.

〈그림 2〉 경주 황남리에서 출토된 토우들

　이 유적의 M24 무덤에서 출토된 청동방울은 고조선 청동방울의 특징인 타원형을 하고 있고, M6 무덤에서 출토된 잔줄무늬의 청동거울 및 청동장식단추 등도 고조선 유물의 특징을 그대로 하고 있어 이 유적이 동부여의 것임을 뒷받침한다. 잔줄무늬 문양의 청동거울은 고조선 청동거울의 특징이다. 또한 고조선에서는 서기전 25세기 무렵부터 주로 원형과 타원형 및 나뭇잎 모양의 형태를 가진 청동장식단추를 생산하여 일반 복식에 장식했고, 이후 갑옷과 투구 등에 응용했다. 청동장식단추에 나타나는 문양은 고조선의 영역에서만 나타나는 것으로, 신석기시대부터 출현했던 가락바퀴나 질그릇 및 청동기에 보이는 문양과 같은 새김무늬 혹은 잔줄무늬 모양이다. 이는 고조선의 유물이 갖는 특징과 그 맥락을 같이한다.

　신라는 서기전 57년에 건국되었는데, 건국의 핵심 세력은 다른 지역에서 이주해 온 사람들이 아니라 고조선시대부터 이미 경주를 중심으로 경상북도 지역에 살고 있던 토착인들로서 그 지역의 명문거족이었다. 그들은 고조선이 붕괴된 뒤 한(韓)의 일부인 진한(辰韓)의 여섯 부(部)를

〈그림 3〉 백제 토기편에 보이는 변을 쓴 모양

형성하고 있었는데, 고조선이 붕괴되어 사회 혼란이 계속되자 자신들의 지역에서나마 혼란을 바로잡을 필요성을 느끼고 신라를 건국했던 것이다.[6] 따라서 그들의 의복은 고조선의 것을 거의 그대로 잇고 있다.[7] 관모의 경우에도, 경주 황남리에서 출토된 여러 남자 토우들이 대부분 고깔 모습을 한 모자를 쓰고 있기 때문에(〈그림 2〉) 고조선을 이어 변을 썼음을 알 수 있다. 백제에서도 변을 사용했음이 확인되는데, 충청남도 부여 출토의 토기편에 보이는 변의 모습(〈그림 3〉)이[8] 그것이다. 이것을 보면 변의 양쪽에서 끈을 내려 턱밑에서 묶었음을 알 수 있다.

고구려의 경우도 백성들은 변을 쓰고[9] 대가(大加)와 주부(主簿)는 모두 중국의 책과 비슷한 관을 쓰며 소가는 절풍을 쓴다고 했는데,[10] 책과

---

6 같은 책, 218~241쪽 참조.

7 박선희, 《한국 고대 복식-그 원형과 정체》, 2002, 363~458쪽.

8 부여 박물관 소장, 백제 토기편.

9 《舊唐書》卷199, 〈列傳〉, 高(句)麗傳. "國人衣褐載弁" ; 《新唐書》卷220, 〈列傳〉, 高(句)麗傳. "庶人衣褐, 在弁."

10 《後漢書》卷85, 〈東夷列傳〉, 高句麗傳. "大加・主簿皆著幘, 好冠幘而無後, 其小加著折風, 形

절풍의 모습에 대해 《후한서》 〈동이열전〉의 고구려전(高句麗傳)에서는, "대가와 주부는 모두 책을 썼는데, 책과 같기는 하지만 뒤로 늘어뜨리는 부분이 없다. 소가는 절풍을 썼는데, 그 모양이 변과 같다"고[11] 했다.

《남제서(南齊書)》의 〈열전(列傳)〉 고구려전에서는 "고(구)려인의 습속은 통이 큰 바지를 입고 양(梁)이 하나인 절풍을 썼는데 책이라 했다. 오경(五經)을 읽을 줄 알았다. (고구려) 사신이 경사(京師)에 있을 때 중서랑(中書朗) 왕융(王融)이 그를 희롱하여 '입은 것이 적합하지 않는 것은 몸의 재앙이라는 말이 있는데, 머리 위에 얹은 것은 무엇인가?'라고 했다. (고구려 사신이) '이것은 바로 옛날 변의 남은 모습이다'라고 대답했다"고[12] 했다. 이 두 기록으로부터 다음과 같은 사실을 알 수 있다.

첫째, 고구려 대가와 주부의 관은 중국의 책과 비슷하나, 뒤에 늘어뜨리는 것이 없어 중국의 책과 구분된다. 둘째, 절풍의 모양은 변과 같고 책이라고도 부르며, 책과 절풍은 옛날 변의 남은 모습이라고 한 점으로 보아 책과 절풍은 변의 모습으로부터 변화된 것임을 알 수 있다. 또한 중국 사신이 머리 위에 얹은 것이 무엇이냐고 물었던 점으로 보아 고구려의 책은 중국에는 없는 모자 형태였음을 알 수 있고, 머리에 썼다기보다는 상투만 덮은 것으로서 얹어놓은 것처럼 보인 것이라 하겠다. 요령성 여순시(旅順市) 철산구(鐵山區)에 위치한 고구려 옛무덤 출토의 흙으로 만든 인형들(〈그림 4〉)은[13] 고구려 사람들이 썼던 책의 모양을 잘 보여준다.

如弁(대가와 주부는 모두 책을 쓰는데, 관책과 같기는 하지만 뒤로 늘어뜨리는 부분이 없다. 소가는 절풍을 쓰는데, 그 모양이 고깔과 같다)";《三國志》卷30,〈烏丸鮮卑東夷傳〉, 高句麗傳. "大加主簿頭著幘, 如幘而無餘, 其小加著折風, 形如弁(대가와 주부는 머리에 책을 쓰는데, 책과 흡사하지만 뒤로 늘어뜨리는 부분이 없다. 소가는 절풍을 쓰는데, 그 모양이 고깔과 같다)."

11 같은 곳 참조.

12 《南齊書》卷58,〈列傳〉, 高(句)麗傳. "高麗俗服窮袴, 冠折風一梁, 謂之幘." 知讀五經. 使人在京師, 中書朗王融戱之曰:"服之不衷, 身之災也. 頭上定是何物?"答曰:"此卽古弁之遺像也."

13 于臨祥,〈考古簡訊-旅順老鐵山發現古墓〉,《考古通訊》, 1956年 3期, 60~61쪽.

〈그림 4〉 철산구의 고구려 무덤에서 출토된 도용

　　고구려 대가와 주부의 관은 중국의 책과 비슷하나 뒤에 늘어뜨리는
것이 없어 중국의 책과 구분된다고 하는 것은, 한민족은 대체로 머리를
틀어 올려 상투를 했기 때문이며,[14] 이는 고구려의 경우도 마찬가지였다.
즉, 머리를 위로 올려 머리카락이 머리 뒤에서 목 부분으로 흘러내리지
않기 때문에 늘어뜨린 것이 없다는 것이다. 실제로 고구려 고분벽화 여
러 곳에서 상투를 한 모양이 보이는데, 무용총 수박희도(手博戱圖)의 인
물, 삼실총 제3실벽화의 장사, 각저총의 씨름하는 장사 등이 그렇다. 고
구려의 경우 여자들도 정수리 위로 머리를 틀어 올렸음이 고구려 도용
(〈그림 5〉)에서[15] 확인된다. 또한 여자들도 머리를 틀어 올리고 절풍을 썼
다는 사실이 다음 〈표 2〉의 출토 자료에서 확인된다. 그러므로 고구려
고분벽화에 보이는 대부분의 절풍을 쓴 사람들은 상투가 절풍으로 가리
워진 상태이다.

　　고구려는 고조선을 계승했다. 따라서 고구려인들이 착용했던 이 같
은 책과 절풍은 변과 마찬가지로 고조선 때부터 사용했던 것이라 하겠

14　《後漢書》卷85, 〈東夷列傳〉, 韓傳. "大率皆魁頭露紒(그들은 대체로 머리를 틀어 묶어 상투를
　　드러낸다)"；《晉書》卷97, 〈馬韓傳〉. "其男子科頭露紒(남자들은 머리를 틀어 상투를 드러낸
　　다)."

15　개인 소장. '晉永和乙巳年'(서기 345년)의 연대와 '大兄'의 관직이 새겨진 고구려 도용.

〈그림 5〉 고구려 도용(등에 연대와 관직이 새겨져 있다)

다. 실제로 고조선시대의 유적인 함경북도 무산군 무산읍 범의구석 유적 청동기 문화층에서 출토된 남자 조각은 머리 위가 둥근 모양으로 높이 올라가 있어(〈그림 6〉)[16] 절풍을 쓴 것으로 보인다. 또 다른 고조선시대의 유적인 서포항 유적 청동기 문화층 두 곳에서 출토된, 흙으로 만든 남자 인형은 모자를 쓴 것으로 보이는데, 머리의 윗부분이 양쪽 옆으로 퍼져 각을 이루고 있기 때문에 그 모양이 책과 흡사하다(〈그림 7〉).[17] 이와 같은 모습의 인형(〈그림 8〉)이 길림성 통유현(通楡縣) 오포산(敖包山) 신석기시 대 유적에서도 출토되었다.[18] 이 지역은 고조선의 강역에 포함되는 곳으

16 조선유적유물도감편찬위원회, 《조선유적유물도감》(원시편), 조선유적유물도감편찬위원회, 1998, 148쪽.

17 김용간·서국태, 〈서포항 원시유적 발굴보고〉, 《고고 민속 논문집》 4, 사회과학출판사, 1972, 118·131쪽.

18 王國范, 〈吉林通楡新石器時代遺址調查〉, 《中國考古集成》, 東北卷 新石器時代(二), 1933~ 1938쪽 ; 戴麗君, 〈敖包山遺址的陶人〉, 《中國考古集成》, 東北卷 新石器時代(二), 1943쪽.

〈그림 6〉 범의구석 유적에서 출토된 남자 조각상

로, 여기서 출토된 질그릇은 모두 고조선 질그릇의 특징인 지자(之字)무 늬·새김무늬·점선무늬 등을 나타낸다. 이러한 유물들이 갖는 공통성은 한민족 형성의 주체 세력이 일찍부터 한반도와 만주에 거주했던 토착인 들이었음을 알려준다.

현재 대부분의 학자들은 우리 민족과 문화의 기원을 찾는다면서 우 리가 살고 있는 한반도가 아닌 외부를 뒤지고 있다. 특히 몽골·중앙아시 아·시베리아 등지로 관심을 돌리고 있다. 우리 민족과 문화가 기원한 곳 이 한반도가 아닌 북방 지역이라고 보기 때문이다. 그러한 연구 결과가 나왔기 때문이 아니라, 그러한 선입관을 갖고 연구를 시작하기 때문이 다. 위에서 밝혔듯이, 한반도와 만주 지역에서는 신석기시대 유적부터 동일한 양식의 관모 형태가 나오고 있다.

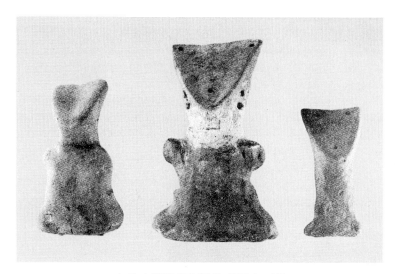

〈그림 7〉 서포항 유적에서 출토된 남자 조각상

　　나는 그동안 한국 고대 복식을 연구하면서 신석기시대부터 한반도
와 만주 지역에서 생산했던 복식 재료와 복식 양식이 지역마다 조금씩
특성을 달리할 뿐 같은 종류라는 사실과, 중국이나 북방 지역의 것과는
차이점을 가지고 있다는 사실을 발견했다. 과학적인 학문에 바탕하여 새
로운 근거가 나타나고 있는 것이다. 이는 이를 생산하고 사용했던 사람
들이 동일한 정치체제를 갖는 하나의 국가에 속한 거주민들이었음을 보
여주는 것이라고 생각한다. 이들에게 공통의 귀속 의식이 없었다면 공통
성을 지닌 복식 문화를 만들어낼 수 없었을 것이기 때문이다. 이러한 근
거들을 외면한 채 우리 민족과 우리 문화가 외부에서 왔다고 주장하는
태도는 옳지 않다.

　　고대 한민족은 고조선시대부터 변과 책 및 절풍을 모든 지역에서
써왔는데, 이것들은 어떻게 사용되었을까?《위서(魏書)》〈열전〉의 고구
려전에서는 "머리에는 절풍을 쓰니 그 모양이 변과 비슷하고, 양옆에 새

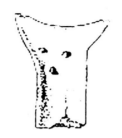

〈그림 8〉 오포산 신석기시대 유적에서 출토된 인형

의 깃을 꽂았는데, 귀천에 따라 차이가 있다"고[19] 하여, 고구려에서 남자
들은 모두 변과 비슷한 모양의 절풍을 썼으며 양쪽 옆에 새의 깃을 꽂아
귀천을 가렸다는 것을 알려주고 있다. 그 차이와 절풍의 재료에 대해
《수서(隋書)》〈열전〉의 고(구)려전에서는 "사람들은 모두 가죽관을 쓰
고, 사인(使人)은 새의 깃을 더 꽂았다"고[20] 했고, 《북사(北史)》〈열전〉의
고구려전에서는 "사람들은 모두 머리에 절풍을 썼고, 그 모양은 변과 같
으며, 사인(士人)은 두 개의 새 깃을 더 꽂았다"고[21] 했다. 이로 볼 때 고구
려에서는 주로 가죽으로 절풍을 만들었음을 알 수 있다. 그러나 신라와
가야에서는 자작나무껍질로도 절풍을 만들었다. 사인은 새 깃 두 개를
더 꽂는다고 하므로, 일반인들도 절풍에 새의 깃을 꽂았음을 알 수 있다.
이는 무용총 수렵도의 일부 기마인이 절풍에 새의 털을 가득히 꽂은 모
습, 그리고 무용도의 무용하는 사람이 절풍에 몇 가닥의 새털을 꽂은 모
습에서 확인된다.

19 《魏書》卷100,〈列傳〉, 高句麗傳. "頭著折風, 其形如弁, 旁揷鳥羽, 貴賤有差."

20 《隋書》卷81,〈列傳〉, 高(句)麗傳. "人皆皮冠, 使人加揷鳥羽(사람들은 모두 가죽관을 쓰는데,
    사인은 새의 깃을 더 꽂는다)". 이 '使人'을 《北史》卷94,〈列傳〉, 高句麗傳에서는 '士人'이라고
    했다.

21 《北史》卷94,〈列傳〉, 高句麗傳. "人皆頭著折風, 形如弁, 士人加揷二鳥羽(사람들은 모두 머
    리에 절풍을 쓴다. 그 모양이 변과 같은데, 사인은 두 개의 새 깃을 더 꽂는다)."

　　고구려의 경우 악공인(樂工人)도 성글게 짠, 자주색 실크로 만든 모자[紫羅帽]를 쓰고 새 깃으로 장식했다.[22] 고조선시대부터 북부여에서도 관(冠)에 새 깃을 꽂았다.[23] 백제는, 제사지낼 때 절풍에 새의 깃을 꽂았던 것으로[24] 보아, 고구려와 마찬가지로 일반인들도 새의 깃을 사용했음을 알 수 있다. 이와 같이 모자에 새 깃을 꽂는 풍습은 신라도 마찬가지였다. 단지 백제에서는 모(帽)를 관(冠)이라 하고[25] 신라에서는 관(冠)을 유자례(遺子禮)라고 불렀기 때문에[26] 명칭에 차이가 있었을 뿐이다.

　　한반도와 만주 지역의 여러 나라들이 모두 이처럼 새 깃을 꽂는 동일한 풍속을 가졌던 것은 고조선의 풍속을 이은 것이라 하겠다. 1922년에 낙양에서 출토된, 연개소문의 아들인 천남산(泉男産)의 묘지명(墓誌銘)을 보면 "…… 나이 30세에 태대막리지(太大莫離支)가 되니 관위(官位)는 곧 따라 높았으나 총애는 왕부에서 받지 못하니, 절풍에 새 깃을 꽂는 영예는 고향 (고)구려와[27] 끊어졌다"고[28] 나와 있다. 이를 통해 고구려에서는 벼슬한 사람의 경우 절풍을 쓰고 새의 깃을 꽂는 풍습이 나라의 멸망과 함께 사라져갔음을 알 수 있다.

　　천남산은 연개소문의 세 아들 가운데 막내로서, 668년(보장왕 27년)

22　《舊唐書》卷29,〈志〉, 音樂 二. "高麗樂. 工人紫羅帽, 飾以鳥羽."

23　李奎報,《東明王篇》. "漢 神雀 3년 임술년에 하느님이 태자를 보내어 부여 왕의 옛 도읍에 내려가 놀게 했는데 해모수라고 이름했다. …… 웅심산에 머물다가 십여 일이 지나서야 비로서 내려왔다. 머리에는 조우관을 쓰고 허리에는 용광의 칼을 찼다(漢神雀三年壬戌歲, 天帝遣太子降遊扶余王古都号解慕漱 …… 止熊心山經十餘日始下. 首戴鳥羽之冠, 腰帶龍光之劍)."

24　《北史》卷94,〈列傳〉, 百濟傳. "若朝拜祭祀, 其冠兩廂加翅, 戎事則不(조배나 제사지낼 때는 관의 양쪽 곁에 (새의) 깃을 꽂았으나 군사 일에는 그렇지 않았다)."

25　《南史》卷79,〈列傳〉, 百濟傳. "呼帽曰冠(모를 관이라고 부른다)."

26　《南史》卷79,〈列傳〉, 新羅傳. "其冠曰遺子禮(그들은 관을 유자례라고 한다)."

27　《後漢書》卷85,〈東夷列傳〉에서는 고구려와 구려 둘로 나누고, 구려에 대해 "一名貊. 有別種依小水爲居, 因名曰小水貊. 王莽初, 發句麗兵以伐匈奴……"라고 했는데, 이로 보아 연개소문 일가가 바로 구려 출신인 것으로 보인다.

28　《泉男産 墓誌銘》. "…… 卅爲太大莫離支. 官以地遷. 寵非王署. 折風挿羽, 榮絶句麗之鄉."

〈그림 9〉 대안리 1호 고분벽화에 보이는
절풍을 쓴 사람

〈그림 10〉 각저총 벽화에 보이는 절풍을
쓴 사람

에 형인 막리지(莫離支) 남건(男建)과 함께 평양성에서 나당연합군을 맞아 한 달 남짓 싸운 끝에 패했다. 그뒤 보장왕 및 형들과 함께 당나라의 장안으로 끌려갔다. 그는 당나라에서 사재소경(司宰少卿)으로 봉해졌으며, 묘지는 중국 하남성 낙양(洛陽) 북쪽에 있다.

절(折)은 구부러진다는 의미와[29] 꺾어진다는 의미를[30] 모두 갖고 있다. 절풍은 변의 모양에서 부분적인 변화가 있었을 것이므로, 꼭대기 부분이 둥글거나 각이 진 모양일 것으로 생각된다. 그러면 절풍이 변의 모양으로부터 어떠한 변화를 가졌는지 고구려 고분벽화 그리고 신라와 가야의 고분에서 출토된 유물 등 실제 자료를 통해 확인해보자.

대안리 1호 고분벽화의 현실 서벽에 보이는 서 있는 사람은 검은색 테두리가 있고 옅은 색을 띤, 윗부분이 둥근 절풍을 썼다(〈그림 9〉). 이 절풍은 머리를 충분히 덮는 것이 아니라 머리 위에 올려놓은 것처럼 보인다. 턱밑에서 절풍을 고정시키는 끈이 없는 것으로 보아 검은색 테두리

29 《禮記》,〈玉藻〉. "折還中矩"의 '折'에 대한 주석에서 "曲行也"라고 했다.
30 《詩經》,〈鄭風〉, 將仲子. "無折我樹杞."

〈그림 11〉 장천 1호분 고분벽화에 보이
는 절풍을 쓴 사람

〈그림 12〉 장천 1호 고분벽화 야유수렵
도에 보이는 절풍을 쓴 사람

〈그림 13〉 신답리 석실분 출토, 흙으로 만든 새 깃을 꽂은 절풍의 앞모습과 옆모습

가 고정시키는 장치일 것으로 생각된다. 각저총 각저도의 서 있는 사람
도 윗부분이 둥근 옅은 색의 절풍을 썼다(〈그림 10〉). 장천 1호 고분벽화
의 야유수렵도에 보이는 사람은 윗부분이 둥근 옅은 색의 절풍을 쓰고
있는데, 역시 고정 장치를 대신 했을 것 같은 검은색 테두리가 있고, 뒷
부분과(〈그림 11〉) 옆 부분에 깃털을 꽂았음이 확인된다(〈그림 12〉). 그 실
제 출토품이, 1991년 문화재연구소에서 실시한 군사보호구역 내 문화재

〈그림 14〉 삼실총 행렬도에 보이는 각이 진 절풍을 쓴 사람들

〈그림 15〉 장천1호 고벽화의 서벽 문지기

〈그림 16〉 동암리 고분벽화에 보이는 인물

지표 조사 때 발견되어 학계에 알려진, 연천군 전곡읍 신답리 한탄강 현무암 단애부 상면의 아우라지 마을에 위치한 봉토 석실분 2기에서 나온 것이다. 여기서 출토된 절풍은 흙으로 빚어 만든 것으로, 윗부분이 둥근 모습이다. 겉은 고정 장치로 보이는 것에 싸여 있으며, 양옆에 새 깃 모양을 꽂은 형태이다(〈그림 13〉).[31]

삼실총 행렬도에 보이는 서 있는 주인공 남자들은 모두 윗부분이

〈그림 17〉 무용총 수렵도, 새의 꼬리털을 꽂은 절풍을 쓴 사람들

〈그림 18〉 무용총 수렵도, 새 깃을 꽂은 절풍을 쓴 사람 　〈그림 19〉 무용총 무용도, 휘어진 장식을 꽂은 절풍을 쓴 사람 　〈그림 20〉 무용총 무용도, 각이 진 절풍을 쓴 기마인

각이 진 절풍을 썼다(〈그림 14〉). 맨 앞에 서 있는 사람의 경우는 절풍을 고정시키는 끈을 턱 밑에서 묶어 늘어뜨린 모습을 하고 있다. 장천 1호 고분벽화의 서벽 문지기와(〈그림 15〉) 동암리 고분벽화에 보이는 화려한 기하학 문양의 옷을 입은 두 사람도 모두 윗부분이 각이 진 절풍을 쓰고 있다(〈그림 16〉).

　무용총 수렵도에 보이는 기마인들은 윗부분이 둥근 절풍을 썼는데, 절풍의 오른쪽이나 왼쪽에 새의 꼬리털을 수북이 꽂기도 했고(〈그림 17〉),

---

31　한국토지공사 토지박물관, 《연천 신답리 고분 발굴조사 약보고서》, 2001.

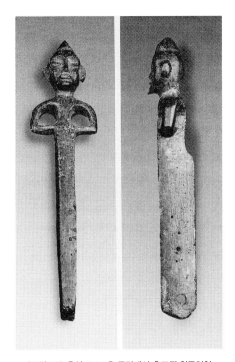

〈그림 21〉 우산 2110호 무덤에서 출토된 청동인형

절풍의 앞부분에 양쪽으로 나란히 새 깃을 꽂기도 했다(〈그림 18〉). 무용
도에 보이는 춤추는 사람은 윗부분이 둥근 절풍을 썼는데, 앞부분 양쪽
으로 가느다랗고 크게 휘어진 장식을 꽂았다(〈그림 19〉). 무용도에 보이
는 기마인은 윗부분이 각이 진 절풍을 쓰고 있다(〈그림 20〉).

　　이들 벽화에서 볼 수 있는 절풍은 모두 상투만 덮는 작은 크기의 모
자라는 점과 고정 장치인 끈이 없다는 점을 특징으로 한다. 절풍의 모양
을 도표로 정리해 살펴보면 다음 〈표 1〉과 같다.

　　또한 집안(集安) 동구 고묘 가운데 우산묘구(禹山墓區) 동쪽에 위치한
큰 규모의 우산 2110호묘에서 출토된 청동으로 만든 인형(〈그림 21〉)은
윗부분이 둥글지만 변의 모습에 가까운 절풍을 쓰고 있다. 이 절풍도 상

고분명	연대	설명
대안리 1호 고분벽화	서기 5세기 말	[현실 서벽 벽화] 윗부분이 둥근 절풍을 쓴 사람(〈그림 9〉)
각저총	서기 4세기 말	[각저도] 둥근 절풍을 쓰고 서 있는 사람 (〈그림 10〉)
장천 1호 고분벽화	서기 4세기 말 ~5세기 초	[야유수렵도] 둥근 절풍을 쓴 사람들(〈그림 11〉, 〈그림 12〉)
삼실총	서기 5세기 초	[행렬도] 각이 진 절풍을 쓰고 서 있는 주인공 남자와 다른 사람들(〈그림 14〉)
무용총	서기 4세기 말 ~5세기 초	[수렵도] 둥근 절풍을 쓴 기마인들, [무용도] 둥근 절풍을 쓰고 춤추는 사람과 서 있는 사람들 그리고 각이 진 절풍을 쓴 기마인(〈그림 17〉~〈그림 20〉)

〈표 1〉 고구려의 가죽으로 만든 윗부분이 둥글거나 각진 절풍 모양

투만 가릴 정도로 작은 크기이며, 턱밑에서 묶는 끈이 없다.

　신라와 가야에서는 자작나무껍질로 만든 절풍들이 사용되었는데, 식리총·금관총·금령총·천마총·부부총 그리고 달서 37호 고분 등에서 출토된 유물들을 통해 이를 확인할 수 있다. 이들 고분에서 나온 절풍들은 대부분 윗부분이 각 지거나 둥근 두 가지 모양을 하고 있다. 따라서 이 고분들의 주인공들은 당시에 두 가지 모양의 절풍을 썼음을 알 수 있다. 이들 절풍의 크기는 대부분 〈표 1〉의 가죽으로 만든 절풍들과 마찬가지로 상투만 덮을 정도로 작은 것이 특징이다. 절풍의 양식을 정리하면 다음 〈표 2〉와 같다.

　〈표 2〉에 보이는 절풍들은 모두 윗부분이 둥글거나 각이 진 모양으로, 자작나무껍질의 겉 부분을 사선 모양으로 누비고 표면에 실크 천을 입혔다. 그리고 그 위에 금박·금실 또는 은단추·구슬 등을 꿰어 장식하거나 문양을 그려 넣은 상태에서 세움장식을 꽂았던 것이다. 특히 신라

고분명	설명	절풍의 모습
식리총	자작나무껍질로 만든 두 가지 모습의 절풍. 윗면이 둥근 것은 금박 장식을 한 것이고, 윗면이 각진 것은 금실과 은단추를 장식했다.[32]	<그림 22>
금관총	자작나무껍질로 만든 두 가지 모습의 절풍. 표면에 실크 천을 붙였다.[33]	<그림 23>
금령총	자작나무껍질로 만든 두 가지 모습의 절풍. 표면에 선회문과 화염문이 있는 채색 문양이 그려져 있다.[34]	<그림 24>
천마총	자작나무껍질로 만든 두 가지 모습의 절풍. 윗부분이 각진 것은 금실로 꿰어 맨 달개로 장식했다.[35]	<그림 25>
부부총	자작나무껍질로 만든 윗부분이 둥근 절풍으로, 은으로 만든 세움장식과 함께 출토되었다.[36]	<그림 26>
달서 37호 고분	자작나무껍질로 만든 윗부분이 둥근 모습의 절풍으로 은으로 만든 세움장식과 함께 출토되었다.[37]	<그림 27>

<표 2> 신라와 가야의 자작나무껍질로 만든 절풍 모양

와 가야에서는 자작나무껍질로 만든 절풍에 새 날개 모양의 장식을 꽂은 조우관을 사용했다. 한편, 부부총과 달서 37호 고분에서와 같이 닭의 볏 모양을 만들어 장식하기도 했다. 신라에서 관 장식에 닭의 볏 모양을 쓴

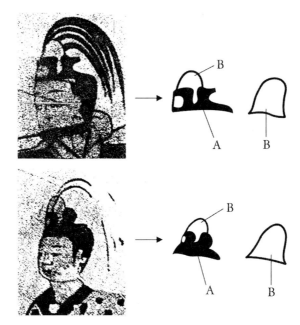

〈그림 28〉 벽화에 보이는 절풍의 모습과 그 구조

것은 닭의 신을 모셨기 때문이다.[38] 이는 김알지 신화와 깊은 관련이 있
다.[39] 관모 장식에 대해서는 제4장 1절에서 상세히 다루게 될 것이다.

32 梅原末治,〈慶州金鈴塚飾履發掘調査報告〉,《大正十三年度古蹟調査報告》, 朝鮮總督府, 1932,
   216~217쪽.

33 濱田靑陵,〈第6, 金銅冠其他の帽幘〉,《慶州の金冠塚》, 慶州古蹟保存會, 1932, 30~37쪽 ; 濱
   田耕作・梅原末治,〈慶州金冠塚と其遺寶〉,《古蹟調査特別報告》第3冊, 朝鮮總督府, 1924,
   15~22쪽.

34 〈前編 金鈴塚－白樺樹皮制冠帽〉,《1924年度古蹟調査報告》第1冊, 1932, 73~77쪽 ; 梅原
   末治,〈慶州金鈴塚飾履發掘調査報告〉,《大正十三年度古蹟調査報告》, 朝鮮總督府, 1932.

35 〈白樺樹皮製 冠帽－三角形 冠帽〉,《天馬塚 發掘調査 報告書》, 문화재관리국, 1974, 204쪽.

36 馬場是一郎・小川敬吉,〈梁山夫婦塚と其遺物〉,《古蹟調査特別報告》第5冊, 朝鮮總督府,
   1926, 39~44쪽.

37 朝鮮古蹟研究會,〈慶尙北道 達成郡 遠西面 古蹟調査報告〉,《1923年度古蹟調査報告》第1
   冊, 1923, 22~35쪽.

38 《三國遺事》卷4,〈義解〉第5, 歸竺諸師. "其國敬鷄神而取尊, 故載翎羽而表飾也."

앞의 〈표 1〉과 〈표 2〉에서 다음과 같은 사실들을 확인할 수 있다.

첫째, 고대에 한민족은 변과, 윗부분이 둥글거나 각이 진 모양의 절풍을 썼음을 알 수 있다.

둘째, 〈표 1〉의 끈 없이 쓰는 몇몇 절풍의 구조를 분리해 살펴보면, 〈그림 28〉과 같이 안쪽 흰색 부분의 절풍과 이를 고정하는 데 쓰였을 것으로 보이는 검은색 테두리로 구성되어 있다. 즉, 윗부분이 둥글게 바뀐 것은 모두 A와 같은 검은색 틀이 겉에 둘리고(〈그림 29〉) 그 속에 윗부분이 둥근 흰색의 B가 씌워진(〈그림 30〉) 이중 구조를 하고 있다. 이 B를 금으로 만들면 바로 〈그림 31〉의 모습이 되는 것이다. 그러나 이와 달리 윗부분이 각이 진 것은 전체가 하나의 색으로 이루어져 각을 이루며 솟아 있을 뿐, 이중 구조가 아닌 것으로 보인다.

〈표 2〉에 보이는 신라의 절풍은 윗부분이 둥근 것이든 각이 진 것이든 모두 이중 구조가 아닌 것처럼 보이는데, 이는 A 부분을 가죽이나 얇은 천으로 만들 경우 쉽게 부패되는 탓에 남아 있지 않기 때문일 것이다. A는 〈그림 28〉에서와 같은 모양으로 다양하게 나타난다. 이와 같이 A가 다양한 형태로 나타나는 점으로 보아 천으로 만들어졌을 가능성이 클 것으로 생각된다. 이 A 부분의 구조는 금관의 경우 관 테두리가 된다.

셋째, 윗부분이 둥근 절풍 B의 아랫부분이 사람의 두개골, 곧 정수리의 모양과 같은 곡선으로 되어 있는 것은 정수리에 바로 얹어 쓸 수 있게 만들었기 때문임을 알 수 있다. 이러한 내용으로 볼 때, 천마총에서 출토된 절풍의 아랫부분에 나 있는 여러 개의 구멍은 바로 A와 B를 연결하기 위한 부분이었다고 할 수 있다(〈그림 32〉).

---

39 임재해, 〈왜 지금 겨레문화의 뿌리를 주목하는가?〉, 《比較民俗學》 第31輯, 2006, 214~238쪽 참조. "왕관이 건국신화보다 후대에 만들어진 것이므로 건국신화의 세계관이 건국 초기 왕관의 조형에 영향을 미칠 수 있다.…… 김알지 신화의 무대는 시림이자 계림이며, 신라 초기의 나라 이름도 계림이기 때문이다."

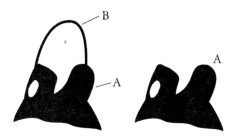

〈그림 29〉 고구려 고분벽화에 보이는 절풍의 구조

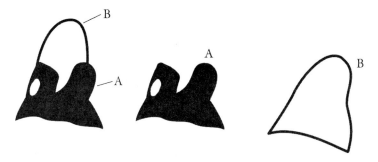

〈그림 30〉 고구려 고분벽화에 보이는 절풍에서 안쪽에 있는 것을 빼낸 모습

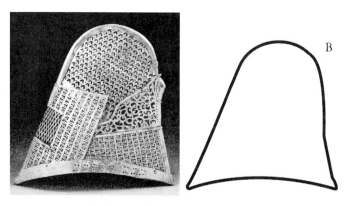

〈그림 31〉 천마총에서 출토된 금으로 만든 절풍

〈그림 32〉 천마총 출토, 금으로 만든 절풍의 아랫부분

넷째, 새 깃을 꽂은 관은 실제로 많은 양의 털을 길게 꽂아 드리운 경우와 털로 만든 붉은 술을 한 뭉치 꽂은 경우 그리고 큰 새의 깃을 두 개만 꽂은 모습에서 그 차이가 확인된다. 높은 계층의 경우에는 이 같은 관에서 새 깃을 금속으로 만들었는데, 자세한 내용은 제4장 1절에서 다룰 것이다.

다섯째, 윗부분이 둥글거나 각이 진 절풍은 모두 작은 크기로서 상투만을 덮은 것이다. 따라서 머리 위에 씌워지는 것이 아니라, 머리 위에 얹혀지는 형태이다.

천마총에서는 자작나무껍질로 만든 관모가 6개 이상이 출토되었다. 그 가운데 2개는 원형을 알 수 있으나, 나머지 4개분 이상은 부식이 심한 파편으로 발견되어 전체적인 원형을 알 수 없다. 이 가운데 윗부분이 둥근 절풍 모양의 관모는 높이가 17센티미터이고 하단 폭이 20센티미터인데, 하단 주변에 약 2~3밀리미터의 간격으로 구멍이 뚫려 있다. 앞에서 이야기했듯이, 아마도 이 구멍들은 겉 부분에 고정 장치 역할을 한 부분과 연결되는 부위였을 것이다. 윗부분이 각이 진 관모는 높이가 14.5센티미터이고 상단 폭이 9센티미터, 하단 폭이 17.5센티미터이며, 관테 둘레의 폭이 3센티미터이다.

금령총에서는 자작나무껍질로 만든 관모 2개가 출토되었다. 윗부분이 둥근 관모는 높이가 20센티미터 정도이고 하단 폭이 21.1센티미터 정도이며, 윗부분이 각이 진 모자는 높이가 12.1센티미터이고 하단 폭이 18.2센티미터이다.

양산 부부총에서는 절풍 모양으로 정면에 새 날개 모양의 장식이 꽂힌 금동관과 함께 새의 볏 모양 장식을 정면에 꽂은, 자작나무껍질로 만든 절풍이 출토되었다. 이 자작나무껍질로 만든 절풍은 부인의 유해 가까이에서 발견되었는데, 발굴자들은 이 위치에 대해 본래는 남편의 것이었으나 부인의 유해 쪽으로 이동한 것이라고 보았다.[40] 그러나 이 같은 견해는 남자들만이 절풍을 썼다는 생각에서 비롯된 잘못된 판단이다. 부인의 유해 가까이에서 발견되었다면 부인의 것으로 보아야 할 것이다. 앞에서 서술했듯이, 가야 등에서는 여자들도 절풍을 썼던 것이다.

이렇게 여자들도 절풍을 썼기 때문에 황남대총 북분에서 금관과 함께, '부인대(夫人帶)'라는 명문이 새겨져 있어 주인공이 여자일 것으로 추정되는, 자작나무껍질로 만든 절풍이 출토된 것은 자연스러운 일이다. 이 자작나무로 만든 절풍은 파손되어 파편의 상태로 출토되었는데, 안과 겉에 올이 가는 섬유가 붙어 있고, 겉면에는 영락을 달았던 가늘고 긴 금사(金絲)들이 부착되어 있었다.[41]

금관은 금관총의 금관처럼 속관까지 금으로 만들어져 출토되는 경우도 있지만, 그렇지 않은 경우가 더 많다. 이는 속관이 가죽이나 자작나무껍질 또는 천으로 만들어진 탓에 부패되어 남아 있지 않은 경우일 것이다.

---

40 馬場是一郎·小川敬吉, 앞의 글, 42~43쪽. "…… 婦人の着裝してるたものでは無い, 頭頂の上部一尺二寸程の處, 炭化せる木材の下に遺存してるたとので位置が婦人に最も接近してゐたと云ふ迄で誰のものやら判明しない."

41 文化財管理局 文化財研究所, 《皇南大塚－慶州市皇南洞 第98號古墳 北墳發掘調査報告書》, 64~65쪽.

위의 몇몇 자료로부터, 윗부분이 둥근 절풍의 높이는 윗부분이 각이 진 절풍보다 높고 하단 폭은 17~21.1센티미터 정도로 비슷함을 알 수 있다. 머리 위에 얹힌 상태로 상투만 가리도록 씌워졌기 때문에 절풍 아래의 테두리가 굴곡을 그리며 곡선 형태를 하고 있는 것이다. 두 모양의 절풍 모두 상투만 가릴 정도로 그 크기가 작으며, 모두 관끈을 사용하지 않으므로 〈그림 28〉에서와 같은 별도의 고정 장치가 있었을 것으로 생각된다.

여섯째, 이중 구조를 가지는 절풍은 모두 관을 고정시키는 끈이 없으므로, 이중 구조에서 A의 역할은 아마도 머리에 절풍을 고정시키는 장치였을 것으로 생각된다. 그 증거로 천마총에서 출토된 윗부분이 둥근 절풍의 경우 하단 주변에 약 2~3밀리미터 간격으로 구멍이 뚫려 있다는 점을 들 수 있다. 이는 절풍 B와 또 다른 부분인 A를 연결하기 위한 것으로 판단되는데, 절풍의 다른 부분에 덧붙이기 위한 구멍이었을 것이다. 이 다른 부분이 고정 장치였을 가능성이 크다. 뒤에서 서술하겠지만, 금관총과 천마총 금관 등의 관 테두리에도 이러한 구멍이 보인다.

이중 구조에서 A가 없는 절풍의 경우는 대부분 절풍의 양쪽 옆에 끈이 달려 있다. 귀 앞부분에서 턱밑으로 이 끈을 늘어뜨려 턱밑에서 묶게 되는 것이다. 이러한 착용 방법은 고구려와 백제 및 신라에서 모두 마찬가지였다.

개마총 벽화에서 개마를 끌고 가는 사람이 쓴 붉은색 모자와 현실에 서 있는 사람이 쓰고 있는 절풍은 모두 아랫부분 양쪽으로 끈을 달아 이를 턱밑에 묶어 고정시키는 방식을 보여준다(〈그림 33〉). 경주 금령총에서 출토된 기마인물형토기의 투구 속 절풍 역시 두가닥의 관끈을 턱밑에서 묶은 상태를 보여준다(〈그림 34〉). 사신도에 보이는 고구려와 백제의 사신이 쓴 절풍도 모두 끈으로 고정되어 있다(〈그림 35〉).

섬서성(陝西省) 건현(乾縣)에 위치한 장회태자(章懷太子)묘에는 객사

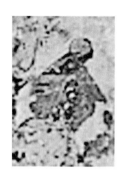

〈그림 33〉 개마총의 현실에 서 있는 사람(왼쪽)과 개마를 끌고 가는 사람(오른쪽)

〈그림 34〉 금령총 출토, 절풍을 쓴 기마인

도(客使圖)가 있는데, 이 그림 속의 고구려 사신이 쓴 절풍(〈그림 36〉)에도 끈이 보인다. 이 절풍은 고정 장치인 A가 없기 때문에 절풍 아래에서 귀 부분까지 넓은 끈이 연결되어 있으며, 귀 부분에서 앞뒤로 갈라져 내려와 턱밑에서 묶여 있다.

　일부 학자들은 객사도의 새 깃을 꽂은 절풍을 쓴 사신을 신라 사신으로 보기도 하지만,[42] 그 복식으로 볼 때 이러한 추론은 불가능하다. 신라는 진덕왕(眞德王) 2년(서기 648년)에 김춘추가 당에 가서 당의 복제를

〈그림 35〉 사신도에 보이는 고구려 사신과 백제 사신

〈그림 36〉 객사도에 보이는 고구려 사신

42 穴澤咊光·馬目順一, 〈アフラシヤて都城址出土の壁畵にみられる朝鮮人使節について〉, 《朝
鮮學報》第80輯, 1976 ; 이한상, 《황금의 나라 신라》, 김영사, 2004, 28쪽 ; 李鐘宣, 《古新羅
王陵硏究》, 學硏文化社, 313쪽 ; 김병모, 《금관의 비밀》, 푸른역사, 1998, 55쪽 ; 한국역사연
구회 고대사분과 지음, 《고대로부터의 통신─조우관을 쓴 사절 그림 이야기》, 푸른역사, 2004,
199쪽 ; 국사편찬위원회 편, 《옷차림과 치장의 변화》, 두산동아, 2006, 29쪽.

〈그림 37〉 7세기에 속하는 경주 황성동 석실고분 출토의 복두를 쓴 토우

따르겠다고 말하고 돌아온 뒤 진덕여왕 3년(서기 649년)부터 당의 복제를 받아들였다.[43] 이처럼 복식을 바꾸면서 남자들은 관 대신 천으로 만든 복두(幞頭)를 쓰기 시작했다. 그 실제 예가 신라의 토우들에서 확인된다 (〈그림 37〉). 객사도가 그려진 때는 당나라 신룡(神龍) 2년(서기 706년)이므로, 이 그림 속의 인물이 신라의 사신이라면 중국의 복식을 했을 것이다.

이 벽화가 장회태자 이현(李賢)이 살던 당나라 영휘(永徽) 5년(서기 654년)에서 문명(文明) 원년(서기 684년) 사이에 있었던 일을 그렸다고 하더라도 마찬가지이다. 고구려는 서기 668년에 멸망할 때까지 한민족의 복식을 그대로 고수했다. 따라서 이 벽화는 시간상 장회태자 이현의 생전에 있었던 일을 그린 것으로, 새 깃이 달린 절풍을 쓴 사신은 이러한

---

43 《三國史記》卷5, 〈新羅本紀〉, 眞德王 3年條. "봄 정월에 처음으로 중국의 의관을 착용했다(春 正月, 始服中朝衣冠)."

〈그림 38〉 양원제번객입조도
의 고구려 사신

〈그림 39〉 양원제번객입조도
의 백제 사신

〈그림 40〉 양원제번객입조도
의 신라 사신

내용을 고려해볼 때 고구려 사신일 것이다.

　그 밖에 양직공도(梁職貢圖)에 보이는 백제 사신(〈그림 35〉 참고)의 경
우는 절풍에서 두 가닥의 끈이 내려오는데, 한 가닥은 귀 앞으로 또 한
가닥은 귀 뒷부분으로 내려와 턱밑에서 묶여 있다. 양원제번객입조도(梁
元帝蕃客入朝圖)의 고구려 사신(〈그림 38〉)과 백제 사신(〈그림 39〉) 및 신라
사신(〈그림 40〉)을 보면, 절풍의 끈이 양쪽에서 귀 앞부분으로 내려와 턱
밑에서 묶여 있다.

　양직공도의 모본(模本)은 여러 개가 전해온다. 현재 남경박물원구장
본(南京博物院舊藏本)과 대만 고궁박물관에 소장되어 있는 염립본(閻立本,
서기 ?~673년)의 왕회도(王會圖) 그리고 남당(南唐) 때(서기 937~975년) 고
덕겸(顧德謙)이 모사한 양원제번객입조도 등이 그것이다. 연대로 보면 염
립본의 모본이 가장 이르고, 고덕겸의 모본이 가장 늦으며, 남경박물원
구장본은 그 연대가 명확하지 않다. 이들 그림이 모본이라고는 하지만
원본을 모사한 것이 아니라 요지만을 간추린 것으로, 작가 자신의 견해
가 많이 개입되어 있다. 따라서 이들 그림의 복식을 직공도가 그려질 당

시 각국의 사신들이 입었던 복식이라고 보기는 어렵다. 이는 세 그림 가운데 백제 사신만 뽑아 비교해보아도 쉽게 알 수 있을 것이다. 이들 가운데 그래도 그림으로서 흐트러짐이 없는 것은 남경박물원구장본이다.

이상의 분석에서 한반도와 만주 지역에 거주하던 고대 한민족은 모두 변과 더불어 윗부분이 둥글거나 혹은 각이진 모양의 절풍을 썼음을 알 수 있다. 변과 절풍은 그 연원을 같이 하는 것으로, 절풍은 변에서 부분적으로 형태만 바뀐 것이다. 그런데 변은 착용할 때 관끈을 사용해 머리에 고정시켰으나, 절풍은 관끈을 사용하기도 하고 머리에 고정시키는 장치가 절풍 겉에 덧관으로 있어 관끈 없이 사용하기도 한다. 절풍의 높이는 윗부분이 둥근 것이 각 진 것보다 높으며, 상투만 덮는 정도의 작은 크기가 있는가 하면 머리를 전부 덮는 큰 것도 있다. 이 가운데 작은 크기의 절풍은 고정 장치가 있어 관끈 없이 착용했고, 큰 크기의 절풍은 관끈을 턱밑으로 내려 묶는 방식으로 착용했음을 알 수 있다. 금관의 속관은 바로 윗부분이 둥근 절풍으로, 상투만을 덮는 작은 크기의 절풍이 금으로 만들어진 것이라 하겠다.

그런데 금관의 속관이 바로 이 절풍과 같은 형태인 것을 볼 때, 금관은 관끈 없이 고정 장치를 이용하던 절풍의 모양이 변화된 것임을 알 수 있다. 금관의 겉 부분은 바로 이 절풍 겉의 고정 장치가 더욱 장식적으로 바뀌면서 만들어진 것이라고 하겠다. 그리고 관끈을 대신해 겉관에 수식을 길게 내려 균형을 이루도록 했던 것이다. 제3장과 제4장에서 이와 관련한 내용을 더 상세히 다루도록 하겠다.

고구려에서 주로 가죽으로 절풍을 만들었던 것과 달리, 신라와 가야 및 동부여에서는 자작나무껍질로도 절풍을 만들었다. 이제 고대 한민족이 어떠한 재료로 변과 절풍을 만들어 썼는지 알아보자.

자작나무는 깊은 산 양지쪽에서 자라며, 높이는 20미터에 달한다. 자작나무는 눈처럼 하얀 껍질과 시원스럽게 뻗은 키가 인상적이며, 서양에서는 '숲속의 여왕'이라고 부를 만큼 아름다운 나무이다. 자작나무껍질은 종이처럼 얇게 벗겨지는데, 겉면은 흰빛의 기름기가 있는 밀랍 가루 같은 것으로 덮여있고 안쪽은 밝은 갈색이며, 불에 잘 타면서도 습기에 강해 쓸모가 많다. 암수가 한 그루로 꽃은 4월에 피며, 암꽃은 위를 향하고 수꽃은 이삭처럼 아래로 늘어진다. 열매는 9월에 익고 아래로 처져 매달리는데, 나무껍질이 아름다워 정원수·가로수·조림수로 많이 심는다. 목재는 가구를 만드는 데 쓰이며, 한방에서는 백화피(白樺皮)라는 이름으로 나무껍질을 이뇨·진통·해열 등에 쓴다.

자작나무는 10~12장의 얇은 껍질이 겹겹이 붙어 있으므로, 한 장씩 벗겨내어 글을 쓰거나 그림을 그리는 데도 썼다. 자작나무껍질에는 부패를 막는 성분이 들어 있어 좀이 슬지 않고 곰팡이도 피지 않는다. 또한 자작나무껍질에는 밀랍 성분과 실리실산이 함유되어 있기 때문에 방수성이 있어 잘 부식되지 않는다.[44] 천마총에서 출토된 천마도의 재료가 바로 자작나무껍질이며, 합천 해인사의 팔만대장경도 일부는 자작나무로 만들어졌다.[45]

신라 고분에서 출토된 자작나무 말다래나 관모들을 두고 "스텝 루트의 기마민족이 제작한 것이 신라에 그대로 유입되었"다고 보는 견해가[46] 있다. 그러나 우리 민족이 고조선시대부터 거주하던 한반도와 만주 지역은 자작나무 분포지이므로, 오래전부터 이 나무가 여러 가지 용도로 사용되었을 것으로 생각된다. 앞의 제1장에서도 밝혔듯이, 실제로 동부여의 유적에서는 백화피로 만든 여러 유물들이 다수 출토된 바 있다.

---

44 鄭光龍·李壽熙·宋賢貞, 〈서산 부장리 출토 금동관모의 보존〉, 《충청학과 충청문화》 5권 2호, 2006, 181~182쪽.

45 박상진, 《다시보는 팔만대장경 이야기》, 운송신문사, 1999. 팔만대장경을 목재 조직학적으로 조사한 결과 산벚나무가 대부분이었다는 연구 결과가 나왔다.

46 요시미즈 츠네오 지음, 오근영 옮김, 《로마문화왕국, 신라》, 씨앗을 뿌리는 사람, 2002, 267쪽.

고조선 그리고 고조선 붕괴 이후 고구려 등의 여러 나라에서는 변과 절풍의 재료로, 겉면은 주로 가죽과 모직물 및 자작나무껍질을 썼고, 속에는 주로 실크(누에실천) 등을 대었다. 이는 금관이나 금동관의 경우도 마찬가지이다. 먼저 변과 절풍의 겉 부분에 어떠한 가죽과 모직물 및 자작나무를 재료로 사용했는지 알아보고, 이어 속 부분에 대었던 실크·면직물·마직물 등에 대해서도 알아보도록 하겠다.

절풍의 재료로 쓰인 가죽은 매우 다양했다. 고조선에서 생산했던 가죽은 크게 특수한 고급 가죽과 일반 가죽으로 분류할 수 있다. 특수한 고급 가죽들은 높은 수준의 가공 기술로 아름답게 만들어진 것들인데, 품질이 우수하고 희귀하여 중국에 수출하는 무역 상품이었다. 일반 가죽들은 그 종류가 매우 다양하고 양이 풍부하여 당시 일반 복식의 재료로서 큰 비중을 차지했다.

특수한 고급 가죽의 종류로서 고조선시대부터 중국과 거래된 무역 상품으로는 비(貔)가죽,[47] 붉은표범가죽, 누런말곰가죽,[48] 문피(文皮),[49] 반어피(班魚皮)[50] 등이 있으며, 그 밖에도 가죽이 쓰인 짐승으로 고구려에는 흰 사슴,[51] 흰 노루,[52] 자색 노루, 꼬리 길이가 9척이나 되는 주표(朱豹)[53] 등

---

47 貔에 대해 《說文解字》에서는 "표범에 속하며 맥국에서 난다(豹屬, 出貉國)"고 했고, 《爾雅》의 〈釋獸〉에서는 "貔白狐, 其子豰"의 주에서 "一名執, 夷虎豹之屬"이라고 했으며, 陸機는 貔에 대해 貔는 호랑이 같다고 하고 혹은 곰 같기도 하다고 하고, 執夷 또는 白狐라고도 부르고, 遼東 사람들은 이를 白羆라고도 부른다(陸機疏云 : 貔似虎, 或曰似熊, 一名執夷, 一名白狐, 遼東人謂之白羆)"고 했다.

48 《詩經》,〈大雅〉, 湯之什 韓奕. "孔樂韓土, 川澤訏訏, 魴鱮甫甫, 麀鹿訏訏, 有熊有羆, 有猫有虎…… 獻其貔皮, 赤豹黃羆."

49 《管子》卷23,〈揆道〉;《爾雅》,〈釋地〉의 文皮에 대해 郭璞은 "虎豹之屬, 皮有縟綵者, 是文皮, 卽文豹之皮也"라고 했다.

50 《後漢書》卷85,〈烏丸鮮卑東夷傳〉, 濊傳. "又多文豹, 有果下馬, 海出班魚, 使來皆獻之."

51 《三國史記》卷15,〈高句麗本紀〉, 太祖大王 10年條. "가을 8월에 동쪽 지방에서 사냥을 하여 흰 사슴을 잡았다(秋八月, 東獵, 得白鹿)";《三國史記》卷15,〈高句麗本紀〉, 太祖大王 46年條. "봄 3월에 왕이 동쪽으로 책성을 순행하니 책성 서쪽 罽山에 이르러 흰 사슴을 잡았다(春三月, 王東巡柵城, 至柵城西罽山, 獲白鹿)."

이 있었고, 백제에는 흰 사슴과 신록(神鹿)이,[54] 한(韓)에는 꼬리의 길이가 5척이나 되는 세미계(細尾雞)가[55] 있었음이 확인된다. 부여에는 희귀한 사슴과 꼬리가 긴 토끼, 길이가 두 길이나 되며 털빛이 밝고 꼬리가 없는 범과 꼬리의 길이가 아홉 자나 되는 표범과[56] 낙타가[57] 있었다. 그리고 숙신(肅慎)에서는 자주색 여우와 흰 매, 흰 말이[58] 생산되었다. 이와 같이 고

---

52 《三國史記》卷13, 〈高句麗本紀〉, 琉璃王 2年條. "9월에 서쪽으로 순수하여 흰 노루를 잡았다(九月, 西狩, 獲白獐)"; 《三國史記》卷14, 〈高句麗本紀〉, 閔中王 3年條. "가을 7월에 왕이 동쪽으로 순수하여 흰 노루를 잡았다(秋七月, 王東狩獲白獐)."

53 《三國史記》卷15, 〈高句麗本紀〉, 大祖大王 55年條. "9월에 왕이 質山 남쪽에서 사냥을 하여 자색 노루를 잡았다. 겨울 10월에 東海谷 태수가 朱豹를 바치니 꼬리 길이가 9척이었다(秋九月, 王獵質山陽, 獲紫獐. 冬十月, 東海谷守獻朱豹. 尾長九尺)."

54 《三國史記》卷23, 〈百濟本紀〉, 溫祚王 10年條. "가을 9월에 왕이 사냥을 나가서 신록을 잡아 마한에 보냈다(秋九月, 王出獵獲神鹿, 以送馬韓)"; 《三國史記》卷23, 〈百濟本紀〉, 己婁王 27年條. "왕은 한산에서 사냥했고 신록을 잡았다(王獵漢山, 獲神鹿)"; 《三國史記》卷23, 〈百濟本紀〉, 肖古王 48年條. "가을 7월에 서부 사람 회회가 흰 사슴을 잡아 바치자, 왕이 상서로운 일이라 하여 곡식 100석을 내렸다(四十八年秋七月, 西部人茴會獲白鹿, 獻之. 王以爲瑞, 賜穀一百石)"; 《三國史記》卷26, 〈百濟本紀〉, 東城王 5年條. "봄에 왕이 사냥을 나갔고, 한산성에 이르러 군사와 백성들을 위무하고 열흘 만에 돌아왔다. 여름 4월에 웅진 북쪽에서 사냥하여 신록을 잡았다(春, 王以獵出至漢山城, 撫問軍民, 浹旬乃還. 夏四月, 獵於熊津北, 獲神鹿)."

55 《三國志》卷30, 〈烏丸鮮卑東夷傳〉, 韓傳. "또한 細尾雞가 나는데, 그 꼬리는 모두 길이가 5자 남짓이다(又出細尾雞, 其尾皆長五尺餘)"; 《後漢書》卷85, 〈東夷列傳〉, 韓傳. "꼬리가 긴 닭이 있는데, 꼬리의 길이는 5척이다(有長尾雞, 尾長五尺)."

56 《三國史記》卷15, 〈高句麗本紀〉, 大祖大王 25年條. "겨울 10월에 부여의 사신이 와서 뿔이 셋 달린 사슴과 긴 꼬리 토끼를 바치니, 왕은 이를 瑞物이라 하여 大赦했다(冬十月, 扶餘使來, 獻三角鹿·長尾兔, 王以爲瑞物, 大赦)"; 《三國史記》, 卷15〈高句麗本紀〉, 大祖大王 53年條. "봄 정월에 부여의 사신이 와서 범을 바치니 길이가 1장 2척이며, 털의 색이 매우 밝고 꼬리는 없었다(春正月, 扶餘使來, 獻虎, 長丈二, 毛色甚明而無尾)."

57 사회과학원력사연구소 고고학연구소, 《원시사》, 과학백과사전종합출판사, 1997, 223~224쪽 참조. 백금보류형의 유적들에서 나온 짐승 뼈 가운데 낙타의 뼈는 아직 알려져 있지 않으나, 이 유적들에서 나오는 일부 새김무늬 그릇에는 낙타의 무리가 양·말과 함께 몇 개의 선과 점으로 장식되어 있다. 또한 이후 신라와 백제가 일본에 낙타를 보낸 사실로 보아 당시 한반도와 만주 지역에는 낙타가 있었을 것으로 생각된다; 《日本書紀》卷29, 天武天皇 8年條. "겨울 10월 戊申朔에 신라가 阿飡 金項那와 沙飡 薩虆生을 보내 조공했는데, 조공물은 金·銀·鐵·鼎·錦·絹·布·皮·말·개·노새·낙타 따위의 10여 종이었다(冬十月戊申朔, 新羅遣阿飡金項那·沙飡薩虆生朝貢也. 調物, 金銀鐵鼎, 錦絹布皮, 馬狗騾駱駝之類, 十餘種)"; 《日本書紀》卷22, 推古天皇 8年條. "가을 9월 癸亥朔에 백제가 낙타 한 마리, 노새 한 마리, 양 두 마리, 흰 꿩 한 마리를 바쳤다(秋九月癸亥朔, 百濟貢駱駝一匹·驢一匹·羊二頭·白雉一隻)."

대 한민족의 영역이었던 한반도와 만주 지역에서는 다양한 종류의 희귀한 동물들이 생산되었다. 이들은 고급 복식의 재료로 사용되었을 것이다. 이제 수출 상품과 예물로 쓰였던 고급 가죽 이외에 일반적인 모자의 재료로 어떠한 짐승들의 가죽이 사용되었는지 알아보자.

《삼국사기》〈온달전〉을 보면 "고구려에서는 늘 봄 3월 3일에 낙랑 언덕에 모여 사냥하고, 잡은 돼지와 사슴으로 하늘과 산천의 신에게 제사를 지냈다"고[59] 하여, 고구려에서는 낙랑 언덕에서 국가 행사로 왕과 신하들 및 5부의 군사들이 모두 참여하는 큰 행사인[60] 사냥 활동이 이루어지고 이와 함께 제사 의식이 거행되었음을 전하고 있다. 아울러 행사의 규모로 보아 고구려에는 많은 사람들이 일시에 참여하여 사냥을 할 수 있을 정도로 많은 동물이 살고 있었음을 알 수 있다. 동물 가운데 멧돼지와 사슴이 가장 풍부했던 것 같다. 이 사냥에서 잡은 멧돼지는 집돼지보다 질긴 가죽을 제공했을 것이다.

《삼국지》〈오환선비동이전〉 부여전의 기록을 보자.

> (부여 사람들은) 국내에 있을 때…… 가죽신을 신었다. 외국에 나가면 두껍게 짠 실크[繒, 누에실천]옷,[61] 물들인 오색실로 짠 실크에 수놓

58 《三國史記》卷15, 〈高句麗本紀〉, 太祖代王 69年條. "겨울 10월에…… 숙신의 사신이 와서 자주색 여우의 갖옷과 흰 매와 흰 말을 바치니 왕이 잔치를 베풀어 그들을 위로하여 보냈다(冬十月…… 肅愼使來獻紫孤裘及白鷹・白馬, 王宴勞以遣之)."

59 《三國史記》卷45, 〈列傳〉, 溫達傳. "高句麗常以春三月三日, 會獵樂浪之丘. 以所獲猪鹿, 祭天及山川神";《三國史記》卷32, 〈雜志〉, 祭祀. "고구려는 늘 3월 3일에 낙랑 언덕에 모여 사냥을 하고 돼지와 사슴을 잡아 하늘과 산천에 제사를 지냈다(高句麗常以三月三日, 會獵樂浪之丘, 獲猪鹿, 祭天及山川)."

60 《三國史記》卷45, 〈列傳〉, 溫達傳. "그날이 되면 왕이 사냥을 나가고, 여러 신하와 5부의 군사들이 모두 따라 갔다(至其日, 王出獵, 羣臣及五部兵士皆從)."

61 《說文解字》에서는 '繒'을 '帛也'라고 했다. 《渤海國志長編》卷17의 〈食貨考〉에서는 帛에 대해 《本草綱目》에 이르기를, '帛은 흰색 실로 짜는 것으로서 수건과 같이 길고도 좁기 때문에 글자도 흰 白 자와 수건 巾 자가 서로 합쳐졌다. 두껍게 짠 것은 繒이라 하고 겹실로 짠 것은 縑이라……'고 했다(又本草綱目云, 帛素絲所織長狹如巾, 故字從白巾, 厚者曰繒, 雙絲者曰

은〔繒錦〕 옷,[62] 푸른 빛의 모직〔罽〕[63] 옷을 즐겨 입고, 대인은 여우, 너구리, 희거나 검은 담비가죽으로 만든 옷을 위에다 더 입었으며, 또 금·은으로 모자를 장식했다.[64]

이 기록에서 보는 것처럼, 부여에서는 여우·너구리·담비가 많이 생산되었고, 좋은 말·담비·날(獺)이[65] 모피의 재료가 되었다. 담비가죽은 숙신에서도 생산되었으며,[66] 동옥저에서는 담비가죽으로 조세를 받을 정

緜……)"며 밝히고 있다. 부여에서 두터운 비단인 繒을 짠 것과 달리 남방에 위치하고 있는 辰韓이나 弁辰에서는 縑布를 짰는데, 縑布는 일반 絹보다 좀 성글면서도 매우 치밀하게 짠 것으로(《古樂府》,〈上山采蘼蕪〉에서 "織縑比織素爲慢"이라 했고,《急就篇》, 顔師古의 주석에서는 "縑之言兼也, 并絲而織, 甚致密也"라고 했다), 이는 기후 조건 때문인 것으로 생각된다.

62 《釋名》,〈采帛〉. "錦은 金으로, 그것을 공들여 만들었기 때문에 그 가치가 金과 같아서, 글자를 帛과 金을 합쳐 錦이라 했다(錦, 金也, 作之用功, 重其價如金, 故其制字, 從帛與金也)";《渤海國志長編》卷17,〈食貨考〉第4, 錦綵 "삼가 설문을 살펴본다면 錦襄은 물감을 들여 무늬를 섞어 짠 것이다.《本草綱目》에 이르기를, 錦은 오색실로 짜서 문장을 만든다. 글자도 帛 자와 錦 자가 합쳐졌고 諧聲도 귀하다(謹案設文錦襄色織文也, 本草綱目云, 錦以五色絲織成文章字從金諧聲且貴之也)."

63 《漢書》卷1下,〈高帝紀〉, 65~66쪽. "상인들은 물감을 들인 오색실로 섞어 짠 사직에 수놓은 옷, 무늬가 있는 사직옷, 고운 베와 모시옷, 무늬 있는 모직물 옷을 입지 못하게 했다(賈人毋得衣錦繡·綺縠·絺·紵·罽)." 顔師古는 "罽는 털을 짠 것으로 지금의 (모직물의 종류인) 氍과 氀毹와 같은 종류이다(罽, 織毛, 若今氍及氀毹之類也)"라고 했다.《袁山松書》에서는《後漢書》卷51의〈李恂列傳〉에 나오는 "香罽之屬"에 대해, 罽는 "털은 짜서 포를 만든 것(織毛爲布者)"이라고 했다.《後漢書》卷86의〈南蠻西南夷列傳〉에 나오는 "輕毛氊雞"에 대해 郭璞은 "《山海經》에 '氊雞는 꿩과 비슷하고 크며 푸른색이고 毛角이 있으며, 적과 죽을 때까지 싸운다(《山海經》曰: 氊雞似雉大大, 靑色, 有毛角, 鬪敵死乃止)"고 했다.《風俗通》에서는 "털로 짠 요를 氀毹라고 한다(織毛褥謂之氀毹)"고 했다.

64 《三國志》卷13,〈烏丸鮮卑東夷傳〉, 扶餘傳. "在國…… 履革鞜. 出國則尙繒繡錦罽, 大人加狐狸狖白黑貂之裘, 以金銀飾帽."

65 《後漢書》卷85,〈東夷列傳〉, 扶餘傳;《三國志》卷30,〈烏丸鮮卑東夷傳〉, 夫餘傳. 이들 기록에서《後漢書》의 扶餘傳에는 '貀'로 기재되어 있고,《三國志》의 夫餘傳에는 '狖'로 기재되어 있다. 貀은 貀과 같은 글자인데,《爾雅》의〈釋獸〉에는 "貀은 앞발이 없다(貀無前足)"고 했고,《異物志》에서는 "貀은 조선에서 생산되는데, 猩猩과 비슷하고 푸르고 검은색이 나며 앞의 두 발이 없고 쥐를 잡을 수 있다(貀出朝鮮, 似猩猩, 蒼黑色, 無前兩足, 能捕鼠)"고 했다. 이를 볼 때 貀과 狖가 다른 동물임을 알 수 있다.

66 《晋書》卷97,〈東夷列傳〉, 肅愼條. "위나라 景元 말경에 楛나무로 만든 화살·돌화살촉·활과 갑옷·담비가죽 따위를 가지고 와서 바쳤다(魏景元末, 來貢楛矢·石砮·弓甲·貂皮之屬)."

도로 그 수가 많았다.[67]

고구려 벽화고분들 가운데는 당시의 사냥 활동을 사실적으로 묘사한 수렵도가 보이는데, 개별적인 사냥을 묘사한 수렵도도 있지만 대부분 사냥의 규모가 매우 크고 집단적인 사냥 방법을 취하고 있는 수렵도이다. 이러한 벽화 내용으로부터 당시 일반적인 복식의 재료로 쓰인 사냥 동물의 다양한 종류와 그 양적인 풍부함을 살펴볼 수 있다. 무용총의 수렵도는 산을 사이에 두고 앞쪽과 뒤쪽에서 사냥이 진행되고 있어 그 규모를 짐작할 수 있는데, 여기에는 호랑이·여우·사슴 등이 보인다. 약수리 벽화고분의 수렵도 역시 단체 사냥인데, 호랑이·멧돼지·여우·사슴·노루·곰 등이 보인다. 덕흥리 벽화고분 수렵도 역시 단체 사냥 장면으로 사슴·호랑이·곰·멧돼지·노루·꿩 등이 보이고, 장천 제1호분의 야유수렵도에는 노루·사슴·멧돼지·담비·족제비·수달·꿩·사냥개 등이 보인다. 이로 볼 때 앞의 문헌 자료에서 확인한 멧돼지·사슴 이외에 호랑이·곰·노루·담비·수달·여우 등이 주된 사냥 동물이었을 것으로 보인다.

또한 안악 제3호 고분의 육고도(肉庫圖)에는 꿩·멧돼지·노루 등을 걸어놓고 훈연하는 장면이 그려져 있는데, 이 동물들은 이미 박피가 되어 있는 상태이다. 이것은 고구려 사람들이 사냥에서 잡은 짐승의 고기를 훈연법을 써서 저장 식품으로 만들었다는 것을 말해주기도 하지만, 동물의 몸체가 분리되지 않은 채 박피된 점으로 보아 제거된 동물의 털이나 가죽이 복식의 재료로 이용되었음을 짐작하게 한다.

실제로 신석기시대부터 철기시대에 이르는 고조선 지역의 여러 유적에서 출토된 짐승 뼈 유물로부터 위의 사실을 확인할 수 있다. 고조선의 영역이었던 한반도와 만주 지역의 신석기시대 사람들은 정착 생활과

---

67   《後漢書》卷85,〈東夷列傳〉, 東沃沮傳. "조세로 담비가죽과 魚鹽을 징수했다(責其租稅, 貂布魚鹽)."

함께 농업과 목축업을 발전시켰는데, 사냥 또한 중요한 위치를 차지하고 있었다. 한국의 신석기시대 유적에서 발굴된 짐승 뼈로는 말·노루·사슴과 같은 짐승을 비롯해 멧돼지·사향노루·산양·표범·곰·족제비·여우·승냥이·청서와 같은 쥐목 동물, 물개·넝에·고래 등과 같은 바다짐승의 것도 있었다. 이 밖에도 궁산 유적의 한 개 문화층에서는 지금은 볼 수 없는 물소도 나왔다.[68] 이 발굴 자료들은 문헌 자료와 벽화에 나타나는 동물들의 내용을 뒷받침해주며, 모자의 재료로 사용된 가죽의 종류가 다양했음을 알려준다.

가죽 제품 외에 모직물도 모자의 재료로 이용되었다. 고조선에서는 고급 모직물로 만든 타복(毤服)을 중국에 수출했는데, 이러한 기술을 이어 부여에서는 꿩과에 속하는 갈치(鶡雉)의 털로 짠 모직물인 계(罽)를 생산하여 대중화했다.[69] 이는 고조선의 우수한 모직물 생산 기술을 이은 것이라 하겠다. 그 연대가 고조선 중기에 해당하는 서기전 1000년기 초로 확인된 길림성 영길현(永吉縣) 성성초(星星哨) 유적 17호 돌널무덤에서는 실제로 양털과 개털을 섞어서 짠 모직물이 출토되었다.[70] 성성초 유적에서 출토된 모직물은 오늘날 생산되는 것에 가까운 것으로,[71] 당시 고조선으로서는 무척 정교한 모직물이었을 것이다. 고구려에서도 돼지털로 짠 장일(障日)이라는 모직물을 생산했다.

절풍의 재료인 가죽·모직물·자작나무껍질 등을 살펴본 데 이어, 이제 그 속에 대었던 마직물·면직물·실크천에 대해 알아보자.

고대 한국에서는 마와 저를 생산했고, 고조선의 모든 지역에서 마

---

68 조선기술발전사편찬위원회, 《조선기술발전사》(원시·고대편), 과학백과사전종합출판사, 1997, 23쪽.

69 박선희, 앞의 책, 51~53쪽.

70 吉林省博物館·永吉縣文化館, 〈吉林永吉星星哨石棺墓第3次發掘〉, 《考古學集刊》 3, 中國社會科學出版社, 1983, 120쪽.

71 趙承澤, 〈星星哨石棺墓織物殘片的初步探討〉, 《考古學集刊》 3, 126~127쪽.

직물이 복식의 재료가 되었다. 고구려는 대마포를 복식의 주요 재료로 썼다. 고구려는 그 밖에도 추포(麤布)와 저포(紵布)를 만들었고, 전(絟)으로는 최고의 기술을 요구하는 60종포를 만들기도 했다. 신라에서는 한 필의 포가 밥그릇에 들어가는 40승포의 베를 생산했고, 섬세한 모시포와 금실을 섞어 짠 금총포를 만들어내었다.[72] 이들은 모두 절풍의 속 재료로 사용되었을 것이다.

고대 한국에서는 매우 일찍부터 면직물을 생산했는데, 고구려에서 생산한 면직물의 이름은 백첩포(白疊布)였고, 신라에서 생산한 것은 백첩포(白氎布)·면주포(綿紬布)·시면주포(絁綿紬布)였다. 이 직물들 가운데 백첩포(白疊布)와 백첩포(白氎布)는 동일한 면직물이며, 면주포와 시면주포는 면(綿)과 누에실[絲]의 합성직물로, 현대의 실크면과 같은 성격의 직물이다. 그러므로 한국에서 면직물이 생산되기 시작한 것은 고려시대 문익점이 원(元)나라에서 목면 종자를 들여오면서부터라는 일반적인 인식은 잘못된 것이다. 이 백첩은 고대부터 생산되던 면종자로, 동아시아에서 한국과 지금의 신강 지역이 생산지였다. 백첩포는 버들개지처럼 생긴 꽃으로부터 가는 실을 얻어 포를 짠 것인데, 매우 희고 부드러운 것이 특징이다.[73] 이 백첩포는 중국이 우리나라에서 예물로 받거나 수입하던 것으로, 지배 계층들이 매우 선호하던 직물이다. 중국 위(魏)나라의 문제(文帝)는 《태평어람(太平御覽)》에서 백첩포의 곱고 깨끗함은 어느 것도 따를 수 없다고 극찬했고, 당나라의 유명한 시인인 두보는 〈대운사찬공방(大雲寺贊公房)〉이라는 시에서 백첩의 밝게 빛나는 아름다움을 역시 극찬했다. 이 같은 우수한 품질의 면직물도 머리쓰개의 재료가 되었을 것이다.

---

72 박선희, 앞의 책, 85~124쪽 참조.
73 같은 책, 189~217쪽 참조.

변이나 절풍의 안쪽에는 흡습율이 높은 실크천도 많이 사용되었다. 종래의 연구에서 한국과 중국 및 일본의 학자들은 모두 고대 한국의 양잠 기술이 중국에서 수입된 것이라고 믿었는데, 지금도 사정이 다르지 않다. 나는 우리나라의 고대 실크 생산과 관련해《한서》·《후한서》등의 문헌 자료에 대한 과거의 해석에 잘못이 있음을 지적한 바 있다.[74] 북한 학자 조희승은 새로운 고고 발굴 자료를 근거로 우리 민족의 실크 생산이 신석기시대로 거슬러 올라갈 뿐만 아니라 독자적으로 발전되었음을 밝혔다. 조희승은 우리나라 신석기와 청동기시대의 유적들인 남경 유적, 모래산 유적, 서포항 유적, 공귀리 유적 등에서 출토된 질그릇 밑바닥의 나뭇잎들이 산뽕나무잎임을 밝혔다. 또한 신석기시대의 지탑리 유적과 청동기시대의 궁산 유적에서 출토된 질그릇의 곤충 문양이 누에를 새긴 문양임을 분석해냈다. 또한 고조선의 영역이었던 요령성 후와 유적에서 출토된 조소품이 누에 모양 조소품임도 밝혔다.[75]

우리나라의 누에와 중국의 누에가 품종학적으로 체세포의 염색체 수에서 다르다는 점도 분석했다. 오늘날 모든 뽕누에의 체세포 염색체 수($2n$)는 56개이고 생식세포(n)는 28개이다. 중국을 비롯한 대륙에 야생하는 메누에도 체세포의 염색체 수($2n$)가 56개이고 생식세포(n)는 28개이다. 그러나 우리나라에 야생하는 메누에의 반수체(n)만이 27개이다.[76] 이러한 내용들은,《한서》와《후한서》등의 잘못된 해석에 근거하여, 고대 한국의 양잠 기술이 서기전 12세기 말 무렵 기자에 의해 중국으로부터 수입되었다는 견해가 잘못되었음을 말해준다.

---

74   같은 책, 125~188쪽.

75   조희승,《조선의 비단과 비단길》, 사회과학출판사, 2001, 4~23쪽. 요령성에 위치한 후와 유적 하층의 목탄에 대해 방사성탄소측정을 한 결과, 그 연대가 5410±150B.P.와 5600±110B.P.로서 수정연대는 6055±96B.C.와 6255±170B.C.였다(許玉林 · 傅仁義 · 王傅普,〈遼寧東溝縣后洼遺址發掘概要〉,《文物》, 1989年 第12期, 19쪽).

76   같은 책, 19~34쪽.

한민족은 중국과 비슷한 시기인 서기전 2700년 무렵부터 실크를 생산하기 시작했는데, 중국의 생산품과는 다른 여러 종류의 고유한 실크를 생산해 복식의 재료로 널리 대중화시켰다.[77] 앞의 〈표 2〉에서 본 절풍들은 모두 실크 등을 붙인 상태에서 세움장식을 꽂았던 것이다. 또한 일반 가죽으로 만든 절풍이나 금동관 또는 금관의 안쪽 부분도 마찬가지로 실크로 마무리되었다. 이는 실크섬유가 다른 직물들보다 흡습율이 크기 때문이기도 하고, 아울러 고대 한민족 사회에 실크섬유가 대중화해 있었기 때문이기도 하다.

따라서 변과 절풍의 안쪽 재료로 겨울에는 한민족이 생산한 고유 실크 가운데 비교적 두텁고 강한 직물인 견(絹)·증(繒[帛])·면포(緜布[紬])·기(綺)·단(緞)·연(練)·사(紗)·곡(縠)·초(綃) 등을 쓰고, 여름에는 비교적 성글고 얇은 겸(縑)·나(羅)·능(綾)·환(紈)·사(紗) 등을 썼을 것이다. 견(絹)은 가공하지 않은 누에실로 짠 것으로, 두텁게 짠 것을 증(繒) 또는 백(帛)이라고 한다. 예(濊)에서 많이 생산한 면포(緜布), 곧 주(紬)는 굵은 누에실로 두텁게 짠 실크천이다. 기(綺)는 물들이지 않은 누에실로 무늬를 넣어 짠 실크천이며, 단(緞)은 물들인 누에실로 짠 천이다. 사(紗)는 누에실을 꼬아 짜지 않아 천이 얇고 고우며, 곡(縠)은 누에실을 바싹 꼬아 짰기 때문에 천의 작은 매듭이 주름처럼 무늬가 져 보인다. 초(綃)는 생누에실로 두텁게 짜 희게 보이는 것으로, 날실과 씨실의 간격을 벌려 성근 느낌을 준다. 겸(縑)은 가는 누에실을 겹쳐 짰기 때문에 물이 새지 않을 정도로 촘촘해진 천이며, 나(羅)는 누에실로 그물처럼 성글게 짠 천이다. 능(綾)은 누에실로 무늬를 얼음결처럼 짠 천이고, 환(紈)은 여러 겹으로 촘촘히 짰기 때문에 생누에실 본래의 색이 희게 나타난 천이다. 그 밖에 가장 널리 사용되던 우수한 품질의 것으로 금(錦)을 들 수 있다. 실제로 《후한서》〈동이열전〉에서는 "동이는 거의 모두 토착민으로서 술마시고 노래하며 춤추기를 좋아하고, 변을 쓰고 금(錦)으로 만든 옷을 입었다"고[78] 하여, 고대에 한반도와 만주 일대에 위치했던 한민족이 일반적으로 금(錦)으로 만든 옷을 입고 변을 썼음을 밝히고 있다. 이러한 고조선의 문화는 한민족 문화의 원형이라고 할 수 있는데, 이러한 한민족의 고유 문화가 여러나라시대로 이어졌다.

금(錦)은 물감을 들인 오색실로 섞어 짠 실크이다. 고구려·부여·동옥저 사람들은 계층 구분 없이 모두 금(錦)과 청색 빛깔의 모직물〔罽〕[79] 옷을 즐겨 입었다. 운포금(雲布錦)·오색금(五色錦)·자지힐문금(紫地纈文錦)도 생산했다. 한(韓)에서도 금(錦)을 널리 생산하고 이를 대중화했다. 한에서 분열되어 나온 백제와 신라 사람들도 한의 기술을 이어 금(錦)을 생산했다. 신라에서는 건국 초부터 일반 백성들 사이에 금(錦)이 사용되었으며, 나중에 대화어아금(大花魚牙錦)·소화어아금(小花魚牙錦)·조하금(朝霞錦)을[80] 생산했다. 신라와 백제에서는 금(錦)을 중국에 예물로 보냈는데, 이는 한반도에서 생산한 금(錦)의 품질이 중국 것보다 우수했을 가능성을 말해준다. 고대 한민족은 금(錦)을 일반에 이르기까지 널리 대중화해 모자와 옷 등에 다양하게 사용했는데, 이와 달리 중국에서는 한(漢)에 이르

---

78 《後漢書》卷85,〈東夷列傳〉, 序. "東夷率皆土著, 憙飲酒歌舞, 或冠弁衣錦."

79 《漢書》卷1下,〈高帝紀〉, 65~66쪽. "상인들은 물감을 들인 오색실로 섞어 짠 실크에 수놓은 옷, 무늬가 있는 비단옷, 고운 베와 모시옷, 무늬 있는 모직물 옷을 입지 못하게 했다(賈人毋得衣錦繡·綺縠·絺·紵·罽)." 이 구절의 罽에 대한 顏師古의 주석에 "罽는 털을 짠 것으로, 지금의(모직물의 종류인) 毾𣰆와 氍毹와 같은 종류이다(罽, 織毛, 若今毾𣰆及氍毹之類也)"라고 했다 ;《後漢書》卷51,〈李恂列傳〉의 "香罽之屬"에 대한 袁山松書의 주석에서 罽는 "털을 짜서 포를 만든 것(織毛爲布者)"이라고 했다. 毾𣰆에 대해서는《後漢書》卷86,〈南蠻西南夷列傳〉에 "輕毛毾𣰆"에 대한 주석으로 실린 郭璞의 주석에서 "《山海經》에서 말하기를, 毾𣰆는 꿩과 비슷한데, 크고 청색이며 머리 위의 털이 뿔 모양을 이루었고 적과 죽을 때까지 싸운다(山海經》曰, 毾𣰆似雉而大, 青色, 有毛角, 鬪敵死乃止)"고 했다. 氍毹는《風俗通》에서 "털을 짜서 누울 때 방바닥에 까는 것을 氍毹라고 한다(織毛褥謂之氍毹"고 했다.

80 《翰苑》,〈蕃夷部〉, 高(句)麗條.

기까지 상인과 평민들은 이를 사용할 수 없었고 지배 계층에서도 그 쓰임이 제한적이었다.

한민족이 생산했던 다양한 종류의 실크들은 모두 직조와 그 가공 방법 등이 다르다. 그럼에도 일반 분야뿐만 아니라 전문적인 복식사 연구에서도 이들의 다양한 특성을 정확히 구분하지 않고 견이나 비단 등으로 일컬어왔다. 내가 실크(누에실천)라는 외래어 명칭을 쓰는 이유는 다음과 같다. 우리가 주로 실크라는 의미로 사용하는 비단이라는 단어는 원래 한자어로 붉은색의 두텁게 짠 실크를 말한다. 그 외에 자주 일컬어지는 주단이나 명주 및 견의 경우도 주로 두텁게 짠 특성을 가지지만, 구체적으로 서로 다른 차이를 갖는 중국의 실크섬유이다. 따라서 여러 종류의 중국 실크섬유 가운데 어느 한 가지만 가리키는 특정 단어를 빌려와서 우리나라만의 고유한 특성을 갖는 실크의 다양한 종류를 모두 총칭하는 단어로 사용하는 것은 잘못이라 하지 않을 수 없다.

고대 한민족이 생산했던 이 같은 다양한 섬유들의 직조와 가공 방법을 구별하지 않고 비단이나 주단 혹은 명주 등으로 불러왔던 것은 우리나라 고유의 명칭을 잃어버리고 중국의 명칭을 빌려 쓰거나 아예 그대로 썼기 때문이다. 앞으로 더욱 알기 쉽고 사용하기 편한 우리말 용어를 정성스럽게 가꾸어나가는 작업을 해야 우리 문화를 주체적으로 살리는 데 도움이 될 것이다.

2. 책(幘)에 보이는 금관 양식

고구려의 책은 중국의 책과 비슷하지만, 뒤에 늘어뜨리는 것이 없어 중국의 책과 구분된다고 했다. 요령성 여순시 철산구에 위치한 고구려 옛무덤에서 출토된 흙으로 만든 인형이[81] 쓴 관은 고구려 사람들이 썼

〈그림 41〉 부호 무덤 출토, 돌로 만든 상나라 남자상

〈그림 42〉 부호 무덤 출토, 옥으로 만든 상나라 귀족 남자상

던 책의 모습을 가장 잘 보여주고 있다(제2장의 〈그림 4〉 참고). 고구려의 책은 뒤가 없으나 중국의 책에는 뒤가 있다. 이는 두발 처리 방법의 차이에서 비롯된 것이라 생각된다. 《설문해자(說文解字)》에서는 "머리에 건(巾)이 있는데, 이를 책이라 한다"고[82] 했고, 《방언(方言)》에서는 "상투를 덮어씌우는 것을 책건(幘巾)이라 하고 승로(承露)라고도 하며 혹은 복계(覆髻)라고도 한다"고[83] 하여, 책은 건으로부터 변화된 것이며 머리를 간단히 처리하는 것임을 설명하고 있다.

중국에서는 상(商)나라(서기전 16세기~서기전 11세기 무렵)의 경우 높이가 낮은 관이나 앞이 말린 모양의 관을 썼으며(〈그림 41〉, 〈그림 42〉), 주(周)나라(서기전 11세기 무렵~서기전 841년)에 오면 높은 관(〈그림 43〉)을 썼는

81   于臨祥, 앞의 글, 60~61쪽.
82   《說文解字》, "髮有巾曰幘."
83   《方言》, "覆髻謂之幘巾, 或謂之承露, 或謂之覆髻."

〈그림 43〉 서주 무덤 출토, 옥으로 만든 남자상

데,[84] 이것들은 우리 한민족이 썼던 것과는 크게 다르다.

《후한서》〈여복지(輿服志)〉에는 이러한 내용이 더 상세히 설명되어 있는데, 중국에서 책은 한(漢)제국이 건국된 뒤 비로소 처음 출현한다. 전국시대에 진(秦)은 무장(武將)들에게 단지 붉은 수건을 머리에 두르게 하여 귀천을 표시하게 했고, 그뒤 한제국이 건국되고 나서 안제(顔題)를 만들어 건을 덮고 책이라 불렀다. 한시대의 관리들은 면관(冕冠,〈그림 44〉)이나 평건책(平巾幘,〈그림 45〉) 또는 양관(梁冠,〈그림 46〉,〈그림 47〉)을 썼다. 즉, 문제(文帝) 때 와서 안제를 높이고 이어서 이(耳)를 만들었으며, 건을 가득하게 해서 옥(屋)을 만들어 합한 뒤 뒤로 수(收)를 늘어뜨렸다(〈그림

84　周迅・高春明,《中國服飾五千年》, 商務印書館, 1984, 16~17쪽.

〈그림 44〉 산동성 제남에서 출토된 면관을 쓴 채색관리 도용

〈그림 45〉 하북성 망도 한묘 벽화에 보이는 평건책을 쓴 시중인

〈그림 46〉 하북성 망도 한묘 벽화에 보이는 양관을 쓴 관리

〈그림 47〉 산동성 기남에서 출토된 화성석에 보이는 양관을 쓴 관리

48)).[85] 높고 낮은 군신(軍臣)과 귀하고 천한 자가 모두 이처럼 책을 사용했다.[86]

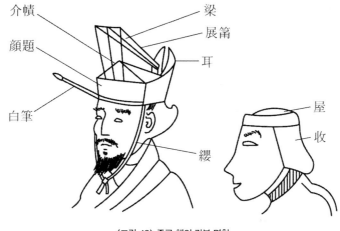

介幘

顏題

白筆

梁

展筩

耳

縷

屋

收

〈그림 48〉 중국 책의 각부 명칭

　이로 보아 중국에서 책은 서한(西漢) 초기에 와서야 처음 출현하는
데, 전국시대까지 문관(文官)과 무관(武官)이 사용했던 관으로부터 변화
한 것이 아니라, 전국시대 진나라에서 무장들이 쓰던 두건으로부터 발전
한 것임을 알 수 있다. 그렇기 때문에 머리에 감은 건의 자락을 뒤에서
모아 늘어뜨리는 수가 발생한 것이다.

　우리나라 책의 연원이 중국에 있다고 보는 견해가 있다.[87] 그러나 고
대 한국의 책은 중국의 책이 한 초에 이르러 발생한 것과 달리 고조선시
대부터 사용되던 변으로부터 변화한 것으로, 중국처럼 건을 사용하지 않
았기 때문에 자연히 뒤에 늘어뜨리는 수가 없다.《독단(獨斷)》에 따르면,

85　孫機,《漢代物質文化資料圖說》, 文物出版社, 1991, 231쪽 ; 林巳奈夫 編,《漢代の文物》, 東
京大學人文科學硏究所, 1976, 17쪽.

86　《後漢書》〈志〉30 輿服下. "古者有冠無幘, 其載也,…… 秦雄諸侯, 乃加其武將首飾爲絳袙, 以
表貴賤. 其後稍稍作顏題. 漢興, 續其顏, 却裸之, 施巾連題, 却服之, 今喪幘是其制也. 名之曰
幘. 幘者, 臣賾也, 頭首嚴臣賾也. 至孝文乃高顏題, 續之爲耳, 崇其巾爲屋, 合後施收, 上下羣
臣貴賤皆服之."

87　국사편찬위원회 편, 앞의 책, 26쪽.

한(漢)나라의 원세(元帝)가 이마에도 머리털이 있어 이를 가리기 위해 책을 쓰기 시작했고 신하들이 모두 따랐는데, 한나라 초기에 사용하던 책과 달리 건이 없었다고 한다.[88] 이로 볼 때 옥을 만들지 않았음을 알 수 있다. 원제와 달리 왕망(王莽)은 모발이 없어 건을 사용해 옥을 만들었다고 하는데, 이로 볼 때 검은 천으로 옥을 만들어 모발처럼 보이게 한 것이라 하겠다.[89] 이처럼 한대(漢代)에는 옥이 있는 책과 없는 책을 다 사용했음을 알 수 있다. 그러나 고대 한국의 경우 남자들은 모두 상투를 했으므로, 건이 필요하지 않은 것과 마찬가지로 옥도 필요하지 않았을 것이다.

《후한서》〈여복지〉와 《진서(晉書)》〈여복지〉에 따르면, 문관은 이(耳)가 길고 무관은 이가 짧으며, 수의 길이는 3촌(寸, 약 6.9센티미터)이고, 군리(羣吏)는 봄에서 여름까지 청색의 개책(介幘)을 쓰며 무리(武吏)는 적색의 평상책(平上幘)을 쓴다. 또한 미성년인 동자(童子)는 옥이 없는 관을 쓴다.[90] 그러나 이후 무관은 검은색의 평상책(平上幘)을 쓰고, 녹봉이 2,000석 이상에 달하는 무관직은 검은색의 평상책 위에 사(紗)로 만든 덧관을 썼다고 한다.[91] 사(紗)는 누에고치실을 꼬아 짜지 않아 얇고 고운 실크이다. 이로 보아 중국에서는 무관과 문관, 신분이나 직급에 따라 책의 모양

---

88 《獨斷》卷下. "幘者, 古之卑賤執事, 不冠者之所服也. …… 元帝額有壯髮, 不欲使見人, 始進幘服之, 群臣皆隨焉. 然尙無巾, 如今半幘而已. 王莽無髮, 乃施巾, 故語曰王莽禿幘施屋."

89 같은 곳 참조.

90 《後漢書》, 〈志〉30, 輿服下. "文者長耳, 武者短耳, 稱其冠也. 尙書幘收, 方三寸, 名曰納言, 示以忠正, 顯近職也. 迎氣五郊, 各如其色, 從章腹也. 帛衣羣吏春服靑幘, 立夏乃止, 助徵順氣, 尊其方也. 武吏常赤幘, 成其威也. 未冠童子幘無屋者, 示未成人也"; 《晋書》卷25, 〈志〉, 輿服. "冠進賢者宜長耳, 今介幘也. 冠惠文者宜短耳, 今平上幘也. 始時各隨所衣, 逐因冠爲別. 介幘服文吏, 平上幘服武吏也."

91 《晋書》卷25, 〈志〉, 輿服. "武冠, 一名武弁, 一名大冠, 一名繁冠, 一名建冠, 一名籠冠. 卽古之惠文冠, 或曰趙惠文王所造, 因以爲名, 亦云惠者蟬也. 其冠文經細如蟬翼, 故名惠文. …… 天子元服亦先加大冠, 左右侍臣及諸將軍, 武官通服之"; 《晋書》卷24, 〈志〉, 職官. "三品將軍中二千石者, 著武冠平上黑幘. 五時朝服, 佩水蒼玉. …… 大司馬大將軍·太尉·驃騎·車騎·衛將軍·諸大將軍·開府位從公者爲武官公, 皆著武冠, 平上黑幘."

이나 색상에 일정한 규제가 있었던 것 같다.

책에 대한 중국의 이 같은 규제 내용과 달리 안악 3호 고분벽화에 보이는 사람들은 대부분 검은색의 책을 썼고, 부월수(斧鉞手) 4인은 붉은색의 책을 썼으며, 의장기수 4인은 안제의 앞이마 부분만 붉은 책이고 나머지는 모두 검은색으로 된 책을 썼다. 행렬도에서도 부월(斧鉞)을 들고 가는 일부 무사들만 붉은색의 책을 썼으며, 다른 무사들과 기마무사들은 모두 검은색의 책을 썼다. 또한 중국의 경우 미성년자는 옥이 없는 관을 썼으나, 고구려에는 이와 같은 규제가 보이지 않는다. 이 같은 고구려와 중국 책의 양식과 사용 규제에 관한 차이는 고구려의 책이 중국의 영향과 무관함을 더 확실히 증명해주는 것이다. 이는 다음의 분석에서 더 상세하게 밝혀질 것이다.

그러면 종래의 견해들은 어떠한가? 고대 한국의 책에 관한 내용을 다룰 때는 안악 3호 고분벽화와 덕흥리 고분벽화에 보이는 책들이 그 대표적인 예로 제시된다. 북한 학자는 이들 고분벽화에 보이는 책과 관이 중국의 것과 비슷하다고[92] 했고 남한 학자는 동일하다고 주장했는데,[93] 이러한 주장을 근거로 묘주의 국적이 중국계일 것이라는 견해가 제시되기도 한다. 나는 두 고분벽화에 보이는 책들을 분석하여 이 같은 주장이 갖는 문제점을 지적하고자 한다.

안악 3호 고분벽화에는 두 종류의 책이 보인다. 하나는 시종무관도에 보이는 장하독(帳下督, 〈그림 49〉)과 의장기수도의 의장기수(〈그림 50〉) 그리고 행렬도에 보이는 일부 사람들(〈그림 51〉)이 쓴 것으로, 뒤의 이(耳) 부분이 올라간 것이다. 행렬도 사람들의 책은 장하독과 의장기수들의 책

92 김용준, 〈안악 제3호분(하무덤)의 연대와 그 주인공에 대하여〉, 《문화유산》, 1957년 3기, 1~22쪽.

93 孔錫龜, 〈安岳3號墳 主人公의 冠帽에 대하여〉, 《高句麗研究》 第5輯, 高句麗研究會, 157~193쪽.

〈그림 49〉

〈그림 50〉

〈그림 51〉

〔안악 3호분〕 장하독의 책(〈그림 49〉), 의장기수의 책(〈그림 50〉), 대행렬도의 기마인의 책(〈그림 51〉)

〈그림 52〉 안악 3호 고분벽화 묘주도에 보이는 책

〈그림 53〉 안악 3호 고분벽화 대행렬도에 보이는 기마인의 책

보다 이(耳) 부분이 더욱 높게 솟아 있어 변의 모습에 가깝다. 또 다른 하나는 주인공 좌우에 있는 기실(記室)·성사(省事)·문하배(門下拜,〈그림 52〉)와 의장기수 및 행렬도의 일부 사람들(〈그림 53〉)이 쓴 것으로, 뒤의 이(耳) 부분이 높게 굽어져 올라간 것이다.

〈그림 54〉삼도호요업 고분벽화에 보이 〈그림 55〉정가갑 고분벽화 〈그림 56〉동문리 고분벽화에 보
는 묘주의 책　에 보이는 관리의 책　이는 기마인의 책

　　공석구는 안악 3호 고분벽화에 보이는 책을 중국과 북방 지역의 고
분벽화에 보이는 책과 비교한 뒤 안악 3호 고분벽화에 보이는 책이 중국
의 책과 같다고 했다. 그러나 그가 근거로 제시한 중국과 북방 지역의 책
은 안악 3호 고분벽화에 보이는 책과 다음과 같은 큰 차이를 갖는다. 그
는 발굴자들이 동한 후기의 것으로 밝힌 요령성 요양시(遼陽市) 삼도호요
업(三道濠窯業) 제4현장의 고분벽화에 보이는 책(〈그림 54〉)이[94] 안악 3호
고분벽화의 장하독의 책과 같다고 했으나, 이 책은 뒤의 이(耳) 부분이
수평으로 되어 있는 평건책(平巾幘)으로 장하독의 책과는 전혀 다르다.
　　감숙성(甘肅省) 정가갑(丁家閘)의 고분벽화 관리상(官吏像)에 보이는
책(〈그림 55〉)은[95]《후한서》〈여복지〉의 내용에서와 같이 뒤에 수가 '3촌'
정도 늘어뜨려져 있어 장하독의 책과 다르다. 요령성 요양시 동문리(東門
里)에서 발견된 동한(東漢) 중기 고분벽화의 '출행도(出行圖)'에서 기마인
(騎馬人)이 쓴 책(〈그림 56〉)[96]도 장하독의 책과 같다고 했으나, 이 책은 뒤

94　李文信,〈遼陽發現的三座壁畵古墳〉,《文物參考資料》, 1955年 第5期, 15~42쪽.
95　町田章,《古代東アジアの裝飾墓》, 同朋舍, 1987, 187쪽.
96　遼寧省博物館·遼陽博物館,〈遼陽舊城東門里東漢壁畵墓發掘報告〉,《文物》, 1985年 第6期,
　　25~42쪽.

〈그림 57〉 후해자 고분벽화에 보이는 의장대열의 책

에 수가 길게 드리워 있고 또한 옥 부분이 높게 올라온 개책으로, 장하독의 책과는 완전히 다르다.

운남성(雲南省) 소통현(昭通縣) 후해자(后海子)에서 발견된 동진(東晉)시대 고분벽화에 보이는 동쪽 벽 의장대열의 사람들이 쓴 책과 서쪽 벽에 환수철도(環首鐵刀)를 들고 있는 13인이 쓴 책(〈그림 57〉)[97]은 같은 모습인데, 이 책들은 이(耳)의 앞부분이 뒷부분보다 높은 경우도 있고 그 반대인 경우도 있으며 거의 같은 경우도 있어 장하독의 책과 다르다. 그리고 발굴자들이 서벽의 환수철도를 들고 있는 13인은 한족(漢族)이 아니라 소수민족 부곡(部曲)의 형상을 나타낸 것이라고 한 것을 볼 때, 이는 중국의 책이 아니라 소수민족의 책일 가능성이 크다.

다음으로 기실·성사·문하배 3인과 의장기수 4인 및 행렬도의 일부 사람들이 쓴, 뒤의 이(耳) 부분이 높게 굽어져 올라간 책을 살펴보자. 높게 굽어져 올라간 모양으로 보아 이 책은 간단평짜임을 한 모직물로 만들어졌을 가능성이 크다. 평양시 낙랑구역 정백동 1호묘(서기전 2세기 말~

97 雲南省文物工作隊,〈雲南省昭后海子東晉壁畫墓淸理簡報〉,《文物》, 1963年 第12期, 1~6쪽.

〈그림 58〉 망도 한묘 벽화에 보이는 관리의 책

서기전 1세기 초)에서는 고조선 말기의 것으로 보이는 세 개의 천조각이 발굴되었다. 그 가운데 하나는 실크섬유이고, 나머지 둘은 말의 꼬리털로 짠 것이다. 말의 꼬리털로 짠 천은 간단평짜임과 특수평짜임이었다. 간단평짜임 천은 재질이나 짜임의 특성으로 볼 때 망건이나 갓 또는 탕건 같은 것을 만드는 데 쓰였을 것으로 보인다.[98] 특수평짜임 천은 날씨실 밀도의 균일도가 높고 날씨실 조직점 간격도 좁아, 당시 방직 기술이 매우 높고 섬세했음을 알 수 있다.[99]

공석구는 위의 책들이 중국의 화상석이나 고분벽화에 보이는 책과 같다고 주장하며 다음의 예를 제시했다. 즉, 하북성 망도현(望都縣) 한묘(漢墓)에서 출토된 고분벽화에서 포(袍)를 입은 관리가 쓴 책(〈그림 58〉)과[100] 같다는 것이다. 그러나 안악 3호 고분벽화에 보이는 책은 윗부분의 이(耳)가 두 갈래로 끝 부분이 높게 굽어져 올라가 있고, 망도 한묘에 보이는 책은 이와 달리 뒷부분의 이(耳)가 두 갈래로 끝 부분이 휘어지지

98   조선유적유물도감편찬위원회, 《조선유적유물도감》(고조선 · 부여 · 진국편), 109쪽.

99   조선기술발전사편찬위원회, 앞의 책, 68~69쪽.

100 姚鑒, 〈河北望都縣漢墓的墓室結構和壁畵〉, 《文物參考資料》, 1954年 第12期, 47~65쪽.

〈그림 59〉 낙양시 주촌 고분벽화에 보이는
관리의 책

〈그림 60〉 행원촌의 고분벽화에 보이는
기마인의 책

않은 채 솟아 있다. 또한 망도 한묘의 책은 양이 높게 올라와 있고 수가
나와 있다. 이러한 책은 안악 3호 고분벽화에서는 보이지 않는다.

그는 또 낙양시(洛陽市) 주촌(朱村)의 동한시대 고분벽화에 보이는
묘주부부음연도(墓主夫婦飮宴圖)의 묘주의 책과 차마출행도(車馬出行圖)의
관리의 책(〈그림 59〉)[101]이 같다고 했다. 그러나 이들이 쓴 책은 모두 높은
양이 있고 뒤에 수가 있어 안악 3호 고분벽화의 책과 다르다. 또 하남성
언사현(偃師縣) 행원촌(杏園村)에 위치한 동한시대 고분벽화에 보이는 차
기출행도(車騎出行圖)의 관리 가운데 주차(主車) 앞에 있는 말을 탄 관리가
쓴 책(〈그림 60〉)[102]과 같다고 하고 있지만, 이 책은 발굴자들도 밝히고 있
듯이 평건책으로서 가사관(加紗冠)이 덧붙여 있어 안악 3호 고분벽화의
책과 전혀 다르다. 또한 감숙성 가욕관시(嘉峪關市)에 위치한, 동한 후기
에 속하는 화상전묘(畵像磚墓) 진식도(進食圖)에서 묘주가 쓴 책(〈그림 61〉)[103]
도 예로 들고 있으나, 이 책은 수가 길게 늘어져 있어 역시 안악 3호 고분

101 　洛陽市第二文物工作隊, 〈洛陽市朱村東漢壁畵墓發掘簡報〉, 《文物》, 1992年 第12期, 15~
　　　20쪽.

102 　徐殿魁·曹國鑒, 〈偃師杏園東漢壁畵墓的淸理與臨摹禮記〉, 《考古》, 1987年 第10期, 945~
　　　951쪽과 圖6 참조.

103 　嘉峪關市文物淸理小組, 〈嘉峪關漢畵像磚墓〉, 《文物》, 1972年 第12期, 24~41쪽과 圖版 柒
　　　참조.

〈그림 61〉 가곡관시의 고분벽
화에 보이는 묘주의 책

〈그림 62〉 아사탑나 고분벽화
에 보이는 묘주의 책

〈그림 63〉 합라화탁 75TKM 98
고분벽화에 보이는 책

벽화의 책과 다르다.

아울러 신강 자치구 토로번현(吐魯番縣) 아사탑나(阿斯塔那) 고분벽
화 묘주생활도에 보이는 묘주의 책(〈그림 62〉)[104]과 토로번현 합라화탁(哈
喇和卓) 고분들 가운데 75TKM98 고분벽화에 보이는 책(〈그림 63〉)[105]도 안
악 3호 고분벽화의 책과 같다고 했는데, 이것들은 위에 나열된 중국의
책들보다는 그 모습에서 비교적 안악 3호분의 책에 가깝지만, 아사탑나
고분벽화에 보이는 책은 안제 위에 올라온 부분이 전혀 없고 75TKM98
고분벽화의 책은 이(耳) 위에 올라온 부분이 비교적 낮고 수가 있다.

고대 북방 민족들은 복식에서 앞섰던 고조선과 이를 계승한 여러
나라로부터 갖가지 종류의 복식을 수입하고 또 영향을 받았는데, 이들
북방 민족들의 책이 안악 3호 고분벽화에 보이는 책과 가까운 모습을 한
것은 이와 같은 이유 때문일 것이다.

공석구는 무리(武吏)가 늘 적책(赤幘)을 쓴다는《후한서》〈여복지〉
와《진서》〈여복지〉의 내용 그리고 망도 한묘에 보이는 호위(護衛) 임무
를 맡은 묘주의 속리(屬吏)인 오백(伍伯)이 홍책(紅幘)을 쓰고 있는 모습을

104   李肖冰,《中國西域民族服飾硏究》, 新疆人民出版社, 1995, 109쪽.
105   張朋川,〈河西出土的漢晋繪畵簡述〉,《文物》, 1978年 第6期, 59~71쪽과 圖版 玖 참조.

들어 이들을 무관으로 보았다.[106] 그것은 옳다. 그러나 적책이 호위무관이 쓰는 것이라거나, 안악 3호 고분벽화의 부월수도에 보이는 부월수와 행렬도의 부월을 들고 가는 사람들이 쓴 적책이 망도 한묘의 오백이 쓴 적책과 같다고[107] 본 것은 잘못이다. 오백이 쓰고 있는 책은 평건책으로서,[108] 이 같은 종류의 책은 고구려 고분벽화에는 보이지 않는다. 무관이 적책을 쓰는 것은 중국의 경우에 해당한다.

지금까지 살펴본 내용들을 통해, 남한 학자와 북한 학자가 안악 3호 고분벽화에 보이는 책과 중국의 책이 비슷하다거나 동일하다고 보고 안악 3호 고분벽화와 중국의 고분벽화가 연관이 있을 것으로 본 견해는 잘못된 것임을 알 수 있다. 또한 안악 3호 고분벽화에 보이는 책은 중국의 고분벽화 등에 보이는 책과 견주어 그 양식과 쓰는 방법, 만든 재료 등에 차이가 있음을 알 수 있다.

앞의 분석처럼, 변에는 관끈이 쓰였고, 절풍은 머리를 덮는 크기일 경우 덧관과 이중 구조로 되어 덧관이 고정 장치를 하기 때문에 관끈 없이 사용했다. 책은 바로 이 절풍에 고정시키는 장치인 덧관이 발전한 것으로, 절풍을 쓰지 않고 덧관만을 쓰게 된 것이라 하겠다.

3. 나관(羅冠)에 보이는 금관 양식

고구려의 귀한 신분의 남자들은 실크로 만든 관으로서 골소(骨蘇) 또는 소골(蘇骨)이라고 불리는 나관(羅冠)을 썼다. 《북사(北史)》〈열전〉의

---

106 姚鑒, 〈河北望都縣系漢墓的墓室結構和壁畫〉, 《文物參考資料》, 1954年 第12期, 51쪽.

107 孔錫龜, 앞의 글, 169쪽.

108 上海市戲曲學校中國服裝史研究組 編著, 周汛·高春明 撰文, 《中國服飾五千年》, 商務印書館香港分館, 1984, 36쪽.

〈그림 64〉 개마총의 행렬도에 보이는, 화려한 세움장식을 꽂은 자주색 나관과 금우식을 꽂은 자주색 나관

고구려전과 《주서(周書)》 〈열전〉의 고(구)려전에서는 "귀한 사람들은 그 관을 소골(蘇骨)이라고 하는데, 대부분 자주색 나(羅)로 만들어 금이나 은으로 장식 했다",[109] "남자들은…… 그 관을 골소(骨蘇)라고 하는데, 대부분 자주색 나(羅)로 만들고 금과 은으로 섞어 장식 했다"[110]고 하여, 귀한 신분의 남자들은 무늬를 성글게 짠 사직물인 나(羅)로 만든 관을 썼는데, 이 관을 소골 또는 골소라고 불렀으며 그 위에 금과 은으로 장식했음을 알 수 있다. 그 실제 예가 개마총(鎧馬塚) 주실 서벽 천정부에 그려진 행렬도(〈그림 64〉)에서 확인된다. 행렬도 맨 앞의 귀인으로 보이는 사람은 매우 화려한 세움장식을 꽂은 자주색 관을 썼다.

이마 부분에는 관과 다른 색의 테두리가 있고, 그 위를 금이나 은으로 보이는 장식단추로 꾸몄으며, 옷 역시 장식단추로 치장되었다. 그뒤에 금으로 만든 날개 모양 장식〔金羽飾〕 두 개를 관에 꽂은 사람이 뒤따르고 있다. 이 두 사람이 쓴 관은 모두 변에 가까운 절풍의 모습을 하고 있

109 《北史》 卷94, 〈列傳〉, 高句麗傳. "貴者, 其冠曰蘇骨, 多用紫羅爲之, 飾以金銀."

110 《周書》 卷49, 〈列傳〉, 高(句)麗傳. "丈夫…… 其冠曰骨蘇, 多以紫羅爲之, 雜以金銀爲飾."

으며, 자주색이 나는 것으로 보아 자주색 나(羅)로 만든 소골 또는 골소라고 생각된다. 골소는 그 쓴 형식으로 미루어 귀의 양쪽 끝 부분에 끈이 있어 이를 턱밑에서 묶어 고정시킨 것으로 보인다. 그러면 골소(骨蘇)와 나관(羅冠)의 재료인 나(羅)는 어떠한 직물인지 알아보자.

《설문해자》에 따르면, 나(羅)는 새를 잡기 위한 그물이라고[111] 한다. 《석명(釋名)》의 〈석채백(釋采帛)〉과 《발해국지장편(渤海國志長編)》의 〈식화고(食貨考)〉에는 무늬를 성글게 짠 사직물(絲織物)로 설명되어 있다.[112] 그리고 《초사(楚辭)》의 〈초혼(招魂)〉에서는 나(羅)와 기(綺)가 같은 종류의 사직물이라고 해석했다.[113] 《설문해자(說文解字)》에서는 기(綺)를 "문증야(文繒也)"라고 하여 두껍게 짠 무늬 있는 사직물이라 했고,[114] 《육서고(六書故)》의 〈공사육(工事六)〉에서는 흰 실로 문양이 있게 짠 것이라고 설명하고 있다.[115] 또한 《한서(漢書)》의 〈고제기(高帝紀)〉에 나오는, 기(綺)에 대한 안사고(顔師古)의 주(註)에서는 무늬 있는 증(繒)이며 세릉(細綾)이라고 기(綺)를 설명한다.[116]

《설문해자》에서는 능(綾)이 가늘게 짠 백(帛)이라고 했다.[117] 《석명(釋名)》의 〈석채백(釋采帛)〉에서는 "능(綾)은 능(凌)인데, 그 무늬가 보기에 두꺼운 얼음결과 같다"고[118] 하여, 세밀하면서도 얇은 사직물로 설명하고 있다. 이상의 여러 내용을 정리하면, 나(羅)는 무늬가 성글게 짠 사

---

111 《說文解字》. "羅, 以絲罟鳥也. 從網 從維古者芒氏初作羅."
112 《釋名》, 〈釋采帛〉. "羅, 文羅疏也"; 《渤海國志長編》 卷17, 〈食貨考〉. "謹案類篇羅帛也, 釋名羅文疏羅也."
113 《楚辭》, 〈招魂〉. "羅幬張些"에 대한 주에서 "羅, 綺屬也"라고 했다.
114 《說文解字》. "綺, 文繒也."
115 《六書故》, 〈工事六〉. "織采爲文曰錦, 織素爲文曰綺."
116 《漢書》 卷1下, 〈高帝紀〉. "賈人毋得衣錦繡綺縠絺紵罽"에 대한 顔師古의 주에서 "綺, 文繒也, 卽今之細綾也"라고 했다.
117 《說文解字》. "綾 東齊謂布帛之細曰綾"
118 《釋名》, 〈釋采帛〉. "綾 凌也, 其文望之如冰凌之理也."

직물이고 기(綺)는 흰색 실로 얼음결과 같은 무늬를 넣어 짠 사직물로, 둘 다 비교적 얇막하다는 공통점을 지닐 뿐 서로 다른 직물이라 하겠다.

해방 이전과 이후에 평양의 낙랑 유적에서는 나(羅)를 비롯한 다양하고 많은 양의 고조선 실크섬유들이 출토되었다. 해방 이전 평양 일대에서 사직물이 출토된 대표적인 무덤으로는 석암리 194호 무덤, 석암리 219호 무덤, 석암리 205호 무덤, 석암리 212호 무덤, 석암리 214호 무덤, 석암리 21호 무덤, 대동군 오야리 18호 무덤, 오야리 19호 무덤, 정백리 (동) 200호 무덤, 채협총 등이 있고, 해방 이후 평양시 낙랑구역 일대에서 사직물이 출토된 무덤들로는 정백동 3호 무덤, 정백동 1호 무덤, 정백동 37호 무덤, 정백동 147호 무덤, 정백동 166호 무덤, 정백동 2호 무덤, 정오동 1호 무덤, 정오동 4호 무덤, 정오동 5호 무덤, 정오동 12호 무덤, 정오동 36호 무덤, 토성동 34호 무덤, 토성동 486호 무덤, 정백동 389호 무덤, 토성동 4호 무덤, 정백동 377호 무덤 등이 있다. 여기에서 출토된 고조선의 실크섬유들 가운데 비교적 보존 상태가 좋은 것들과, 일제 강점기 때 출토된 것들로 조선중앙력사박물관에 보존된 고조선의 실크섬유들이 함께 실험·분석되었다.[119]

조희승은 사직물의 날실과 씨실의 구분·실충전도·실직경·섬유직경·날씨실올수·날씨실올수비·사직물의 종류와 특징 등을 실험·분석하고, 그 결과를 '고대비단 천분석표'와 비교했다. 이 '고대비단 천분석표'에는 1945년 이전에 일본인들이 평양 지역을 발굴하고 당시 출토되었던 사직물을 분석하여 그것들이 중국의 사직물이라고 왜곡한 내용이 담겨 있다. 조희승은 이 비교를 통해, 과거 일본인들이 지금의 평양 지역에서 출토된 사직물을 중국 것으로 단정한 내용이 잘못임을 밝혔다.[120] 나는

119   조희승, 앞의 책, 24~38쪽.
120   박선희, 앞의 책, 24~38쪽.

조희승의 실험 결과를 가지고 같은 시대 중국에서 생산되었던 실크섬유
들을 비교·분석한 결과 다음과 같은 내용을 알게 되었다.

첫째, 고조선의 나(羅)의 생산 연대는 중국보다 훨씬 앞서고 있다.[121]
중국의 나(羅)는 날실이 비교적 굵고 씨실은 가는데, 고조선의 나(羅)·평
직견(平織絹)·겸(縑) 등은 날실이 씨실보다 가늘다. 이는 현대의 실크천
직조 방법과 비슷한 것이다. 날실과 씨실의 밀도도 고조선의 나가 중국
것보다 세밀하다. 이러한 사실들은 고조선의 실크천 생산 기술과 이를
재료로 만든 관모가 중국으로부터 수입된 것이 아닌 독자적인 것임을 입
증해주는 것이며, 고구려는 이 같은 고조선의 실크천 생산 기술을 이었
다고 하겠다.

둘째, 고조선은 실크천 생산 과정에서 섬유 표면에 약간의 세리신
을 남겨두어 탄성을 좋게 하고 염색이 잘되도록 했다. 이 같은 사실들은
고조선 사람들이 실크의 생산뿐만 아니라 염색 기술 방면에서도 높은 수
준의 지식을 지녔다는 것을 말해준다.

다음은 왕과 고급 관리들이 썼던, 나(羅)로 만든 관에 대하여 알아보
자. 《구당서(舊唐書)》〈열전〉고(구)려전과 《신당서(新唐書)》〈열전〉고
(구)려전에는 다음과 같은 내용이 나온다.

> 웃옷과 아래옷의 복식을 보면, 왕만이 오채(五綵)로 된 옷을 입
> 으며, 흰색 나로 만든 관을 쓰고 흰 가죽으로 만든 소대(小帶)를 두르
> 는데, 관과 허리띠는 모두 금으로 장식했다. 벼슬이 높은 자는 푸른
> 나로 만든 관을 쓰고 그 다음은 붉은 나로 만든 관을 쓰는데, 새 깃 두
> 개를 꽂고 금과 은으로 장식한다.[122]

---

121 같은 책, 125~188쪽.
122 《舊唐書》卷199, 〈列傳〉, 高(句)麗傳. "衣裳服飾, 唯王五綵, 以白羅爲冠, 白皮小帶, 其冠及帶,
　　　咸以金飾. 官之貴者, 則靑羅爲冠, 次以緋羅, 揷二鳥羽, 及金銀爲飾."

〈그림 65〉 주문구(周文矩)가 그린 〈중병회기도(重屛會棋圖)〉의 부분

왕은 오채로 된 옷을 입고 흰색 나로 만든 관을 쓰며 가죽으로
된 허리띠에는 모두 금테(금단추)를 두른다. 대신은 청색 나로 만든 관
을 쓰고 그 다음은 진홍색 나로 만든 관을 쓰는데, 두 개의 새 깃을 꽂
고 금테(금단추)와 은테(은단추)를 섞어 두른다.[123]

이 두 기록의 내용으로부터 다음과 같은 나관(羅冠)의 모양이 확인
된다. 고구려 왕의 관은 흰색 나로 만들고, 그 위에 금으로 테를 두르거
나 금장식단추로 장식했음을 알 수 있다. 대신은 청색 나로 만든 관을 쓰
고 그 다음 관리는 진홍색 나로 만든 관을 쓰는데, 두 개의 새 깃을 꽂고
금테와 은테 또는 금장식단추나 은장식단추를 섞어 둘렀다.

123 《新唐書》卷220, 〈列傳〉, 高(句)麗傳. "王服五采, 以白羅製冠, 革帶皆金釦, 大臣靑羅冠, 次絳
羅, 珥兩鳥羽, 金銀雜釦."

〈그림 66〉 안악 3호 고분벽화의 묘주

중국은 양진남북조시대에 진한시대의 복식 제도를 그대로 이어 기본적으로는 건책(巾幘)을 썼고, 수당시대에 이르면 위가 높은 건책과 복두(幞頭)가 크게 유행한다(〈그림 65〉). 그러나 고구려에는 이러한 양식이 들어오지 않는다.

왕의 관은 그 실제 예가 안악 3호 고분벽화 주인도(〈그림 66〉)에서 확인된다. 안악 3호 고분벽화에 보이는 주인도의 남주인공이 쓴 관을 관찰해보면 다음과 같다. 이 인물은 흑색의 책 위에 흰색의 나로 만든 덧관을 쓰고 있는데, 관의 앞이마 부분에는 금색의 테두리가 둘러져 있고 이 테는 또다시 귀의 가운데 부분에서 위로 연결되어 있다. 관의 끈이 귀의 뒷부분으로부터 내려와 턱에서 묶여 포(袍)의 옷고름 위까지 내려와 있는데, 끈의 끝 부분은 큰 단추 같은 화려한 장식으로 마무리되어 있다. 이같은 백라관(白羅冠)의 모습은 위의 기록과 거의 일치하고 있다.

백제 왕의 경우는 고구려 왕과 조금 달리 자색(紫色) 포를 입었는데, 검은색 나로 만들고 금화(金花)로 장식한 관을 썼으며, 관리들은 모두 붉은색의 옷을 입었다.[124] 그리고 내솔(奈率) 이상은 은화(銀花)로 장식했다.[125] 이 금화와 은화에 대해서는 뒤에서 이야기하고자 한다.

이와 관련해 종래의 견해들은 어떠할까? 안악 3호 고분에 대해서는, 벽화 주인공의 관이 백라관이라는 주장과 함께 이 고분을 왕릉으로 보기도 하고,[126] 중국의 무관들이 쓰던 관과 비슷하므로 중국의 망명객인 동수묘[127]라고 보기도 하는 등, 크게 두 가지 견해로 나뉜다. 공석구는 안악 3호 고분벽화의 주인공이 쓴 관이 위에 얇은 천으로 덧관을 한 점에 착안하여, 이를 《진서》〈여복지〉에서 무관(武冠) 혹은 혜문관(惠文冠) 천의 결이 마치 매미의 날개와 같다는 내용과[128] 결부시켜, 이 관을 혜문관이라고 보았다. 그리고 이 혜문관의 모습을 한대의 여러 화상석(畵像石)에서도 확인하고, 문관 계층도 썼지만 무관 계층이 더 많이 썼으며 고취악대들도 이 혜문관을 썼다고 주장했다. 그러나 공석구가 자료로 제시한 화상석에 보이는 관들은, 비록 유사성이 있기는 하지만, 상세히 살펴보면 서로 다른 양상을 띠고 있다. 또한 안악 3호 고분벽화에 보이는 남주인공의 관 역시 화상전에 보이는 관들과는 큰 차이가 있다. 이를 좀더 자세히 지적하면 다음과 같다.

첫째, 고구려와 중국은 관을 만든 직물이 다르다. 공석구는 감숙성 무위현(武威縣)에 위치한 49호묘와 62호묘에서 출토된 '흑색 칠사관(漆纚

124 《舊唐書》卷199, 〈列傳〉, 百濟傳. "其王服大袖紫袍, 靑錦袴, 烏羅冠, 金花爲飾, 素皮帶, 烏革履. 官人盡緋爲衣, 銀花飾冠(그 나라의 왕은 소매가 큰 자주색 도포에 푸른 바지를 입고 오라관에 금화로 장식하며, 흰 가죽띠에 까만 가죽신을 신는다. 관인들은 다 비색 옷을 입고 은화로 관을 장식한다)"; 《新唐書》卷220, 〈列傳〉, 百濟傳. "王服大袖紫袍, 靑錦袴, 素皮帶, 烏革履, 烏羅冠飾以金䑋. 羣臣絳衣, 飾冠以銀䑋(왕은 소매가 큰 자포에 푸른 비단바지를 입고, 흰 가죽띠에 까만 가죽신을 신으며, 오라관에 금화로 장식한다. 군신들은 붉은 옷을 입고 관은 은화로 장식한다)."

125 《隋書》卷81, 〈列傳〉, 百濟傳. "唯奈率以上飾以銀花(단지 내솔 이상은 은화로 장식한다)."

126 전주농, 〈안악 하무덤(3호분)에 대하여〉, 《문화유산》, 1959년 5기, 14~35쪽 ; 박진욱, 〈안악 3호무덤의 주인공에 대하여〉, 《조선고고연구》, 1990년 제2호, 2~6쪽.

127 김용준, 앞의 글, 1~22쪽.

128 《晉書》卷25, 〈志〉, 輿服.

〈그림 67〉 고개지가 그린 낙신부도의 부분

〈그림 68〉 칠사롱관

冠)'이[129] 무관이 썼던 관의 잔여물이라고 하면서, 안악 3호 고분벽화에 보이는 주인공의 관과 비슷하다고 했다. 발굴자들은 이 49호묘가 동한 중기(서기 126~167년 무렵)에 속하고 62호묘가 왕망 시기(서기 9~24년)에 속한다고 밝혔다. 이 관을 만들 때 쓰인 실크천인 흑색의 사(紗)는, 발굴자들이 〈부표(附表)2〉에서 밝혔듯이, 둘 다 날실과 씨실의 직경이 매우 굵은 실로 성글게 짜여져 마름모형과 네모형의 구멍으로 연결된 모습을 한 천이다.

사(紗)는 누에고치실을 꼬아 짜지 않아 얇고 성근 고운 천이다. 62호묘의 남자 주인공이 썼던 흑색 칠리관의 사(紗)는 날실과 씨실의 올수가 센티미터당 7×7이고, 날실과 씨실의 실 직경은 모두 0.2밀리미터이며, 섬유조직에 네모난 구멍이 형성되었다. 49호묘의 남자 주인공이 썼던 흑색 칠리관의 사(紗)는 올수가 센티미터당 14×14이고, 날실과 씨실의 실직경은 모두 0.15밀리미터이며, 섬유조직에 마름모형 구멍이 형성되었다.

129 甘肅省博物館,〈武威磨咀子三座漢墓發掘簡報〉,《文物》, 1972年 第12期, 9~23쪽.

이 같은 섬유조직의 내용으로 보아 그 짜임이 매우 성근 그물 모양의 조직을 가졌음을 알 수 있고, 이 같은 이유로 여러 화상전에서는 관 들을 그물 모양으로 표현했을 것이다. 고개지(顧愷之)도 낙신부도(洛神賦圖)에서 칠사롱관(漆紗籠冠)을 그물처럼 그리고 있다(〈그림 67〉, 〈그림 68〉).[130] 그러나 안악 3호 고분벽화 주인공의 덧관은 그물 모양으로 표현되지 않았다. 중국에서 관을 비교적 성근 사(紗)로 만든 것과 달리 고구려에서는 비교적 고운 나(羅)로 만들었기 때문일 것이다. 안악 3호 고분벽화에 보이는 왕의 관과 달리 덕흥리 고분벽화와 쌍영총 주인도의 관은 청라관(靑羅冠)으로, 비교적 섬세한 그물로 표현되어 있으며 비교적 성근 나(羅)로 만들었을 것으로 생각된다. 이는 이 고분들의 주인공이 안악 3호 고분벽화의 주인공과 같은 왕의 신분이 아님을 나타내는 것이다.

둘째, 49호묘와 62호묘의 발굴자들은 흑색 사(紗)와 함께 관 주위와 관의 윗부분을 받쳤던 대나무 줄기가 출토되었다고 했다. 그리고 이 관이 《후한서》〈여복지〉에 기재된 대나무를 사용한 장관(長冠)[131]과 법관(法冠)[132]의 내용과 일치한다고 말했을 뿐, 이를 무관(武冠)이라고 밝히지는 않았다. 실제로 안휘성 박현(亳縣)에 위치한 동원촌(董園村) 2호 동한묘에 보이는 인물화상(人物畵像)에는 두 사람의 문관(文官)이[133] 모두 같은 관을 쓰고 있다. 이로 볼 때, 이러한 관을 반드시 무관만 썼던 것은 아니라고 생각된다.

셋째, 공석구가 제시한 중국의 관과 안악 3호 고분벽화에 보이는 주인공의 관은 양식에서 차이가 있다. 중국의 화상전에 보이는 관들의 덧

130   上海市戲曲學校中國服裝史硏究組 編著, 周汛·高春明 撰文, 앞의 책, 57쪽.

131   《晉書》卷25, 〈輿服〉. "長冠, 一名齊冠. 高七寸, 廣三寸. 漆纚爲之, 制如版, 以竹爲裏."

132   《晉書》卷25, 〈輿服〉. "法冠, 一名桂後, 或謂之獬豸冠. 高五寸, 以縱爲展筩."

133   亳縣博物館, 〈安徽亳縣發現一批漢代字磚和石刻〉, 《文物資料叢刊》 2, 文物出版社, 1978, 142~173쪽.

관은 크게 두 가지로 구분된다. 하나는 덧관이 속관인 책의 앞부분에서
조금 들어가 덧관이 연결되는 것이고, 다른 하나는 덧관이 속관의 앞부
분에서 거의 같이 연결되는 것이다. 그러나 안악 3호 고분벽화 주인공의
관은 덧관이 속관의 뒷부분에서 연결되어 씌워져 있다. 그리고 중국의
관은 책(幘)의 경우와 마찬가지로 거의 모두 덧관의 아래에 수(收)가 늘
어져 있으나, 안악 3호 고분벽화의 경우에는 수가 없다. 덧관과 속관의
연결 모습과 수의 모습은 안악 3호 고분벽화에 보이는 고취악대들의 경
우도 마찬가지이다.

넷째, 관끈[纓]의 길이에 큰 차이가 있다. 안악 3호 고분벽화의 주인
공을 보면, 백라관을 쓴 귀밑으로 비교적 검은색 관의 끈이 턱의 아랫부
분에서 가볍게 묶여 겉옷의 앞부분 옷고름이 있는 데까지 내려오며, 끝
부분은 단추와 같은 화려한 장식으로 처리되어 있다. 이와 달리 중국의
화상전에 보이는 대부분의 관에 연결된 끈들은 거의가 턱의 아랫부분에
서 짧게 묶여 있다. 이는 《후한서》〈여복지〉에서 "관들은 모두 영유(纓
緌)가 있는데, 집사(執事)와 무리(武吏)는 모두 끈으로, 늘어진 길이가 5촌
이다"[134]라고 한 내용에서도 볼 수 있듯이, 관의 끈을 묶고 늘어뜨리는 길
이가 약 11.5센티미터 정도로 매우 짧았음을 알 수 있다. 11.5센티미터로
계산되는 것은 다음의 자료를 기준으로 한 것이다. 1975년에 지금의 중
국 호북성 운몽현(雲夢縣) 수호지(睡虎地) 11호 진묘(秦墓)에서 출토된 '창
율(倉律)'의 내용에서 1척을 지금의 약 0.23센티미터로 보고 있는데, 1촌
은 10분의 1척이므로, 이를 따르면 1촌은 2.3센티미터가 되고 5촌은 11.5
센티미터가 된다.

그러나 안악 3호 고분벽화 주인공이 늘어뜨린 관의 끈은 그 길이가
길게 앞가슴 부분까지 내려와 있다. 중국과 고구려 사이에 보이는 이 같

134　《後漢書》卷30,〈志〉, 輿服下. "諸冠皆有纓緌, 執事及武吏皆縮纓, 垂五寸."

은 관과 관끈 제도의 차이는 고구려의 관이 중국의 영향과 무관하다는 사실을 드러내는 것이다.

지금까지 살펴본 바와 같이, 중국의 나관(羅冠)과 안악 3호 고분벽화에 보이는 주인공의 백라관은 큰 차이가 있음을 알 수 있다. 또한 안악 3호 고분벽화 주인공의 백라관에 둘린 금색 테두리는 왕관임을 알려주는 것으로 이 고분이 동수묘일 수 없음을 나타내고 있는데, 이는 주인공이 입은 의복과 고분벽화의 다른 구성원들의 복식이 고대 한민족 복식의 특징을 그대로 하고 있다는 점에서 더욱 그러하다. 이를 정리하면 다음과 같다.

첫째, 안악 3호분의 남주인공과 의장기수의 겉옷에서 길고 짧은 옷고름을 맨 모습이 보이고, 장하독과 부월수가 입은 웃옷에도 옷고름을 맨 모습이 보인다. 옷고름은 중국이나 북방 민족의 복식에서는 볼 수 없는 것으로, 한민족의 의복만이 갖는 여밈새의 우아한 처리 방식이다.

둘째, 《구당서》 〈열전〉 고(구)려전에 따르면, 오로지 왕만이 오색이 나는 사직물 옷을 입고 흰가죽으로 된 좁은 폭의 허리띠를 두른다고 했다. 이 내용이 안악 3호 고분벽화에 보이는 남주인공의 복식에서 확인된다. 벽화의 남주인공이 입은 겉옷은 자주색과 검은색 및 엷은 고동색 등의 색감이 나는 바탕에 화려한 줄무늬가 있다. 깃 부위와 끝동에는 가늘게 검은 선을 두르고, 그 위에 빛이 나는 장식단추를 돌려 장식했으며 (〈그림 69〉, 〈그림 70〉), 검은색의 치대(緇帶) 안에 흰색으로 보이는 좁은 폭의 허리띠를 둘렀다(〈그림 71〉).

셋째, 안악 3호 고분벽화에 보이는 여주인공과 시녀들이 입은 겉옷은 이 벽화가 만들어진 시기와 같은 시대인 양진남북조시대의 중국 복식에서는 전혀 보이지 않는다. 또한 장하독과 의장기수, 뿔나팔 부는 사람, 대행렬도의 일부 사람들이 입은 웃옷과 바지는 고대 한국 복식의 고유한 특징을 보여준다.

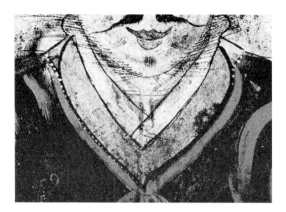

〈그림 69〉 안악 3호 고분벽화 묘주의 깃에 보이는 장식단추

〈그림 70〉 안악 3호 고분벽화 묘주의 끝동에 보이는 장식단추

넷째, 안악 3호 고분벽화의 모든 구성원들은 겉옷과 웃옷 안에 겉옷보다 엷은 색감의 속옷을 입어 겉옷과 조화를 이루고 있는데, 이는 고대 한국 복식만이 갖는 특징이다.

다섯째, 안악 3호 고분벽화 행렬도에 보이는 갑옷과 투구 및 말갑옷 등의 양식은 고대 한국 갑옷만이 갖는 고유한 특징이다.

서기 4세기에서 5세기에 걸쳐 만들어진 고구려 벽화에 나타나는 고구려 갑옷과, 같은 시기의 중국 및 북방의 갑옷을 비교해보면 고구려 갑옷의 특징이 잘 드러난다. 중국은 삼국양진시대에 군대에서 일률적으로

〈그림 71〉 안악 3호 고분벽화 묘주의 좁은 폭의 허리띠

같은 모양의 용수개라는 갑옷을 입었고, 남북조시대에 이르러 기병이 군
대에서 중요한 부분을 차지하면서 양당개라는 갑옷이 생산되었다. 고구
려 고분벽화에서는 중국의 용수개와 양당개(〈그림 72〉, 〈그림 73〉) 양식의
특징을 지닌 갑옷을 일률적으로 착용한 모습이 전혀 보이지 않는다.

고구려는 군대의 구성과 임무에 따라 매우 다양한 갑옷을 입었다.
따라서 물고기 비늘 모양을 한 갑옷 조각의 형태와 크기가 다양하며, 갑

〈그림 72〉 용수개를 입은 무사용

〈그림 73〉 양당개를 입은 무사용

옷의 형식도 매우 다채롭다. 이 같은 현상은 고구려가 중국보다 앞서 뼈 갑옷·가죽갑옷·청동갑옷·철갑옷을 생산했던 고조선의 기술을 계승하여 이미 중국보다 뛰어난 생산 기술을 갖고 있었기 때문이다.[135] 따라서 고구려의 갑옷은 중국의 영향과는 무관하게 부여의 갑옷과 마찬가지로 고조선의 갑옷을 계승하여 독자적으로 발전시킨 것임을 알 수 있다.

북방 지역의 경우 북위(北魏)시대(서기 386~535년)에 속하는 맥적산(麥積山) 맥찰(麥察) 127굴 고분벽화에 보이는 갑옷과 말갑옷, 그리고 돈황 285굴 서위(西魏) 벽화에 보이는 기마병의 옷에서 가죽갑편에 철편을

---

135   박선희, 앞의 책, 613~673쪽.

〈그림 74〉 명옥 유적 출토, 갑옷을 입은 무사 도용

드문드문 박아 넣은 모양을 확인할 수 있다. 또한 명옥(明屋)에서 발견된 것은 그리스 무사들의 모양과 비슷하다(〈그림 74〉). 이 같은 모양들은 안 악 3호분 행렬도의 무사들의 갑옷에서는 전혀 보이지 않는다. 중국과 북 방 지역의 갑옷은 목 부분을 특별하게 처리하지 않았으나, 고구려의 경 우는 다양한 여밈새의 경갑으로 귀밑까지 보호하게 되어 있어 매우 우수 함을 알 수 있다.

또한 안악 3호분 행렬도에 보이는 말갑옷은 그 갑편과 양식에서 고 조선 갑옷의 양식을 계승한 고구려의 특징을 잘 나타내고 있다. 말갑옷의 경우 고구려는 그 생산 시기가 중국이나 북방 지역보다 적어도 2세기 정 도는 앞서기 때문에, 중국이나 북방 지역의 말갑옷은 고구려의 영향을 받 았을 가능성이 클 것으로 보인다. 또한 장수산성 유적과 철령 유적에서 출토된 기마 모형들 가운데는 간혹 등자(鐙子, 발걸이)가 보여(〈그림 75〉), 고구려의 등자 생산 연대가 주변국보다 앞섰을 것으로 생각된다.

〈그림 75〉 철령 유적에서 출토된 기마 모형

여섯째, 고대 한국의 고유한 신의 양식은 이(履)에서 찾을 수 있다. 이(履)는 성별·신분·직업 등을 가리지 않고 모두 신었다. 이(履)는 바닥이 얇고 목이 없으며, 앞부분이 조금 뾰족하게 올라온 모양이다. 안악 3호 고분벽화에 나오는 사람들은 모두 이(履)를 신었다. 고구려는 건국 때부터 중국과 접촉했으면서도 중국의 목이 높은 혜(鞋) 등을 받아들이지 않았다. 이러한 것들은 고구려 등 한민족이 북방 민족이나 중국과는 다른 고유한 문화를 굳게 지키고 있었다는 중요한 증거가 된다.

안악 3호 고분이 고구려 왕의 무덤인 것은 복식에서뿐만이 아니라 무덤의 구조와 다른 내용에서도 확인할 수 있다. 북한 학자 조희승은 무덤 양식이 "무덤칸에 가는 무덤길이 있고 판돌로 칸을 구성한 것이라든가 삼각고임천정을 한 것이라든가 모든 것이 중국의 무덤과 확연히 차이"가 난다고 했다. 또한 무덤 행렬도의 깃발에 보이는 '성상번(聖上幡)'이라는 글자 가운데 '성상'은 고구려 왕을 의미하는데, 곧 백제의 3만 대군과 격전을 벌이다 평양에서 전사한 고국원왕을 가리키며, 이 평양은 남평양으로서 오늘의 장수산성이라고 했다. 아울러 벽화에 보이는 발방아(디딤방아)·키질·용두레우물·아궁이 등에서 보이는 생활 풍습에서도 중국이나 북방 지역에서는 볼 수 없는 고구려만의 특징을 파악하고 분석

〈그림 76〉 산동성 기남 출토, 화상석에 보이는 면관을 쓴 관리

했다.[136] 이상의 풍습과 복식 부분에 보이는, 고조선을 계승한 고구려만의 고유한 특징은 결론적으로 안악 3호 고분벽화의 주인공이 고구려 왕이며, 그가 쓴 관이 백라관임을 말해준다.

또한 이 백라관은 앞에서 설명한 것처럼, 속관으로 절풍을 쓰고 이 절풍에 고정시키는 장치인 덧관이 나관(羅冠)으로 발전한 것이다. 이로 보아 안악 3호 고분이 축조된 서기 4세기 무렵에 고구려 왕은 평상시 업무 차림으로 이마에 금테가 둘린 백라관을 썼으리라 추정된다.

중국은 황제나 대신들의 경우 우리나라에서 보이는 양식의 관을 쓰지 않았다. 진(秦)·한(漢)시대의 황제·왕·대신들은 면관(冕冠)을 썼다(〈그림 76〉). 면관은 고대에 중요한 제사 의식을 거행할 때 쓰던 예관(禮冠)이다. 한대에도 이를 바꾸지 않고 황제·공·후·경·대부의 제복으로 삼았

---

136   조희승, 〈안악3호무덤의 피장자와 신원 장수산유적에 대하여〉, 《고구려유적 공동조사 학술회의집》, 고구려연구재단·사회과학원, 7쪽.

다. 면관의 꼭대기 부분에는 앞이 둥글고 뒷부분이 긴 네모 모양의, 연
(延, 綖)이라 불리는 관의 덮개인 면판이 있다. 연의 넓이는 7촌(약 16.1센티
미터)이고 길이는 1척 2촌(약 27.6센티미터)이다. 연의 꼭대기 부분은 약간
의 구슬을 색이 있는 실에 꿰어 여러 가닥 늘어뜨리는데, 이를 면류(冕
旒)[137]라고 한다. 면관의 바탕색은 흑색 위주이며, 안쪽은 홍색과 녹색 두
가지를 사용한다. 면관의 양쪽은 각각 한 개의 구멍이 있어, 옥비녀를 꽂
고 두발을 모아 묶는다.[138] 이 같은 면관의 양식은 우리나라 관모 양식에
서는 나타나지 않는다.

고구려나 백제와 많은 교류를 가졌던 중국의 양진남북조시대에는
상투를 틀어 올린 뒤 작은 관을 머리 위에 올려놓고 비녀로 고정시키거
나, 건자(巾子)나 권양관(捲梁冠) 또는 칠사롱관을 많이 썼다. 때로는 수건
으로 싸기도 했다. 칠사롱관은 평평한 꼭대기에 양쪽 변은 귀 아래로 내
려오며, 관책 위로 쓰고 아래에서 비단 끈으로 묶어 사용한다.

이 같은 중국의 관모 양식은 안악 3호 고분을 비롯하여 고구려 고분
벽화에는 전혀 보이지 않으며, 문헌 자료에도 나타나지 않는다. 또한 실
제 한반도와 만주 지역의 고고학 출토 유물에서도 중국의 특징을 갖는
관모는 전혀 보이지 않는다. 이는 고구려를 비롯해 고조선을 이은 여러
나라들이 중국과 잦은 접촉과 교류를 가졌으면서도 우리의 관모를 비롯
한 복식 문화를 그대로 굳게 지키고 있었음을 알려준다.

그러면 고구려 후기에 속하는 중국의 수·당시대의 관모를 살펴보

---

137   면류의 수량과 재료가 서로 다른 것은 귀천과 존비를 구별하는 중요한 표시이다. 한 조정의 규
     정에 따르면, 황제의 면관은 12류, 즉 12줄로 늘어뜨리는데, 재질은 백옥으로 했다. 삼공과 제
     후는 7류인데, 청옥으로 했다. 경·대부는 5류인데, 흑옥으로 했다.

138   비녀의 다른 한 부분에는 비단끈을 묶어 아래로 내려 비녀의 다른 쪽에서 내려오는 끈과 턱 아
     래에서 묶게 된다. 이 비단끈에는 양쪽 귀 부분에서 각기 몇 개의 옥구슬을 늘어뜨려 다는데, 이
     를 황광이라고 부르고 충이라고도 부른다. 충이는 귓속과 사이가 뜨지 않게 하는데, 귀 주변에
     매달아둠으로써 관을 쓴 사람이 해로운 말을 가볍게 믿지 않도록 일깨워준다는 의미를 지니게
     된다. 후대에 쓰여진 '충이불문(充耳不聞)'은 여기서 유래한 것이다.

〈그림 77〉 면관을 쓴 중국의 진무제와 칠사롱관을 쓴 신하

자. 수나라는 건립 뒤 주례(周禮)에 근거하여 복식 제도를 개혁하고자 했으나, 경제가 회복되지 못하여 복식 제도를 바꾸는 것이 불가능했다. 이로 말미암아 부분적으로 관모와 예기(禮器)만을 새롭게 했다. 이후 수양제가 즉위한 뒤 비로소 새로운 복식 제도를 만들어, 위로는 황제와 왕으로부터 아래로는 서리에 이르기까지 각각 차등을 두게 되었다. 남자들은 주로 복두와 사모를 썼다.

　　당나라의 걸출한 화가 염립본은 당 태종의 초상화를 그렸고, 또한 직접 당나라 관복 제도를 정하는 데 참여했다. 염립본이 그린 제왕도(帝王圖, 〈그림 77〉)와 돈황막고굴(敦煌莫高窟) 220굴의 제왕출행(帝王出行) 벽

〈그림 78〉 동황 막고굴 220굴 벽화에 보이는, 면관을 쓰고 면복을 입은 중국의 황제와 신하

화(〈그림 78〉)로부터 당 시대 면복의 특징을 상세히 알 수 있다. 이들 그림을 보면, 관리들은 개책(介幘)이나 농관을 쓰고 있다. 당 태종이 쓴 면관과 관리들이 쓴 칠사롱관 역시 고구려나 백제 등의 관모에는 전혀 나타나지 않는다. 단지 신라의 경우만이 다를 뿐이다.

신라는 고구려나 백제보다 늦게 외래 문물을 받아들임으로써 오히려 자기 문화의 고유성을 오랫동안 보존했다. 법흥왕 때 중국과 대외관계에 노력을 기울이지만 고구려나 백제보다 늦게 불교를 공인했고, 법흥왕 때부터 신분에 따른 복식의 차이를 제도화했으나[139] 신라 고유의 것을 고수했다.[140] 경주 백률사(栢栗寺) 석당기(石幢記)에 양각되어 있는 이차돈 순교 당시의 의복과 모자(〈그림 79〉)가 그 좋은 증거가 된다.[141]

139 《三國史記》 卷4, 〈新羅本紀〉, 法興王 7年條. "七年春正月, 頒示律令. 始制百官公服朱紫之秩."
140 《三國史記》 卷33, 〈雜志〉, 色服. "至第二十三葉法興王, 始定六部人服色尊卑之制, 猶是夷俗."

〈그림 79〉 경주 백률사 석당기

　　그러나 신라는, 진덕여왕 2년에 김춘추가 당에 가서 당의 복식 제도
를 따르겠다고 말하고 돌아온 뒤, 진덕여왕 3년(서기 649년)부터 당의 복
제를 받아들였다.[142] 그리고 문무왕 4년(서기 664년)에는 부인들까지도 중
국의 복식 제도를 따르도록 했다.[143] 따라서 신라의 경우 진덕여왕 이후
우리 민족의 고유한 양식을 갖는 변·절풍·나관·책 등과 이들을 금속으
로 만든 금동관·은관·금관 등은 차츰 사라져갔을 것이고, 이는 금관이
유행하던 시기가 서기 5~7세기까지인 점과도 무관하지 않을 것이다.

141　　국사편찬위원회 소장. 《慶州栢栗寺石幢記》.
142　　《三國史記》卷5,〈新羅本紀〉, 眞德王 3年條 "三年春正月, 始服中朝衣冠."
143　　《三國史記》卷6,〈新羅本紀〉, 文武王 4年條 "下敎婦人, 亦服中朝衣裳."

신라 복식 제도의 변화는 관모에서도 예외가 아니어서 모두 중국의 관모인 복두로 바꾸었는데, 이 같은 변화로 말미암아 신라 사람들은 고조선시대부터 써왔던 모자 양식을 이후로 버리게 되었으며, 또한 한민족의 양식을 갖는 관 장식이나 금관을 더 이상 만들지 않게 되었을 것으로 생각된다.

이상의 논의를 통해 고구려와 백제는 건국 때부터 중국이나 북방과 접촉했으면서도 중국이나 북방 지역의 관모를 받아들이지 않았음을 알 수 있다. 이는 고구려 등 한민족이 북방 민족이나 중국과는 다른 고유한 문화를 굳게 지키고 있었다는 중요한 근거가 된다.

고구려는 4세기 말부터 금관을 만들기 시작했음을 알 수 있고, 고구려의 영향을 받은 신라는 대체로 5세기 초부터 금관을 만들기 시작한 것으로 추정된다. 고구려 금관에 보이는 절풍의 형태나 그 위에 달려 있는 원형과 나뭇잎 모양의 달개 양식 등이 신라 금관에 모두 그대로 나타나고 있어 더욱 그러하다. 단지 고구려 지역에서 출토된 금관과 금동관들이 고구려의 건국 신화를 형상화하고 있듯이, 신라의 금관과 금동관도 건국 신화의 하나인 김알지 신화를 형상화하고 있다는 점에서 차이가 날 뿐이다. 고구려와 신라 모두 고조선을 계승해 같은 양식의 모자를 써오다가, 고구려가 4세기 무렵부터 모자와 장식 전체를 금으로 만든 금관을 쓰기 시작하자 신라가 고구려의 영향으로 금관을 만들기 시작했던 것이다.

고구려와 백제 및 신라와 가야의 금관과 금동관은 모두 고조선시대부터 오랫동안 널리 써왔던 절풍을 기본형으로 하고 있어, 우리나라 금관의 기본 양식은 고조선으로부터 비롯되었음을 알 수 있다.

제3장

고구려 금관의
정체와 고유 양식

1. 고구려 금관의 정체

고구려의 왕관과 관련해《구당서(舊唐書)》〈열전〉고(구)려전에서는 "웃옷과 아래옷의 복식을 보면, 왕만이 오채(五綵)로 된 옷을 입으며, 흰색 나(羅)로 만든 관을 쓰고 흰 가죽으로 만든 소대(小帶)를 두르는데, 관과 허리띠는 모두 금으로 장식했다"[1]고 했다.《신당서(新唐書)》〈열전〉고(구)려전에서는 "왕은 오채로 된 옷을 입고 흰색 나로 만든 관을 쓰며, 가죽으로 된 허리띠에는 모두 금테(금단추)를 두른다"[2]고 밝혀두었다.

이 두 기록으로부터 다음과 같은 왕관의 모습이 확인된다. 즉, 고구려 왕의 관은 흰색 나(羅)로 만들었고, 그 위에 금으로 테를 두르거나 금 장식단추로 꾸몄다는 사실이다.

1949년에 북한 학자들이 발굴·조사를 벌인 이후, 지금까지 안악 3호 고분과 관련해서 주인공의 정체 문제를 두고 다양한 논의가 이루어졌다. 논의는 크게 고구려 왕릉설과 동수묘설로 나뉘며, 고구려 왕릉설은 다시 고국원왕설과 미천왕설로 나뉜다. 나는 안악 3호 고분벽화 구성원들의 복식을 중국과 북방 민족의 복식과 비교·검토하면서, 안악 3호 고분벽화에 보이는 모든 구성원들의 일반 복식과 갑옷 같은 특수 복식이 고조선의 복식을 계승한 고구려의 고유한 복식이라는 사실과, 이 고분의 주인공이 고구려의 왕임을 밝힌 바 있다.[3]

고구려 왕이 썼던 것으로서 금테를 두른 백라관은 제2장 3절에서

---

1 《舊唐書》卷199,〈列傳〉, 高(句)麗傳. "衣裳服飾, 唯王五綵, 以白羅爲冠, 白皮小帶, 其冠及帶, 咸以金飾. 官之貴者, 則靑羅爲冠, 次以緋羅, 揷二鳥羽, 及金銀爲飾."

2 《新唐書》卷220,〈列傳〉, 高(句)麗傳. "王服五采, 以白羅製冠, 革帶皆金釦, 大臣靑羅冠, 次絳羅, 珥兩鳥羽, 金銀雜釦."

3 朴仙姬,〈복식의 비교연구에 의한 안악 3호 고분 묘주의 국적〉,《白山學報》第76號, 白山學會, 2006, 185~238쪽 ; 朴仙姬,〈고구려 복식의 기하학문양 종류와 기법의 고유성〉,《白山學報》第79號, 白山學會, 2007, 77~124쪽.

〈그림 1〉 안악 3호 고분벽화 묘주도의 백라관에 둘린 금테(점선 안쪽)

분석했듯이 그 실제 예가 안악 3호 고분벽화의 주인도에서 확인된다. 주
인도의 남주인공이 쓴 관은 흑색의 책 위에 흰색의 나로 만든 덧관을 쓰
고 있는데, 관의 앞이마 부분에 금색의 테두리가 둘려 있어(〈그림 1〉) 이
것이 《구당서》와 《신당서》에서 말하는 금테 두른 왕관이라고 생각되
며, 관 전체를 금으로 만든 금관보다 앞선 형태라고 판단된다.

　《북사(北史)》의 〈열전〉 고구려전에 따르면, "귀한 사람들은 그 관을
소골(蘇骨)이라고 하는데, 대부분 자주색 나(羅)로 만들어 금이나 은으로

장식했다"⁴고 한다. 《주서(周書)》의 〈열전〉 고(구)려전에서는 "남자들은…… 그 관을 골소(骨蘇)라고 하는데, 대부분 자주색 나(羅)로 만들고 금과 은으로 섞어 장식했다"⁵고 하여, 귀한 신분의 남자들은 무늬를 성글게 짠 사직물인 나(羅)로 만든 관을 썼고, 이 관을 소골 또는 골소라고 불렀으며, 그 위를 금과 은으로 꾸몄음을 알 수 있다.

그 실제 예가 개마총(鎧馬塚) 주실 서벽 천정부에 그려진 행렬도에서 확인된다. 행렬도 맨 앞의 귀인으로 보이는 사람은 매우 화려한 세움 장식을 꽂은 자주색 관을 썼다. 이마 부분에는 관과 다른 색의 테두리가 있고, 그 위를 금이나 은으로 보이는 장식단추로 꾸몄으며, 옷 역시 장식단추로 치장했다. 그뒤에 금으로 만든 날개 모양 장식(금우식[金羽飾]) 두 개를 관에 꽂은 사람이 뒤따르고 있다(제2장의 〈그림 64〉 참고).

이 두 사람이 쓴 관은 모두 변에 가까운 절풍의 모습을 하고 있으며, 자주색을 띠는 것으로 보아 자주색 나로 만든 소골 또는 골소라 생각된다. 소골 또는 골소는 《북사》와 《주서》에서 모두 귀한 사람들이나 남자들이 썼던 모자로 서술하고 있으므로, 왕의 관이라고는 볼 수 없다. 그러나 나관에 금단추로 장식을 했으므로, 전체를 금속으로 만든 금동관이나 은관보다 앞선 양식으로 분류될 수 있을 것이다.

안악 3호 고분벽화의 주인공이 금테를 두른 백라관을 쓴 것으로 보면, 고구려에서는 서기 4세기 중엽⁶까지 관 전체를 금으로 만든 금관은 아직 만들지 않았던 것으로 생각된다. 따라서 금관의 초기 형태는 나관 위에 금테나 금단추 또는 금화 등을 장식하는 양식으로부터 시작되었을

4   《北史》卷94, 〈列傳〉, 高句麗傳. "貴者, 其冠曰蘇骨, 多用紫羅爲之, 飾以金銀."
5   《周書》卷49, 〈列傳〉, 高(句)麗傳. "丈夫…… 其冠曰骨蘇, 多以紫羅爲之, 雜以金銀爲飾."
6   안악 3호 고분 서측실 입구 왼쪽 벽면에 그려진 인물 위쪽에 묵서명이 있다. 이 묵서명에 '永和13년'(357년)이라는 절대 연대가 보이기 때문에 벽화고분의 축조와 관련해 중요한 의미를 지닌다.

것으로 보인다.

안악 3호 고분벽화의 내용들이 일상의 생활을 그린 것으로 보아 평상시와 같이 집무를 보는 주인공의 모습을 묘사한 것으로 해석한다면, 금테를 두른 백라관은 왕이 평소에 썼던 관이고, 전체를 금으로 만든 의례용 금관이 달리 사용되었을 가능성도 생각하지 않을 수 없다.

지금까지 우리 학계의 연구 결과를 보면, 출토된 고구려 관 가운데 관 전체를 금속으로 만든 것은 금동관밖에 없기 때문에, 금으로 만든 금관은 없다고[7] 파악하고 있다. 고구려 유적에서는 관테 둘레가 있는 관이 출토된 바 없다고 해석하기도 한다.[8] 또는 고구려는 신라처럼 금관을 만들 수 있는 "기예(技藝)가 부족했다"고 생각하고, 이 때문에 고구려에는 금관이 없을 것이라고 보는[9] 견해도 있다. 그러나 종래의 이 같은 연구 결과와는 달리, 집안의 광개토대왕(서기 391~413년)릉에서 관 전체를 금으로 만든 절풍과 관식들이 출토되었다.[10] 또한 이보다 앞선 것으로, 서기 4세기 중기에 해당하는, 소수림왕(서기 371~384년)의 무덤으로 추정되는 마선구 2100호 무덤에서 금으로 만든 관테 둘레, 그리고 관을 장식하는 데 쓰인 것으로 보이는 말 장식과 봉황새 장식[11]이 함께 출토되었다. 따라서 지금까지의 출토품으로 보면, 고구려에서는 고국원왕 이후 소수림왕 시기부터 관 전체가 금으로 된 금관이 만들어지기 시작했다고 할 수 있다. 이 관들의 내용과 양식에 관해서는 제3장에서 상세히 분석하게 될 것이다. 여기서는 고구려 관모 가운데 관식이나 관 전체를 금이나 금

---

7   이한상, 《황금의 나라 신라》, 김영사, 2004, 59쪽.

8   충청남도 역사문화원, 〈新羅와 百濟 帽冠의 比較〉, 《충청학과 충청문화》 5권 2호, 2006, 충청남도 역사문화원, 45~68쪽.

9   黃渷根, 《韓國裝身具美術研究》, 一志社, 1976, 97쪽.

10 吉林省文物考古研究所·集安市博物館 編著, 《集安高句麗王陵-1990~2003年 集安高句麗王陵調査報告》, 文物出版社, 216~334쪽.

11 같은 책, 138~167쪽.

〈그림 2〉 용호동 1호 고분에서 출토된 금동 봉황 장식

동 등으로 만들어 금속관으로 분류할 수 있는 것들을 연대순으로 나열해, 고구려 금관과 금동관의 종류 및 정체를 제시해보고자 한다.

평안북도 용호동 1호 고분에서는 금동판으로 만든 한 쌍의 봉황 장식[12]이 출토되었다(〈그림 2〉). 두 다리의 아랫부분에 구멍을 뚫어 못을 박은 것으로 보아, 이 봉황 장식은 관테 둘레에 세웠던 관 장식일 것으로 추정된다.[13] 따라서 금동관의 한 형식으로 보아야 할 것이다. 또 다른 금동관으로는 평양시 력포구역 룡산리 7호 무덤에서 출토된 금동절풍(〈그림 3〉)를 들 수 있다. 이 무덤은 4세기 말에서 5세기 초 무렵에 만들어진 것으로 추정되는데, 여기서 출토된 금동절풍은 길이가 22.5센티미터로[14]

12   梅原末治·藤田亮策, 《朝鮮古文化綜鑑》第四卷, 〈39. 金銅鳳凰形金具類〉, 1966, 20쪽.

13   黃浿根, 앞의 책, 98쪽 ; 김병모, 《금관의 비밀》, 푸른역사, 1998, 91쪽 ; 이은창, 《한국 복식의 역사-고대편》, 세종대왕기념사업회, 1978, 222쪽.

14   조선유적유물도감편찬위원회, 《조선유적유물도감》(고구려편), 민족문화, 1993, 161·170쪽.

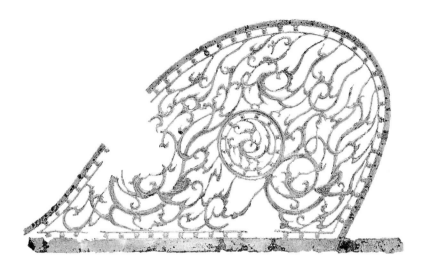

〈그림 3〉 룡산리 7호 무덤에서 출토된 금동절풍

가운데의 동그라미 안에 해를 상징하는 삼족오가 날개를 활짝 편 모습을 형상화해놓았다. 그 둘레에는 바람에 날려가는 불길 같은 구름무늬와 봉황무늬를 새겼으며, 바깥 둘레에는 구슬 장식을 한 테두리를 두 겹으로 둘렀다. 이를 관모 장식으로 분류해 '해뚫음무늬금동장식'이라고 하기도 하지만,[15] 제1장에서 분석했듯이 관모 장식이 아니라 상투를 가리던 절풍이다.

　　삼족오는 이 금동절풍에서뿐만 아니라 고구려 고분벽화의 여러 곳에서 보이고 있다. 고구려는 고조선을 계승했으므로, 고조선 문명권의 삼족오를 벽화의 여러 곳에 남겨놓았다. 예를 들어, 각저총의 '삼족오 태양', 오회분의 '삼족오 태양', 덕화리 1호분의 '삼족오 태양', 조양 원태자 벽화묘[16]의 '삼족오 태양' 등이 그렇다.

15　같은 책, 170쪽 ; 김병모, 앞의 책, 91쪽.

고조선족과 고조선 문명권의 원민족들은 '태양'과 '새'를 결합하여
태양신을 상징적으로 형상화할 때는 '삼족오(三足烏)'·'세발까마귀'로 상
징화해 표현했다. '까마귀'를 신성시하는 원시 부족은 사회사에 가끔 보
이지만, '삼족오'와 '세발까마귀'는 오직 고조선 문명권만이 가졌던 '태
양신'의 상징이었다.[17] 룡산리 7호 무덤에서 출토된 금동절풍은 해뚫음
무늬와 삼족오문양이 핵심을 이루고, 평양시 대성구역에서 출토된 금동
관은 불꽃뚫음무늬 양식으로 장식되어 있는데, 이것들은 모두 고구려 건
국 신화인 주몽 신화 가운데서 특히 해모수의 출현을 상징한다. 주몽의
아버지인 해모수는 천제(天帝)의 아들로서 하늘로부터 지상 세계로 내려
오는데, 다섯 마리의 용이 끄는 수레를 타며 머리에는 새 깃을 꽂은 관을
쓰고 허리에는 용광검을 차고 있다.[18] 그리고 주위에서 해모수를 옹위하
는 다른 사람들은 모두 흰 고니를 타고 있다. 용과 새는 모두 하늘을 나
는 천상의 존재이면서, 하늘의 신성한 존재를 지상으로 실어다 주는 매
개자 구실을 한다.

금동절풍의 금동투각판 뒤에는 나무판을 댔는데, 그 사이의 둥근

16 遼寧省博物館文物隊·朝陽地區博物館文物隊·朝陽縣文化館,〈朝陽袁台子東晉壁畵墓〉,《文物》, 1984年 第6期, 29~45쪽. 원태자묘의 발굴자들은 이 묘가 4세기 초에서 4세기 중엽의 동진에 속한다고 했다. 묘주의 국적은 막연히 북방 민족일 것으로 보고 있다. 그러나 나는, 벽화 구성원들의 일반 복식과 개마 복식 및 출토된 대다수 유물들(질그릇·청동기·복식품·우마차·마구장식 등)의 성격이 고구려의 특징들을 보이고 있기 때문에, 고구려의 무덤일 것으로 추정하고 있다. 이 무덤 벽화에 삼족오 태양과 검은 곰이 그려져 있다. 보다 상세한 것은 다른 논문에서 밝히고자 한다.
17 慎鏞廈,《韓國 原民族 形成과 歷史的 傳統》, 나남출판, 2005, 99~104쪽. "오직 고조선 문명 권에서만 태양신 또는 태양신의 천사를 '삼족오(三足烏)'로 표현하였다. 왜 '삼족'(세발)일까? 필자는 이것이 삼신(三神)을 상징화한 것이라고 생각한다. 고조선문명권에서는 '삼족오' 자체가 실재하지 않는 까마귀이기 때문에 처음부터 '신' 자체였으며, '삼족오'는 삼신을 상징화한 것이었다고 본다. 고조선의 '삼신'은 널리 아는바와 같이 '환인·환웅·단군'으로 인지되었다."
18 李奎報,《東明王篇》. "漢 神雀 3년 임술년에 하느님이 태자를 보내어 부여 왕의 옛 도읍에 내려가 놀게 했는데 해모수라고 이름했다. …… 웅심산에 머물다가 십여 일이 지나서야 비로서 내려왔다. 머리에는 조우관을 쓰고 허리에는 용광의 칼을 찼다(漢神雀三年壬戌歲, 天帝遣太子降遊扶余王古都号解慕漱 …… 止熊心山經十餘日始下. 首戴鳥羽之冠, 腰帶龍光之劍)."

〈그림 4〉 평양시 대성구역에서 출토된 금동관

원 안에는 견직물 조각이 남아 있고, 겉 둘레에는 금록색 딱정벌레의 속
날개를 깔아 장식한 흔적이 남아 있다.[19] 이는 금동절풍이 실제로 쓰였던
것임을 말해준다. 딱정벌레의 속날개를 장식에 쓰는 방법[20]은 고구려·백
제·신라 등 우리 민족이 옷이나 마구를 장식하는 데 사용한 공예의 한
기법이다.

　또 다른 고구려 금동관으로 평양시 대성구역에서 출토된 불꽃뚫음

19　조선유적유물도감편찬위원회, 앞의 책, 170쪽 ; 梅原沫治·藤田亮策, 《朝鮮古文化綜鑑》第
　　四卷, 〈42. 金銅透彫玉虫翅飾金具〉, 1966, 23~24쪽.

20　고대인들이 풍뎅이 종류의 곤충을 신성하게 여긴 것은 풍뎅이들의 행동 양식과 번식 시기 때문
　　이었다. 풍뎅이류 곤충들은 늦여름 무렵 가축의 배설물을 모아 만든 먹이 안에 알을 낳고, 그 알
　　을 땅속에 보관한다. 알에서 깨어난 유충은 먹이를 먹으며 땅속에서 성장하여 이듬해 봄에 성
　　충이 되어 땅 위로 나온다. 풍뎅이의 이러한 습성을 관찰한 고대인들은 땅속에 들어가 죽은 풍
　　뎅이가 이듬해 봄에 다시 살아나오는 것이라고 생각해 풍뎅이를 불멸과 환생의 상징으로 삼았
　　다. 또한 날개는 철·구리·마그네슘 등을 포함하고 있어 색색의 광택을 발산한다.

〈그림 5〉 룡산 무진리에서 출토된 금동절풍

무늬 금동관은 서기 4~5세기 무렵에 만들어진 것으로 추정된다(〈그림 4〉). 이 금동관은 폭이 26.5센티미터로, 세움장식이 9개이고 좌우로 옷고름 같은 장식을 늘어뜨려 무게중심을 맞추었다. 이 관은 청동으로 만들고 그 위에 아말감 도금을 한 것으로, 도금층이 청동과 완전히 밀착되어 도금면이 매끈하고 두께가 일정하다.[21] 또한 같은 4~5세기 무렵의 것으로 추정되는 뚫음무늬 금동관이 평양시 력포구역 룡산 무진리 16호 무덤에서 출토되었다(〈그림 5〉). 절풍 모양의 이 관은 높이가 13센티미터이다. 한편, 평양 청암리 토성에서 출토된 금동절풍도 있는데, 이것은 관테 둘레 안쪽으로 금동판에 인동초문을 투조한 장식이 변(弁)과 같은 형태로 이어진 모습을 하고 있다.

　위에서 제시한 여러 금관과 금동관의 분석 내용을 정리하면 다음과 같다. 첫째, 고구려는 4세기 중엽까지 금테를 두른 백라관을 쓰다가 서기 4세기 후기부터 관 전체를 금이나 금동으로 만들어 쓰기 시작했는데, 절풍 모양이 주가 된다. 둘째, 룡산리 7호 무덤에서 출토된 금동절풍에

21　조선유적유물도감편찬위원회, 앞의 책, 267쪽.

는 삼족오 문양이 핵심을 이루고 있고, 평양시 대성구역에서 출토된 불꽃뚫음무늬 금동관은 화염문으로 외관이 장식되어 있다. 이들 관모의 장식은 모두 고구려 건국 신화인 주몽 신화 가운데 특히 해모수의 출현을 상징한다. 해모수는 곧 태양신을 상징하는 존재이다. 셋째, 금으로 만든 절풍에 관테 둘레를 두르고 관 장식을 세운 금관을 사용했으리라 추측된다. 이는 이어지는 논의에서 밝히도록 하겠다.

2. 관모 장식의 양식

변이나 절풍에 꽂았던, 금속으로 만든 관 장식이 금동관이나 금관에 어떻게 반영되어가는지 살펴보자. 《한원(翰苑)》〈번이부(蕃夷部)〉고구려조에서는 "칼과 숫돌을 차서 등급을 알 수 있고 금과 깃으로 귀천을 분명히 했다. …… 귀한 자는 책을 쓰는데, 후에 금과 은으로 사슴 귀를 만들어 책의 위에 꽂았다"[22]고 했고, 양원제직공도(梁元帝職貢圖)에서는 다음과 같은 기록이 보인다.

고려의 부인은 무늬가 없는 옷을 입었지만, 남자는 금은으로 아름다운 무늬를 엮은 것을 입었다. 귀한 사람은 책을 썼지만 뒤가 없고, 금은으로 사슴의 귀처럼 하여 책 위에 더했다. 천한 사람은 절풍을 쓰고, 금환으로 귀를 뚫었다. 위는 무늬 없는 겉옷과 속옷이고 아래는 무늬 없는 긴 바지이며, 허리에는 은대가 있고, 왼쪽에는 숫돌을 차고 오른쪽에는 오자도를 찼으며, 발에는 두레답(豆禮韸)을 신었다.[23]

---

22 《翰苑》,〈蕃夷部〉, 高(句)麗傳.
23 《梁元帝職貢圖》. "高麗婦人衣白, 而男子衣結錦飾以金銀. 貴者冠幘而無後, 以金銀爲鹿耳, 加之幘上. 賤者冠折風, 穿耳以金環. 上白衣衫, 下白長袴, 腰有銀帶, 左佩礪而右佩五子刀, 足履豆禮韸." 韸은 鏴으로 금속을 붙여 둘러싼 것을 말한다. 白은 일반적으로 흰색이라고 번역

위의 내용을 보면, 고구려에서 귀한 사람은 절풍 외에도 책을 썼음을 알 수 있다. 또한 절풍에 꽂는 새 깃을 금으로 만들어 장식했고 책에도 금으로 만든 장식이 사용되었는데, 이 같은 장식은 책보다 훨씬 뒤에 쓰이기 시작했으며, 귀한 사람들은 금과 은으로 만든 사슴 귀 장식을 꽂았음을 알 수 있다. 그런데 《구당서》와 《신당서》의 고(句)려전에서 흥미로운 기록이 보인다.

> 벼슬이 높은 자는 푸른색 나(羅)로 만든 관을 쓰고, 그 다음은 붉은색 나(羅)로 만든 관을 쓰는데, 새 깃 두 개를 꽂고 금과 은으로 장식했다.[24]

> 대신은 푸른색 나(羅)로 만든 관을 쓰고, 그 다음은 진홍색 나(羅)로 만든 관을 쓰는데, 두 개의 새 깃을 꽂고 금테(금단추)과 은테(은단추)를 섞어 둘렀다.[25]

이 기록을 볼 때, 대신들은 그 지위에 따라 푸른색 나〔靑羅〕와 붉은색 나〔緋羅, 絳羅〕로 구분되었으며, 절풍이나 책에 새 깃 두 개를 꽂고 금테(금단추)와 은테(은단추)를 섞어 장식한 것을 알 수 있다. 붉은색 나관에 테두리를 하고 둥근 단추 장식을 한 모습과 그 화려함은 개마총의 세움장식을 꽂은 관(제2장의 〈그림 64〉 참고)에서 볼 수 있다. 관 옆에 높은 세움장식을 꽂은 사람은 관테 둘레에 보이는 장식단추보다 큰 장식단추를 웃옷에

하기 때문에, 白衣는 흰옷으로 생각한다. 그러나 白은 무늬가 없다는 의미도 있으므로, 白衣는 무늬가 없는 옷이라는 의미로 또는 같은 계열의 색상으로 무늬가 직조되어 단아하게 보인다는 의미로 해석해야 할 것이다.

24 《舊唐書》卷199, 〈列傳〉, 高(句)麗傳. "衣裳服飾, 唯王五綵, 以白羅爲冠, 白皮小帶, 其冠及帶, 咸以金飾. 官之貴者, 則靑羅爲冠, 次以緋羅, 揷二鳥羽, 及金銀爲飾."

25 《新唐書》卷220, 〈列傳〉, 高(句)麗傳. "王服五采, 以白羅製冠, 革帶皆金釦. 大臣靑羅冠, 次絳羅, 珥兩鳥羽, 金銀雜釦."

일정한 간격으로 달고 있다. 위에서 본《구당서》와《신당서》의 인용문에는 대신들이 금과 은으로 된 사슴 모양 장식을 꽂았다는 내용이 없는데, 이로 볼 때 앞의《한원》과 양원제직공도의 인용문에서 말한, 금과 은으로 만든 사슴 귀를 책에 꽂은 귀한 사람은 왕실 인사나 귀족을 가리키는 것이라 생각된다.

백제의 경우《구당서》〈열전〉백제전에서 "관인(官人)들은 다 붉은 색 옷을 입고 은화(銀花)로 관을 장식했다"[26]고 하여, 관리들이 나관(羅冠)을 은화로 장식했음을 알 수 있다. 즉, 고구려의 대신들은 관에 금테(금단추)과 은테(은단추)를 섞어 두르고, 백제의 관리들은 은화로 장식한 것이다. 그리고 고구려의 왕은 관에 금테(금단추)[27]를 두르고, 백제의 왕은 금화(金花)로 장식했다.[28] 왕관의 경우는 뒤에서 더 상세하게 논할 것이다.

위의 내용들을 확인할 수 있는 실제 유물들, 즉 절풍과 책에 꽂았던 금과 은으로 만든 새 깃 장식, 사슴 귀 장식과 함께 금과 은으로 만든 절풍이 출토된 바 있어, 이를 통해 왕실과 귀족 지배층에서는 절풍을 금이나 은으로도 만들어 사용했음을 알 수 있다. 그 밖의 절풍은 자작나무껍질이나 가죽으로 만들고 그 위에 실크천을 붙였기 때문에 부패되어 흔적을 찾기 어려우며, 세움장식이나 관을 둘러쌌던 테두리만 남아 있는 경우도 있다.

새 깃 장식으로는 국립중앙박물관에 소장된 세 개의 세움장식을 들

---

26 《舊唐書》卷199,〈列傳〉, 百濟傳. "官人盡緋爲衣, 銀花飾冠."

27 주 24 · 25의 내용 참조

28 《舊唐書》卷199,〈列傳〉, 百濟傳. "其王服大袖紫袍, 靑錦袴, 烏羅冠, 金花爲飾, 素皮帶, 烏革履. 官人盡緋爲衣, 銀花飾冠(그 나라의 왕은 소매가 큰 자주색 도포에 푸른 바지를 입고, 오라관에 금화로 장식하며, 흰 가죽띠에 까만 가죽신을 신는다. 관인들은 다 비색 옷을 입고 은화로 관을 장식한다)";《新唐書》卷220,〈列傳〉, 百濟傳. "王服大袖紫袍, 靑錦袴, 素皮帶, 烏革履, 烏羅冠飾以金𧾴, 羣臣絳衣, 飾冠以銀𧾴(왕은 소매가 큰 자포에 푸른 비단바지를 입고, 흰 가죽신에 까만 가죽신을 신으며, 오라관에 금화로 장식한다. 군신들은 붉은 옷을 입고 관은 은화로 장식한다)."

〈그림 6〉 고구려의 금동세움장식

수 있다(〈그림 6〉). 이 장식은 가장자리를 촘촘히 오려낸 다음, 하나하나
를 꼬아 새의 깃털처럼 표현한 것이다. 사슴 귀 장식으로는 길림성 집안
현에서 출토된 금동관 장식(〈그림 7〉)[29]을 들 수 있다. 이 관 장식은 가죽
등으로 만든 절풍의 앞에 꽂았던 것으로 생각된다. 이 관 장식에도 나뭇
잎 모양의 장식이 일정한 간격으로 달려 있다.

우리나라의 금관이나 금속 관식 등에 달린 나뭇잎 모양의 장식은
'하트형'·'도형(桃形)'·'심엽형(心葉形)' 등 다양한 이름으로 불린다. 중국
의 고분벽화[30]와 돈황 벽화에 보이는 나뭇잎 모습과 달리, 고구려 고분벽
화[31]에서는 나뭇잎을 금관식에 달린 장식과 같은 모습으로 묘사하고 있
다. 이를 통해 고조선 때부터 이 같은 장식물처럼 나뭇잎을 표현했으리
라 추측해볼 수 있다. 그러면, 이제 영락으로 불리는 원형 또는 나뭇잎
모양의 장식들이 고조선시대부터 사용되던 것임을 밝혀보도록 하겠다.

---

29   조선유적유물도감편찬위원회, 앞의 책, 272쪽.

30   漢王得元墓畵像·武梁祠畵像·南珦堂山第五窟北齊小龕 등.

31   각저총, 통구 17호묘 抹角石隅交界處壁畵, 오회분 4호묘 藻井鍛鐵圖와 制輪圖 등.

〈그림 7〉 길림성 집안현에서 출토된 금동 관 장식

　　고조선에서는 청동장식단추를 의복뿐만 아니라 모자나 신발 또는
활집 등 복식의 여러 부분에 다양하게 사용했다.[32] 부여에서는 금과 은으
로 모자를 장식했다.[33] 이는 중국이나 북방 지역에서는 볼 수 없는 화려
하고 높은 수준의 복식 양식이다. 《후한서(後漢書)》〈동이열전(東夷列傳)〉
과 《삼국지(三國志)》〈오환선비동이전(烏丸鮮卑東夷傳)〉의 예전(濊傳)에는
다음과 같은 기록이 보인다.

　　　　(예 사람들은) 남녀 모두 곡령(曲領)을 입었다.[34]

　　　　(예 사람들은) 남녀 모두 곡령을 입었는데, 남자는 은화(銀花)를 옷
　　에 달았으며, 여러 촌(寸) 넓이로 장식되었다.[35]

32　中國科學院考古硏究所內蒙古工作隊, 〈赤峰葯王廟·夏家店遺址試掘報告〉, 《中國考古集成》,
　　東北卷 靑銅時代(一), 678~680쪽 ; 조선유적유물도감편찬위원회, 《조선유적유물도감》(고조
　　선·진국·부여편), 외국문종합출판사, 1989, 70쪽 ; 박진욱, 《조선고고학전서》, 과학백과사
　　전 종합출판사, 1997, 50·57~58쪽.

33　《三國志》卷30, 〈烏丸鮮卑東夷傳〉, 扶餘傳. "以金銀飾帽."

34　《後漢書》卷85, 〈東夷列傳〉, 濊傳. "男女皆衣曲領"

위의 내용을 보면, 예에서는 일반적으로 남자들이 입는 곡령에 5센티미터 이상되는 은화(銀花)를 꿰매어 장식했음을 알 수 있다. 곡령은 여밈새를 가리키기도 하고 웃옷의 이름으로 불리기도 하는데, 위의 기재에서는 웃옷의 이름으로 사용되었다. 이 기록은 고조선이 붕괴된 이후 예의 풍속에 관한 것이지만, 예는 원래 고조선에 속했으므로 웃옷에 은화를 다는 풍속은 고조선에서 계승되었을 것이다.

《후한서》〈동이열전〉 고구려전에서는 "(고구려 사람들이) 그들의 공공 모임에서 모두 물감을 들인 오색실을 섞어 수놓아 짠 사직물 옷에 금과 은으로 장식했다"[36]고 했는데, 이러한 고구려의 풍속도 예와 마찬가지로 고조선의 것을 이었을 것이며, 그 실제 모습이 사신도[37]에 나타난다. 사신도에 나오는 고구려 사신의 옷을 보면, 하트 형태에 가까운 나뭇잎 모양 장식의 가운데와 주변을 금화(金花)로 장식한 것이 확인된다(〈그림 8〉). 백제 사신의 옷에도 변형된 나뭇잎 모양의 장식이 양쪽 팔 위쪽에 보이며, 그 아래에 다시 나뭇잎 모양의 금화(金花) 세 개로 장식한 것(〈그림 9〉)이 확인된다. 더욱 화려한 것은 안악 3호분의 묘주도와 부인도에 보이는 장식단추이다. 묘주의 경우는 깃과 끝동에 장식단추가 한 줄로 둘려 있고(제2장의 〈그림 69〉~〈그림 71〉 참고), 부인도에 보이는 묘주 부인의 옷에는 깃과 어깨선 및 끝동에 한 줄로 둘려 있다(〈그림 10〉).

지금까지 분석한 내용에서 알 수 있듯이, 금화와 금장식단추는 같은 의미이며, 그 양식이 원형과 나뭇잎 모양 또는 꽃 모양 등으로 나타난다. 이 같은 형태의 장식은 고조선보다 앞선 서기전 25세기 무렵부터 나타난다. 원형의 경우 가장 연대가 앞서는 것은 평양 부근의 강동군 룡곡

35　《三國志》卷30,〈烏丸鮮卑東夷傳〉, 濊傳. "男女皆衣著曲領 男子繫銀花廣數寸以爲飾."

36　《後漢書》卷85,〈東夷列傳〉, 高句麗傳. "其公會衣服皆錦繡金銀以自飾."

37　李天鳴,《中國疆域的變遷》上册, 臺北：國立故宮博物院, 1997. 80쪽.

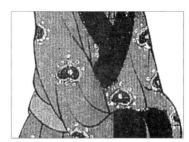

〈그림 8〉 사신도에 보이는 고구려 사신의 모습과 부분도

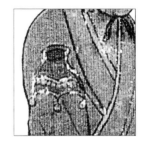

〈그림 9〉 사신도에 보이는 백제 사신의 모습과 부분도

〈그림 10〉 안악 3호 고분벽화 부인도에 보이는 묘주부인의 웃옷 솔기와 끝동의 장식단추

리 4호 고인돌 유적에서 출토된 것으로, 서기전 25세기에 해당한다.[38] 나
뭇잎 모양 장식으로는 평양시 강동군 순창리의 글바위 2호와 5호 무덤
에서 출토된, 금동 귀고리의 끝 부분에 달린 장식이 있는데, 이것은 서기
전 25~24세기에 해당한다.[39] 이로 볼 때, 고조선에서 사용된 원형과 나
뭇잎 모양의 장식은 적어도 서기전 25세기 이전에 출현했음을 알 수 있
다. 평양 일대의 고조선 초기 유적인 문선당 2호·3호·8호 무덤, 대잠리 2
호 무덤, 구단 2호 무덤, 경신리 2호 무덤, 금평리 1호 돌관무덤 등에서도
금동이나 금으로 만든 같은 모습의 귀고리가 출토되었다.[40]

38 강승남, 〈고조선시기의 청동 및 철 가공기술〉, 《조선고고연구》, 1995년 2기, 21~22쪽 ; 김교
    경, 〈평양일대의 단군 및 고조선 유적유물에 대한 연대 측정〉, 《조선고고연구》, 1995년 제1호,
    사회과학출판사, 30쪽.

39 한인호, 〈고조선초기의 금제품에 대한 고찰〉, 《조선고고연구》, 1995년 제1호, 사회과학출판사,
    22~26쪽. "강동군 순창리와 송석리에서 발굴된 금제품들은 모두 사람뼈와 함께 나왔다. 사람
    뼈에 대한 절대 연대 측정치는 글바위 2호 무덤의 것은 4376±239년이고 글바위 5호 무덤의
    것은 4425±158년이다."

40 한인호, 〈고조선의 귀금속 유물에 대하여〉, 《고조선연구》 제3호, 사회과학출판사, 1996, 9~
    11쪽.

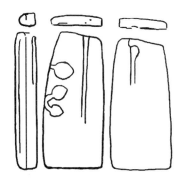
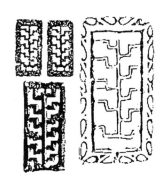

〈그림 11〉 오한기에서 출토된 석범　　　　〈그림 12〉 서차구 무덤에서 출토된 청동편

　　지금까지 발견된 나뭇잎 모양의 주물틀 가운데 연대가 가장 이른 것은 고조선의 영역이었던 요령성 오한기 출토의 돌로 만든 주물틀이다. 발굴자들은 이 주물틀이 서주시대(西周, 서기전 11세기 무렵~서기전 841년) 또는 그보다 이른 시기에 속할 것으로 보았다. 나뭇잎 모양 청동장식을 만들었을 이 돌 주물틀(〈그림 11〉)은[41] 긴 나뭇잎 모양을 하고 있어, 고조선 장식의 특징인 나뭇잎 모양을 그대로 보여준다. 중국의 춘추시대 후기에서 전국시대에 속하는 고조선의 유적인, 흑룡강성 제제합이시(齊齊哈爾市) 태래현(泰來縣)에 위치한 평양전광묘(平洋磚廣墓) 출토의 귀고리에는 금으로 만든 나뭇잎 모양과 원형 장식이 금사(金絲)로 연결되어 있었다.[42] 또한 고조선 후기에서 고구려 초기에 속하는, 요령성 서풍현(西豊縣)에

41　邵國田, 〈內蒙古昭烏達盟敖漢旗李家營子出土的石范〉, 《中國考古集成》 東北卷(靑銅時代〔一〕), 北京出版社, 801~802쪽.

42　黑龍江省文物考古硏究所, 〈黑龍江泰來縣平洋磚廣墓地發掘簡報〉, 《中國考古集成》 東北卷(靑銅時代〔三〕), 2750~2758쪽 참조. 발굴자들은 이 유적이 춘추 후기에서 전국시대(서기전 6세기 무렵~서기전 220년)에 속하며 동호족의 유적일 것이라고 했다. 그러나 이 시기에 이 지역에는 고조선이 자리했으며, 이 묘에서 출토된 고조선 유물의 특징을 갖춘 새김무늬 질그릇, 원형과 나뭇잎 모양의 청동 장식, 청동방울 등은 이 유적이 고조선의 유적임을 뒷받침한다.

위치한 서차구(西岔溝) 고묘(서기전 206년~서기전 70년 무렵)에서는 평양전
광묘에서 출토된 금귀고리와 거의 같은 모양의 은귀고리가 출토되었는
데, 이는 은으로 된 나뭇잎 모양과 원형의 장식을 은사(銀絲)로 연결해 만
든 것이었다. 그 밖에 나뭇가지가 뻗어 올라간 모습의 문양을 나타내는
청동 조각이 여러 개 출토되었다(〈그림 12〉).[43]

중국의 서한 중기부터 동한 후기에 속하는 유적으로, 고조선이나
동부여의 유적일 것으로 추정되는 길림성 통수현(通楡縣)의 고묘에서는
금으로 만든 나뭇잎 모양과 백석(白石)·옥석(玉石)·마노(瑪瑙)를 금사(金
絲)로 연결해 만든 귀고리가 출토되었다.[44] 발굴자들은 이 고묘가 서한
중기에서 동한 후기에 속하는 선비족의 유물일 것이라고 밝혔다. 그러나
당시 이 지역은 고조선과 동부여가 계속 거주하던 곳으로, 발굴된 고묘
는 한민족의 유적이다. 이 고묘에서 출토된 귀고리 양식은 고조선의 것
을 그대로 보이고 있어, 고조선이나 동부여의 유적임을 뒷받침한다.

또한 동한 초기 또는 이후 시기에 속하는 유적으로, 동부여의 유적
인 길림성 유수현 노하심촌(老河深村)의 고묘에서 여러 종류의 금과 은으
로 만든 귀고리가 출토되었다. 발견된 금귀고리는 나뭇잎 모양 아래에
긴 타원형의 나뭇잎 모양을 여러 개 연결한 것, 나뭇잎 모양 아래에 금사
(金絲)로 원형을 나타낸 것, 금 또는 은을 꼬아 원형을 만들고 구슬을 끼
운 것들이었다. 이와 같이 나뭇잎 모양과 원형의 금화(金花)는 고조선 초
기부터 금과 은 및 금동으로 만든 귀고리 장식에서 이미 많이 사용되었
다. 나뭇잎 모양은 이후 허리띠 장식과 마구 장식 등에도 쓰이며 그 양식
이 더욱 확산된다.

---

43 孫守道, 〈西岔溝古墓群被發掘事件的敎訓〉, 《中國考古集成》 東北卷(秦漢之三國〔二〕), 929~
    932쪽 ; 孫守道, 〈'匈奴西岔溝文化'古墓群的發現〉, 《文物》, 1960年 8·9期, 25~35쪽.

44 東北師範大學學報, 〈通楡縣興隆山公社鮮卑墓葬出土文物〉, 《中國考古集成》 東北卷(秦漢之
    三國〔二〕), 1283쪽.

발굴자들은 이 노하심 유적이 동한 초기 또는 이보다 약간 늦은 시기에 속하는 것으로 보았고, 선비족의 유적이라고 단정하거나 부여족의 유적이라고 주장했다.[45] 동부여는 고구려가 건국하기에 앞서 해부루(解夫婁) 왕이 동쪽의 가엽원(迦葉原), 즉 지금의 길림성 북부와 내몽고 자치구 동부 일부 및 흑룡강성 지역으로 이주하여 고구려에 투항할 때까지 거주했던 곳이다. 동한 시기(서기 25~220년)에 동부여가 길림성 지역에 있었으므로, 노하심 유적은 동부여의 유적으로 보아야 할 것이다.

발굴자들은 노하심 유적의 주인공들이 요령성 서풍현(西豊縣) 서차구(西岔溝) 고묘군의 주인공들보다 생산력과 사회 수준에서 발달했으며, 이 두 고묘군에서 출토된 유물들이 밀접한 관계를 가지고 있다고 했다.[46] 노하심 유적이 동부여의 유적임은 서차구에서 출토된 유물의 특성 비교에서도 확인된다. 요령성 서풍현 서차구 고묘는 서한 초에서 선제(宣帝) 초기(서기전 206~서기전 70년 무렵)에 속하는 흉노족의 유적[47] 또는 부여족의 유적이라는[48] 두 견해가 있다. 즉, 중국 학자들은 서차구 유적에서 출토된 조형(鳥形) 안테나식 동병철검(銅柄鐵劍) 12개를 근거로 부여족의 유적일 것이라고 추정한 것이다. 이 조형 안테나검은 한반도에서는 평양과 대구에서 출토되었고, 만주에서는 요녕성과 길림성에서만 출토되었으며, 그 밖에 한반도의 영향을 받았던 일본의 대마도에서 출토되었을 뿐이다.[49] 이 조형 안테나식 동병철검의 형식과 관련해 대영박물관에서는

45　劉景文, 〈從出土文物簡析古代夫餘族的審美觀和美的裝飾〉, 《中國考古集成》 東北卷(秦漢至三國(二)), 北京出版社, 1992, 1242~1245쪽 ; 吉林省文物工作隊·長春市文管會·楡樹縣博物館, 〈吉林楡樹縣老河深鮮卑墓群部分墓葬發掘簡報〉, 《文物》, 1985年 2期, 68~82쪽.

46　吉林省文物工作隊·長春市文管會·楡樹縣博物館, 〈吉林楡樹縣老河深鮮卑墓群部分墓葬發掘簡報〉, 《文物》, 1985年 第2期, 68~82쪽.

47　孫守道, 앞의 글, 25~36쪽.

48　董學增, 〈關于我國東北系'觸角式'劍的探討〉, 《中國考古集成》 東北卷(靑銅時代(一)), 1992, 35~42쪽.

49　지금까지 발견된 안테나검은 모두 24개이다. 그 가운데 銅柄銅劍으로 된 것이 10개이고 동병

스키타이형 검이라고 설명하고 있고, 한국 학자들과 일본 학자들은 내몽고 오르도스 지방에서 시작된 형식이 서차구를 중개 지점으로 하여 한국에 나타났다고[50] 했다.

그러나 이 같은 주장들이 매우 성급했음을 알려주는 유물이 발견되었다. 1986년 길림성 교하현(蛟河縣)에서 발굴된, 다른 동검들보다 자루 부분의 조형이 매우 사실적인 '대두쌍조수(對頭雙鳥首)' 동검(〈그림 13〉)이 그것이다. 발굴자들은 이 동검을 전국 초기인 서기전 5세기 무렵의 것으로 보았다.[51] 교하현에서 발굴된 동검의 검자루 부분 조형이 간략화하지 않고 사실적이라는 점과 교하현의 동검을 비롯해 서차구와 한국 및 일본에서 발견된 안테나검이 모두 세형동검이라는 점은 교하현 지역을 중심으로 조형 안테나검이 만들어지기 시작했을 가능성을 시사한다. 또한 교하현에서 출토된 동검의 자루에는 고조선 지역에서 주로 나타나는 새김무늬 문양이 둘려 있고, 노하심 유적과 서차구 유적에서 모두 고조선 유

철검이 14개이다. 동병동검으로 된 것은 길림성의 樺甸縣 西荒山에서 3개가 출토되었고(吉林省文物工作隊·吉林博物館,〈吉林樺甸西荒山屯青銅短劍墓〉,《東北考古與歷史》, 1982年 1期), 길림성 永吉縣 烏拉街汪屯에서 1개가 출토되었다(陳家槐,〈吉林永吉縣烏拉街出土'觸角式劍柄銅劍〉,《考古》, 1984年 2期). 일본의 대마도에서도 2개가 출토되었다(中口裕,《銅の考古學》, 東京, 1972年). 또한 출토지는 알 수 없으나 일본인 山本梯二郎이 1개를 소장하고 있고(森貞次郎,〈關于彌生時代細形劍の傳入 – 細形銅劍編年の考察〉), 江上波夫의 《經路刀考》에 2개가 수록되어 있으며(江上波夫,〈經路刀考〉,《東方學報》第3册), 영국의 Eumorfopoulos 씨가 1개를 소장하고 있다(梅原末治,〈有炳細形銅劍の一新例〉,《考古學雜誌》17卷 第9號, 昭和 20年). 銅柄鐵劍은 14개인데, 요령성 西豊縣 西岔溝에서 12개가 출토되었고(孫守道,〈'匈奴西岔溝文化'古墓群的發現〉,《文物》, 1960年 8·9期), 길림성 東遼縣 石驛鄕에서 1개가 출토되었으며, 길림시 郊南半山에서 1개가 채집되었다(吉林省文物志編委會,《吉林市郊區文物志》, 1983年). 대영박물관에 소장되어 있는 안테나검은 출토지가 정확하지 않은데, 세형동검이므로 한국이나 일본 출토품으로 보기도 한다. 또한 한반도에서는 평양과 대구에서 발견되었으며, 평양에서 출토된 것과 비슷한 것이 일본의 對馬 峰村三根에서 발굴되었다(金元龍,《韓國考古學研究》, 241〜244쪽).

50   金元龍,《韓國考古學研究》, 一志社, 1992, 241〜261쪽 ; 秋山進吾,〈中國東北地方の初期金屬文化の樣相(下)〉,《考古學雜誌》54-4, 328〜329쪽.

51   董學增,〈吉林蛟河發現'對頭雙鳥首'銅劍〉,《中國考古集成》東北卷(靑銅時代(三)), 2466〜2467쪽.

〈그림 13〉 교하현에서 출토된 '대두쌍조수' 청동검

적에서만 특징적으로 나타나는 문양의 청동 장식과 청동방울[52]이 발굴되었다.

이상의 사실들은 노하심 유적과 서차구 유적 그리고 교하현 유적이 한민족의 유적임을 알려주는 충분한 증거가 될 것이다. 아울러 고조선 초기부터 나뭇잎 모양과 원형의 장식 양식 그리고 나뭇가지가 뻗어 올라간 모습의 문양을 나타내는 양식 등이 한반도와 만주 지역 대부분에 걸쳐 한민족의 고유 양식으로서 복식 등에 널리 사용되었으며, 이후 여러 나라로 계승되었음을 알려준다. 이는 중국이나 북방 지역에서는 볼 수 없는 화려하고 높은 수준의 복식 양식이다.

중국에서는 양진남북조시대에 와서야 서역 지방의 영향으로 직물

---

52 고대 사회의 종교의식에서 중국인들은 음식과 술로 신을 대접해 그의 환심을 사려고 했으나, 이와 달리 고조선 사람들은 청동검·청동거울·청동방울 등을 손에 들고는 몸을 치렛거리로 치장하고 노래와 춤으로 신을 기쁘게 하려고 했다(윤내현, 《고조선연구》, 一志社, 692쪽). 西岔 溝 유적에서는 고조선 청동기의 주류를 이루는 청동방울들이 출토되었는데, 그 형태가 고조선 의 영역인 한반도와 만주 지역에서 출토된 것과 같다.

의 도안이나[53] 말 장식[54] 등에 나뭇잎 모양 장식이 나타나기 시작한다. 북방 지역에서도 나뭇잎 모양의 장식이 청동기시대의 장식에서 나타나기 시작해, 이후 직물의 도안 등에서 부분적으로 보인다. 그러나 자주 사용되지는 않았으며,[55] 서기 5~6세기 무렵에 이르러서야 고구려의 영향으로 만들어진 모자 장식 등에서 많이 나타나게 된다. 이 원형과 나뭇잎 모양의 장식은 제4장 2절에서 좀더 상세히 분석될 것이다.

이후 원형과 나뭇잎 모양의 장식단추로 꾸민 꽃가지 모양의 관 장식과 여러 장식물이 고구려 영역의 여러 지역에서 출토되었다. 이것들은 서기 3~4세기에 걸치는 시기에 금으로 만든 것으로, 한층 발달된 수준을 보여준다. 우선 비교를 위하여 출토지와 출토 관 장식 그리고 관 장식과 함께 나온 여러 유물을 도표로 소개하고, 이것들이 고구려의 유물임을 밝혀보도록 하겠다.

〈표 1〉의 (1)은 요령성 북표현(北票縣) 방신촌(房身村)에서 출토되었다. 금으로 만든 장식만 출토된 것으로 보아 관은 나관(羅冠)이나 가죽관이었을 가능성이 크고, 일부를 제외하고는 부패되어 남아 있지 않았을 것이다. 이 관식이 출토된 2호 무덤에서는 주로 금으로 만든 유물들이 나온 것이[56] 큰 특징이다. 발굴자들이 2호묘에서 출토된 것으로 밝힌 유물은 금으로 만든 꽃나무 모양의 장식과 뻗어 나간 꽃 장식 등, 주로 금으로 만든 많은 양의 다양한 장신구들이었다. 금으로 만든 유물이 주로 나온다는 것은 주인공이 높은 신분의 귀족이었을 가능성을 시사한다.

53 上海市戱曲學敎中國服裝史研究組 編著, 周汛·高春明 撰文, 《中國服飾五千年》, 商務印書館香港分館, 1984, 73쪽.
54 東京國立博物館, 《黃河文明展》, 中日新聞社, 1986, 140쪽.
55 I. Sergi, FROZEN TOMBS OF SIBERIA-The Pazyryk Burials of Iron-Age Horsemen, University of California, 1970 ; 河北新報社·日本對外文化協會·十字屋, 《草原のシルクロード展》, 草原のシルクロード展實行委員會, 1982.
56 陳大爲, 〈遼寧北票房身村晉墓發掘簡報〉, 《考古》, 1960年 1期, 401~403쪽.

	출토지	출토 관식
(1)	요령성 북표현 방신촌	 〈그림 14〉
(2)	요령성 조양현 십이태향 원태자촌	 〈그림 15〉
(3)	요령성 조양 전초구	 〈그림 16〉

〈표 1〉 요령성에서 출토된 고구려의 금으로 만든 관 장식

　　발굴자들은 이 무덤이 진대(晉代, 서기 266~419년)에 속한다고 했는데, 무덤이 위치한 지역인 요령성 북표현 방신촌은 당시 고구려 영토였다. 따라서 이 무덤은 고구려의 유물일 것으로 추정된다. 이 같은 사실은 다음의 내용을 통해 더 확실히 알 수 있다. 발굴자들은 유물들을 두고 진대 선비 귀족의 묘장일 가능성을 이야기하면서, 한편으로는 "만든 방법이 고구려족의 금 장식품과 유사하다(制法與高句麗族的金飾品類似)"고 하여[57] 고구려의 유물일 가능성도 배제하지 않았다. 우리 학자들이 이러한

특징들을 세밀히 분석하지 않고 중국 학자들과 마찬가지로 그 용도에서 보요관으로 보거나 또는 제작자를 선비족이라고 파악하는 것은[58] 잘못이다. 중국이나 주변 국가의 역사 편입 시도보다 더 큰 문제는 이처럼 우리 학자들이 우리의 것을 제대로 찾지 못하고 여과 없이 무비판적으로 이웃 나라 학자들의 견해를 그대로 따르는 것이다. 이는 잘못된 해석을 근거로 우리 역사를 해석하는 것에 다름 아니다.

위의 자료를 분석해보면, 이 유물에서 출토된 청동거울은 고조선 청동거울의 특징인 잔줄무늬를 그대로 보여주고 있다. 금방울도 21개나 발굴되었는데, 이 같은 방울은 고조선시대부터 한민족의 유물이 지녀온 특징이다. 방울의 형태 또한 고조선 방울의 특징을 그대로 하고 있어, 이 유적은 고구려의 유적으로 해석된다.

이 유적에서 출토된 두 개의 꽃가지 형상 금 장식은 밑 부분이 긴 네모 모양이고, 구름문양이 투조되어 있으며, 아랫부분의 주변은 점선무늬로 이어져 있다. 타출 방식에 따른 이 같은 점선무늬 양식은 고조선의 초기 유적에서부터 보이기 시작하는 것으로, 한반도와 만주 지역에 거주한 한민족의 고유한 문양이다.

위쪽에는 복숭아 모양의 나뭇잎이 줄기를 타고 화려하게 장식되었는데, 발굴자들은 이를 관 장식으로 보고 있다. 관 장식일 가능성은 이와 함께 출토된 또 다른 유물인 뻗어 나간 꽃가지 장식에서 분명해지는데, 발굴자들은 이 금 장식이 긴 나뭇가지형 금 조각으로 되어 있으며, 모두 4편이 출토되었다고 했다. 발굴자들은 이 금 장식이 두 개의 관 위에 두른 장식이라 파악하고, 꽃가지 형상 금 장식과 함께 사용되었을 것으로 보고 있다. 줄기 부분을 나타내는 뻗어 나간 꽃가지 장식의 금 조각은 가

57　같은 글, 401~402쪽.
58　이한상, 앞은 책, 54쪽.

장 긴 것이 28센티미터이고 가장 짧은 것이 2.1센티미터로, 금편 위에 구
멍이 있으며, 구멍에 원형의 작은 금 조각이 여러 개 달려 있다고 했다.
그 길이로 볼 때, 이는 이후 금관의 형태에 나타나는 나뭇가지형 줄기 부
분과 같은 모습일 것으로 생각된다. 그러나 아쉽게도 발굴자들이 이 출
토물의 실물을 공개하지 않아, 그 실제 모습은 확인할 수 없다.

〈표 1〉의 (2)에서 보는 것처럼, 요령성 조양현(朝陽縣) 십이태향(十
二台鄕) 원태자촌(袁台子村)에 위치한 왕자분산묘군(王子墳山墓群)의 태(台)
M8713 : 1묘에서는 방신촌에서 나온 것과 거의 같은 모습의 금제 관 장
식이 출토되었다. 발굴자들은 이 유물이 조위(曹魏) 시기에서 모용선비
(慕容鮮卑)가 전연(前燕)을 세우기 이전까지인 서기 3~4세기에 속하는 선
비족의 것이라고 했다. 금 장식은 (1)에서와 같이 아랫부분은 긴 네모
모양으로 되어 있고, 구름문양이 투조되어 있으며, 장방형의 네 구석에
는 작은 구멍이 뚫려 있고, 여섯 갈래로 뻗어 나간 나무줄기 같은 가지에
는 나뭇잎 모양이 한 줄에 세 개씩의 달려 있다. 발굴자들은 이 유물을,
(1)의 발굴자들이 같은 유물을 관 장식으로 분류한 것과는 달리, 금보요
식(金步搖飾)으로 분류했다.

그러나 내가 분석하기에 이 출토물은 보요식으로 분류될 수 없다.
모용씨는 양진(兩晉)시대 초기에 중국으로부터 보요관(步搖冠)을 받아들
였다.[59] 보요관에 관한 중국의 기록은 《한서(漢書)》〈강충전(江充傳)〉에
처음 보이는데, 여기에 "冠禪纚步搖冠, 飛翩之纓"이라고 나와 있다. 이
는 방목사(方目紗, 사직물의 한 종류)로 만든 관에 물총새 깃을 늘어지게 하
여 걸을 때 흔들리게 한 것으로, 설명에 따르면 매미 날개와 같게 한 것[60]

---

59 《晋書》卷108〈慕容廆傳〉. "慕容廆…… 魏初率其諸部入居遼西. 從宣帝伐公孫氏有功. 拜率
義王. 始建國於棘城之北. 時燕代多冠步搖冠, 莫護跋見而好之, 乃歛髮襲冠, 諸部因呼之爲步
搖. 其後音訛, 遂爲慕容焉."

60 '禪纚'에 대해 服虔의 주석에서는 "冠禪纚, 故行步則搖, 以鳥羽作纓也"라고 했고, 蘇林의 주

이라고 한다. 같은 서한시대 유흠(劉歆)이 지은《서경잡기(西京雜記)》에
서는 "貴娣懋膺洪冊, 謹上…… 黃金步搖"라고 하여, 서한시대에 이미 물
총새 깃을 늘어지게 꽂은 보요관 외에 황금으로 만든 보요를 꽂은 보요
관이 있었음을 알 수 있다.

그러면 황금 보요식이 어떻게 만들어졌는지 알아보자. 동한 이후에
오면 보요관식이 더욱 성행하여 궁중에서 황후와 귀족들이 사용하게 되
었는데, 황후의 경우 묘를 참배할 때 가발을 얹은 머리 위에 비녀를 꽂고
금으로 만든 보요를 더 꽂아 머리 위에 늘어뜨렸다. 금보요는 금으로 능
선을 만들고 흰 구슬로 계수나무를 만들며 비취로 꽃잎을 꾸몄음을[61] 알
수 있다. 그 실제 예가 장사시 마왕퇴(馬王堆) 1호 한묘 백화(帛畫)에 보이
는데,[62] 〈그림 17〉에서처럼 보요식을 관 위가 아닌 이마 위의 앞머리 부
분에 꽂고 있다. 이를 볼 때, 보요관식은 관에 꽂았던 관식이 아니라 앞
머리를 꾸미던 머리 장식으로 분류되어야 할 것이다. 이 같은 머리 장식
은 중국에서 양진남북조시대부터 유행하기 시작하여 수당시대로 이어
진다. 그러나 고구려의 머리 장식에는 이 같은 양식이 나타나지 않는다.

석에서는 "析翠鳥羽以作藝也"라고 했다. 또 '纚'에 대해 師古의 주석에서는 "服說是也. 纚, 織
絲爲之, 卽今方目紗是也"라고 했다. '飛翮之緷'에 대해서는 臣瓚의 주석에 "飛翮之緷, 謂如
蟬翼者也"라고 나와 있다.

61 "皇后謁廟服,…… 假結, 步搖, 簪珥. 步搖以黃金爲山題, 貫白珠爲桂枝相繆, 一爵九華, 熊·
虎·赤羆·天鹿·辟邪·南山豊大特六獸. 詩所謂副笄六珈'者. 諸爵獸皆以翡翠爲毛羽"(황
후는 묘를 참배할 때,…… 가발을 하고, 보요를 꽂고, 비녀를 꽂는다. 보요는 황금으로 능선을
만들고 흰 구슬을 꿰어 계수나무의 가지가 서로 얽히게 하며, 一爵은 아홉 개의 꽃과 곰·호랑
이·붉은말곰·사슴·辟邪·南山豊大特의 여섯 짐승으로, 毛詩傳에서 '비녀를 꽂고 더 꽂는
여섯 가지 보요를 말하는 것'이라고 했다. 여러 爵의 동물은 모두 비취로 털을 만든다. 금으로
된 것은 흰 구슬로 장식을 둘러싸고 비취로 꽃을 만들어 넣는다). 위의 '副笄六珈'에 대해 鄭玄
의 주석에서는 "珈는 더한다는 것이다. 副는 이미 비녀를 꽂고 또 장식을 더하는 것으로 지금의
步搖上飾과 같은 것이며, 옛 제도에 대해서는 들은 바 없다(珈之言加也, 副旣笄而加飾, 如今
步搖上飾, 古之制所未聞)"고 했다.

62 湖南省博物館·中國科學院考古硏究所·文物編輯委員會,《長沙馬王堆一號漢墓發掘簡報》,
文物出版社, 1972.

〈그림 17〉 마왕퇴 1호 무덤에서 출토된 백화의 묘주부인

　　발굴자들은 이 유적을 선비족의 것이라고 했다. 그러나 이 유물과
함께 출토된 여러 가지 유물들은 고조선 유물의 특징을 그대로 보여주고
있어, 선비족의 유물로 분류하기 어렵다. 출토 유물 가운데 금으로 만든
단추 장식은 23개가 신발 부분에서 출토되어, 신발에 달았던 것으로 추
측된다. 고조선의 유적인 정가와자 6512호 무덤에서는 가죽장화에 달았
던 것으로 추정되는 청동장식단추가 180개나 출토되었다.[63] 이 같은 유
물은 고조선 유물만이 갖는 특징으로, 왕자분산묘(王子墳山墓)들에서 출
토된 금장식단추는 고조선의 장식단추와 같은 양식을 하고 있다. 특히
이 유적에서 출토된 긴 고리 모양의 허리띠 장식은, 고조선 중기부터 생

63　　조선유적유물도감편찬위원회, 《조선유적유물도감》(고조선·진국·부여편), 외국문종합출판
　　　사, 1989, 70쪽 ; 박진욱, 《조선고고학전서》, 과학백과사전 종합출판사, 1997, 50·57~58쪽.

산되어 한반도와 만주 전 지역에서 사용되던 고조선 허리띠 장식의 한 양식을 보여준다.[64] 고조선의 영역인 한반도와 만주 지역에서 나타나는 이 긴 고리 모양의 허리띠 장식은 그 제조 연대에서 중국보다 앞선다. 또한 그 양식을 볼 때, 한반도와 만주에서 출토된 긴 고리 모양의 허리띠 장식은 대체로 겉 표면에 무늬를 넣거나 조각을 하지 않았다.

그러나 중국의 것은 화려한 무늬와 조각을 넣은 것이 특징이다. 북방 지역에서는 양진남북조시대에 와서야 이 긴 고리 모양의 허리띠 장식이 나타나는데, 출토량이 매우 적고 머리 부분이 대부분 동물 모양인 것이 특징이다. 이처럼 고조선과 중국 및 북방 지역의 긴 고리 모양 허리띠 장식이 제작 연대와 양식에서 차이를 보이는 것은 고조선의 것이 중국이나 북방 지역의 영향을 받아 만들어진 것이 아님을 말해준다. 한반도와 만주 대부분의 지역에서 사용되던 긴 고리 모양의 허리띠 장식은 서기 3세기 무렵에 이르면 차츰 사라지고, 고구려를 중심으로 고조선 초기부터 사용되던 나뭇잎 모양의 양식을 적용한 허리띠 장식이 발전하여 한반도에 정착하게 된다.

실제로 왕자분산묘(王子墳山墓)들에서 출토된, 유금(鎏金)한 청동으로 만든 허리띠 장식의 앞부분은 모두 나뭇잎 모양으로 되어 있는 등 한민족의 고유 양식을 그대로 보여준다. 뿐만 아니라 질그릇들도 대부분 새김무늬를 하고 있다. 특히 이 유적과 근접한 조양(朝陽) 십이대영자(十二臺營子) 향전력(鄕磚歷) 88M1에서 출토된 유물들은[65] 왕자분산묘들의 태M8713∶1묘에서 출토된 유물들과 그 양식에서 유사성을 지니고 있다. 또한 십이대영자 향전역 88M1에서 출토된 갑옷과 투구 및 목 부분을 보호하는 경갑(頸甲) 등은 고조선으로부터 이어온 고대 한국 갑옷의

64   박선희, 앞의 책, 478~490쪽.

65   遼寧省文物考古研究所·朝陽市博物館,〈朝陽十二臺鄕磚歷88M1發掘簡報〉,《文物》, 1997年 第11期, 19~32쪽.

〈그림 18〉 조양 십이대영자 항전력 88M1에서 출토된 말투구

특징을 그대로 보여주고 있기 때문에 고구려의 유적으로 분류된다.

더욱이 이 유적에서 출토된 철제 말투구(〈그림 18〉)는 당시 북방 지역이나 중국보다 제작 시기가 약 2세기 정도나 앞서는 고구려의 것으로, 이 같은 철제 말투구는 고구려의 말갑옷만이 갖는 고유한 양식이다.[66] 긴 네모 모양의 갑편으로 된 투구와 경갑(頸甲)은 고조선 갑편의 특징으로, 고조선을 계승한 고구려의 투구와 경갑 역시 이를 특징으로 하고 있다. 같은 모습의 것이 고구려 유적으로는 고이산성(高爾山城) 유적에서 출토되었고, 신라와 가야의 유적으로는 김해 예안리 150호묘, 고령 지산동 32호묘, 복천동 10호묘와 11호묘에서 출토되었다. 그리고 이 조양에는 지금까지 고구려의 산성이 그대로 남아 있기 때문에,[67] 당시에 고구려인

---

66   박선희, 앞의 책, 613~670쪽.

들이 이 지역에서 활동했음을 더욱 확실히 증명해준다. 이상의 분석 내용들은 왕자분산묘들의 태M8713 : 1묘가 고구려의 유적임을 알려주며, 따라서 이 유적에서 출토된 금관 장식은 고구려의 관식이라 하겠다.

〈표 1〉의 (3)에서 보는 것처럼, 요령성 조양 전초구(田草溝)에서는 (1)·(2)와 비슷한 금 장식 두 개가 출토되었다.[68] 발굴자들은 이 유물이 서기 3~4세기에 속하는 것으로 보았다. 금 장식의 아랫부분은 둘 다 (1)·(2)와 같은 구름문양을 투조한 긴 네모 모양으로 만들어져 있다. 윗부분의 금 장식을 보면, 중심부를 중심으로 긴 가지 두 개, 그리고 짧은 가지 두 개에 다섯 개씩 뻗어 열 개의 가지가 있는데, 가지에는 나뭇잎 모양의 장식이 3~5개 정도 달려 있다. 또 다른 금 장식은 아랫부분의 중심부에서 두 개의 가지가 뻗어 나오고, 중앙의 윗부분에서 다시 양쪽으로 나란히 가지가 뻗어 있으며, 맨 윗부분에서 다시 양쪽으로 나란히 짧은 가지가 뻗어 있다. 그리고 가지마다 나뭇잎 모양의 장식이 달려 있다. 이와 함께 금패식(金牌飾)과 금·은으로 된 많은 유물이 출토되었는데, 대부분 원형과 나뭇잎 모양의 장식이 달려 있다. 특히 금으로 만든 단추 장식이 신발 부위에서 135개가 출토되었는데, 그 양식은 역시 고조선의 청동장식단추와 같다. 그 밖에 은으로 만든 단추 장식 59개와 당기는 장식〔扣飾〕이 8개가 출토되었다. 또한 이 유적에서 출토된 질그릇은 새김무늬를 특징으로 하고 있어, 이 같은 유물들이 갖는 고조선의 특징으로 말미암아 이 유적과 금관 장식은 고구려의 것으로 해석된다.

이상의 내용으로부터 고구려 초기 금관의 구성물들은 나관(羅冠)과 금 장식으로 크게 구분되고, 금 장식은 다시 나뭇잎 모양과 줄기 부분 모양으로 나뉘어야 함을 알 수 있다. 그러면 (1)·(2)·(3)의 관 장식은 어

67 王禹浪·王宏北,《高句麗·渤海古城址硏究滙編》上, 哈爾濱出版社, 1994, 245~246쪽.
68 遼寧省文物考古硏究所·朝陽市博物館·朝陽縣文物管理所,〈遼寧朝陽田草溝晉墓〉,《文物》, 1997年 第11期, 33~41쪽.

〈그림 19〉 　　　　　　〈그림 20〉 　　　　　　〈그림 21〉

집안현 동구의 고구려 무덤에서 출토된 허리띠 장식(〈그림 19〉, 〈그림 20〉)과 한반도 남부에서 출토된 청동 방울에 보이는 문양(〈그림 21〉)

떠한 공통점을 갖는지 분석해보자.

　　첫째는 아랫부분이 구름문양으로 이루어진 점이다. 구름문양 양식은 이 시기에 갑자기 출현한 것이 아니다. 그 이전 시기에 이미 이 같은 양식이 여럿 보이고 있다. 가장 이른 것으로는 내몽고 자치구 오한기의 대전자(大甸子) 유적을 들 수 있는데, 여기서 구름문양이 대칭으로 장식된 이 같은 질그릇에 보인다. 대전자 유적이 속한 하가점 하층문화는 고조선의 문화로 분류된다. 따라서 이 질그릇은 고조선 초기의 것으로, 그 문양과 색채가 무척 화려하다.

　　요령성 조양현 과좌중기(科左中旗) 육가자묘(六家子墓)에서 출토된, 서기 2세기에서 서기 4세기 초 무렵에 속하는 유금권운문루공패(鎏金卷雲紋縷孔牌)는 허리띠 장식으로,[69] 금관 장식과 마찬가지로 대칭된 구름문양을 보여준다. 이 같은 양식은 서기 3세기 초에서 서기 3세기 말에 속하는 길림성 집안현 우산(禹山)에 위치한 고구려 고묘에서 출토된 허리띠의 부속물(〈그림 19〉)[70]에서도 나타난다. 이보다 늦은 시기인 양진남북조

69　張柏忠, 〈內蒙古科左中旗六家子鮮卑墓群〉, 《考古》, 1989年 第5期, 430~438쪽.
70　集安縣文物保管所, 〈集眼高句麗墓葬發掘簡報〉, 《考古》, 1983年 第4期, 301~307쪽.

시대에 속하는, 길림성 집안현 동구에 위치한 고구려 고묘에서도 허리띠의 부속물인 유금식(鎏金飾)이 출토되었는데(〈그림 20〉),[71] 역시 관 장식에서와 같은 양식을 볼 수 있다. 그리고 이는 한반도 남부 지역에서 출토되었다고 전하는 청동방울의 문양(〈그림 21〉)[72]에서도 나타난다. 이처럼 구름문양이 한반도와 만주의 전 지역에서 사용된 것으로 보아, 구름문양의 양식은 한민족 고유의 것임을 알 수 있다.

발굴자들은 이 육가자묘를 동한 후기에서 서진시대(서기 2세기~315년 무렵)에 속하는 선비족의 것으로 분류했다. 이 육가자 지역은 원래 고조선의 영역이었으나, 서기전 107년에 서한 무제가 고조선을 침략하여 대릉하(大凌河)와 지금의 요하(遼河) 사이에 현토군을 설치할 때 포함되었다.[73] 그러나 이후 서기 105년부터 고구려는 고조선의 영토를 수복하기 위한 정책으로 요서 지역에 진출하기 시작하여, 서기 315년에 지금의 난하(灤河) 유역까지 영토에 포함시킴으로써 서쪽의 고조선 영토를 수복하는 데 성공했다.[74] 따라서 서기 2세기 무렵부터 서기 4세기 초 무렵까지 이 지역에는 선비족이 진출하지 못했으며, 이 지역은 고구려의 활동 영역이었다. 이 같은 사실은 이 묘에서 출토된 대부분의 유물이 고조선의 유물 양식을 특색으로 하고 있는 점에서도 증명된다. 질그릇의 경우 새김무늬를 특색으로 하고, 청동거울도 잔줄무늬와 구름문양을 특색으로 하며, 금단추와 청동방울도 좋은 예가 된다. 또한 이 묘에 근접한 조양현 육가자공사(六家子公社) 동산대수(東山大隊) 동령강(東嶺崗)에서는 고조선 유물의 특징인 비파형동검이 출토된 바 있다.[75]

71 吉林省文物工作隊·集安文管所, 〈1976年集安洞溝高句麗墓淸理〉, 《中國考古集成》 東北卷 (兩秦至隋唐(二)), 北京出版社, 546~550쪽.

72 小泉顯夫·梅原末治·藤田亮策, 〈慶尙南北道忠淸南道古蹟調査報告〉, 《大正11年度古蹟調査報告》 第1冊, 朝鮮總督府, 1922.

73 윤내현, 앞의 책, 358~395쪽 참조.

74 윤내현, 《한국열국사연구》, 지식산업사, 1998, 297~326쪽 참조.

둘째는 나뭇가지를 뻗어 나가게 하고 그 끝에 나뭇잎 모양의 장식을 매단 점이다. 뻗어 올라간 나무줄기의 모습을 나타내는 양식은 소조달맹(고조선 중기에 해당)에서 출토된 청동으로 만든 칼집[76]에 새겨진 문양에서 보인다. 지금의 요령성에 위치한 소조달맹은 고조선의 영역이었다. 이 유적에서는 고조선의 특징을 갖는 청동투구와 청동장식단추, 비파형 동검, 부채 모양의 도끼 등이 출토되어, 이 유적이 고조선의 유적임을 알 수 있다. 또한 앞의 〈표 1〉에서 본 것처럼, 고조선 후기에서 고구려 초기에 속하는, 요령성 서풍현에 위치한 서차구 고묘(서기전 206년 ~ 서기전 70년 무렵)에서 여러 개의 청동 조각이 출토되었다. 이 또한 한민족의 유적으로, 이들 청동 조각에서도 나무가 뻗어 올라간 모습의 문양이 나타난다.

서차구 고묘는 동부여의 유적으로, 고조선 유적에서만 특징적으로 나타나는 세형동검을 비롯하여 청동장식단추와 청동방울이 발굴되었다. 뻗어 올라간 나무 모양의 끝 부분을 이처럼 새순이나 움 모양으로 장식하게 되면 금관의 나무줄기형이 가능하다. 줄기 끝 부분을 새순이나 움 모양으로 마무리한 형태는 금관뿐만 아니라 허리띠 장식과 마구 장식에서도 마찬가지로 나타나며, 고구려·백제·신라 유물의 특징을 보여주는 공통의 양식으로 자리 잡고 있다. 이상의 내용으로부터 나뭇잎 모양과 원형의 장식 양식은 고조선시대부터 줄곧 이어져 내려온 양식이며, 나무줄기형 장식도 고조선의 것을 계승한 양식임이 입증된다.

셋째는 머리에 바로 꽂을 수 있는 보요식이 아닌, 관에 꿰매거나 매달아 고정시키는 관 장식인 점이다. 왕자분산묘들의 태M8713에서 출토된 금제 보요식은 아래의 네 귀 부분에 모두 구멍이 뚫려 있어 관에 매달았던 것으로 추정된다. 따라서 이는 금관 장식으로 분류해야 할 것이다.

---

75 靳楓毅, 〈論中國東北地區含曲刃青銅短劍的文化遺存〉, 《考古學報》, 1982年 4期, 387~426쪽 참조.

76 李逸右, 〈內蒙昭烏達盟出土的銅器調査〉, 《考古》, 1959年 第6期, 276~277쪽.

이러한 관 장식으로부터 발전했을 것으로 보이는 고구려의 금관은 신라와 백제의 금관에 크게 영향을 주었다. 신라와 백제의 금관에서 보이는 금으로 만든 관 장식과 절풍, 원형과 나뭇잎 모양의 장식, 나무줄기 양식, 새순이나 움 모양의 끝마무리 장식, 곡옥과 새 장식 등은 고조선을 계승한 고구려의 금관 양식인 것이다. 곡옥과 새 장식은 한반도와 만주 지역의 신석기시대 유적에서부터 널리 보이고 있으므로, 이들 장식이 외부로부터 영향을 받은 것이라는 종래의 견해는 수정되어야 할 것이다.

고구려의 금관 장식은 주변 민족들에게도 큰 영향을 주었을 것으로 생각되는데, 그 대표적인 것이 요령성 북표현 서관영자(西官營子)에 위치한 북연(北燕) 풍소불(馮素弗)묘 출토의 금관 장식과 내몽고 자치구 달무기(達茂旗) 출토의 금관 장식이다. 요령성 북표현의 서관영자에 위치한 석곽묘는 북연 풍소불의 묘라고 밝혀졌다.[77] 풍소불은 오호십육국시대 후연의 모용운(慕容雲)을 이어 왕위에 오른 천왕 풍발의 동생이다.[78] 광개토대왕 17년(서기 408년)에 고구려는 사신을 보내 후연 왕 모용운에게 종족의 예를 베풀어 화친을 맺었다.[79] 모용운은 원래 고구려 사람으로 성이 고(高)씨였는데, 모용수(慕容垂)의 아들 모용보(慕容寶)가 태자로 있을 때 그를 양자로 삼아 모용씨 성을 하사했다. 그렇기 때문에 고구려에서는 그를 종족의 예로 대했던 것이며, 모용운은 이를 기쁘게 받아들였던 것이다. 이 처럼 후연이 갖는 고구려 혈통의 내용과 풍소불묘가 위치한 지역이 고조선의 영역이었다는 점을 볼 때, 풍소불묘에서 출토된 여러 유물들이 한민족 문화의 성격을 가지는 것은 당연하다고 하겠다. 발굴자들도 풍소불묘에서 출토된 유물 가운데 철로 만든 갑편과 철로 만든 말갑

---

77 黎瑤渤, 〈遼寧北票縣西官營子北燕馮素弗墓〉, 《文物》, 1973年 第3期, 2~28쪽.

78 《晋書》 卷125, 〈馮跋傳〉.

79 《三國史記》 卷18, 〈高句麗本紀〉, 廣開土王條.

옷 조각 그리고 말 등에 사용된 발걸이[鐙子]의 경우는 그 형태가 중국의 것과 달라 중국의 유물로 편입시키지 못하고 있다.[80] 철로 만든 갑옷 조각은 긴 장방형과 아래가 둥근 장방형을 주된 양식으로 하고 있는데, 이 같은 양식은 고조선과 이를 계승한 여러 나라 갑옷의 고유 양식이다.

또한 말갑옷은 한민족이 중국이나 북방 지역보다 약 2세기 정도 앞서기[81] 때문에 이는 고구려의 것으로 보아야 할 것이다. 철투구의 경우도 중국이나 북방 지역에서는 투구 전체를 주물로 떠서 만들었다. 풍소불묘에서 출토된 것처럼 장방형의 갑옷 조각을 연결하여 만든 철투구는 사용하지 않았던 것이다. 등자(鐙子)의 경우도 발굴자들은 지금까지 중국에서 출토된 등자 가운데 풍소불묘에서 출토된 것이 가장 이른 연대의 것이라고 했는데, 이는 중국의 등자 사용 연대가 고구려보다 늦기 때문이다. 풍소불묘에서 출토된 등자는 고구려 양식으로 된 고구려의 것이다. 그 밖에 은과 동으로 만든 허리띠 역시 끝 모습이 나뭇잎 모양으로 이루어져, 한민족의 고유 양식을 보여준다.

이상의 분석된 내용을 근거로, 북연의 문화는 고구려의 영향을 매우 깊게 받았거나 고구려의 것을 수입한 것이라고 할 수 있으며, 이는 금관 장식의 경우도 마찬가지이다. 따라서 풍소불묘에서 출토된, 나뭇잎 모양이 달린 금관 장식은 고구려의 것으로 분류해야 할 것이다.

위에 서술한 요령성 북표현 방신촌 출토의 금으로 만든 꽃가지 모양 장식과 비슷한 관 장식이 내몽고 자치구 달무기에서 출토되었다. 이 관 장식은 금으로 만들어졌는데, 하나는 소 머리 위에 뿔처럼 뻗어 나간 줄기 끝에 새순 또는 움 모양의 나뭇잎이 장식되어 있고, 또 다른 하나는 말 머리 위에 뿔이 나뭇가지처럼 뻗어 나가고 끝에 새순 또는 움 모양의

80   黎瑤渤, 앞의 글, 416~417쪽.
81   박선희, 앞의 책, 639~644쪽 참조.

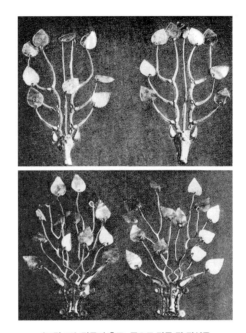

〈그림 22〉 달무기 출토, 금으로 만든 관 장식들

나뭇잎이 장식되어 있다(〈그림 22〉). 발굴자들은 이 유물이 북조시대(서기 420~588년)에 속하는 선비족의 것이라고 했다.[82] 이 유물은 북표현 방신 촌에서 출토된 관 장식과 비슷한 형식을 하고 있어, 선비족이 고구려 문화의 영향을 받아 만들었을 가능성이 있다. 위에서 서술했듯이, 한민족이 나뭇잎 모양의 장식을 생산하고 사용한 연대는 고조선시대부터이며, 중국이나 북방 지역에서는 장식단추나 원형 또는 나뭇잎 모양의 장식을 거의 하지 않았다.

　　따라서 선비족에게 갑자기 출현한 이 같은 관 장식은 고구려로부터 영향을 받은 것이라고 생각하지 않을 수 없는 것이다. 앞에서 살펴본 것

82　陸思賢·陳棠棟,〈達茂旗出土的古代北方民族金飾件〉,《文物》, 1984年 第1期, 81~83쪽.

처럼, 고구려의 관 장식은 나무줄기를 표현한 것이지만, 이 달무기의 관 장식은 소와 사슴의 뿔을 묘사한 형태이며, 나뭇잎 모양의 장식도 모두 위로 향해 있는 등, 고구려의 영향을 받은 선비족의 양식을 보여준다. 선비족은, 고구려 초기에는 중국에 따른 호시(互市)나 고구려와 우호적인 관계를 통하여 고구려와 접촉이 비교적 활발했다.

《후한서》의 〈오환선비동이전〉에 따르면, 동한 광무제(光武帝) 건무(建武) 25년(서기 49년) 이후 명제(明帝, 서기 57년)·장제(章帝, 서기 76년)·화제(和帝, 서기 89~104년) 시기에 오환과 선비족은 장기간 영성(寧城)에서 호시(互市)를 했다. 이 영성은 상곡(上谷)에 위치하는데, 상곡은 지금의 하북성 선화(宣化) 서북쪽으로 한(漢)시대의 유주(幽州)에 속하는 지역이다. 이를 확인할 수 있는 실제 예가 달무기(達茂旗)에 근접한, 내몽고 자치구 화림격이현에 위치한 동한 고분벽화의 영성도(寧城圖)인데, 여기에 "영시중(寧市中)"이라는 방제(榜題)가 보인다.[83] 이는 동한이 영성에 '호시'를 설치하고 북방 민족들과 무역과 왕래의 장소로 삼았음을 의미한다.

고구려는 고조선의 옛 땅을 수복하기 위한 목적으로 모본왕 때부터 미천왕 때까지 줄곧 지금의 요서 지역에 진출했는데, 동한 광무제에서 화제에 이르는 시기 유주 지역에 여러 차례 진출했다. 그러나 이 시기는 고구려가 요동 태수와 화친을 하여 국경을 정상화하거나 요동 태수에게 패하는 등 동한이 영성에 호시를 설치하는 것이 가능했던 시기로, 호시를 통하여 중국·선비족·고구려는 서로 영향을 주고받을 수 있었다.

우호적인 경우로는 《삼국사기》 〈고구려본기〉의 태조대왕조를 살펴볼 수 있다. 태조왕 69년(서기 122년)에 고구려는 선비의 군사 8,000여 명을 데리고 중국의 요동 지역을 공격하는 등 우호적인 접촉을 갖기도

83 內蒙古文物工作隊·內蒙古博物館, 〈和林格爾發現一座重要的東漢壁畫墓〉, 《文物》, 1974年 第1期, 8~23쪽.

했다. 이후 서기 3세기 말 무렵에 이르러 중국의 정권 내부가 혼란한 틈을 타서 중국 동북 지역에 거주하던 선비는 성장을 하게 되며, 줄곧 고구려를 침략하거나 화맹을 맺기도 했다. 이처럼 끝임없는 고구려와 선비의 접촉과 충돌은 선비가 고구려의 우수한 문화를 받아들이기 충분한 시간을 제공했을 것이다.

따라서 내몽고 자치구 달무기에서 출토된 금관 장식은, 아랫부분에서는 선비족의 양식을 보여주고 있으나, 윗부분에서 고구려의 고유 양식인 나뭇잎 모양의 장식을 보여줌으로써 고구려의 영향을 받았다고 추정할 근거를 준다. 더구나 내몽고 자치구 달무기에서 출토된 금관 장식과 북연의 풍소불의 묘에서 출토된 금관 장식은 모두 연대가 서기 5~6세기에 걸쳐 있다. 그런데 고구려의 금관 장식인 요령성 북표현 방신촌 출토의 금관 장식과 요령성 조양현 십이태향 원태자촌 출토 금관 장식 그리고 요령성 조양 전초구 출토의 금관 장식은 이보다 약 1~2세기 정도 앞서 출현한 것이므로, 달무기와 풍소불묘에서 출토된 금관 장식에 시간적으로 충분한 영향을 주었을 것으로 추정된다.

이상의 내용으로부터, 요령성의 여러 지역에서 보이는 고구려의 금관식들은 고조선을 계승한 고구려 관모 장식의 독창적 양식이 발전하고 성장하여 창조적으로 형성된 것으로, 주변국에 두루 영향을 주었음을 알 수 있다.

3. 금관의 고유 양식

고구려 금관으로 주목할 것은, 1990년부터 2003년까지 조사된 집안 고구려왕릉 조사 보고서에 실린 것으로, 우산묘구(禹山墓區) 광개토대왕 (서기 391~413년)릉 출토의 금으로 만든 절풍 두 개와(〈그림 23〉) 출토자들

〈그림 23〉 집안 우산묘구 광개토대왕릉 출토, 금으로 만든 절풍들

〈그림 24〉 광개토대왕릉에서 절풍과 함께 출토된 관 장식

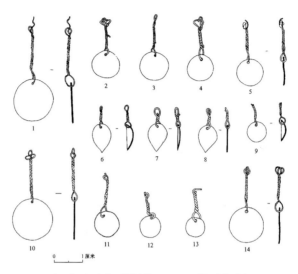

〈그림 25〉 광개토대왕릉 출토, 금으로 만든 달개 관식

이 봉황의 날개[鳳翅]라고 부른 금관식(〈그림 24〉)이다. 금으로 만든 이 절풍은 앞에서 설명한 식리총과 금관총 출토의 백화수피로 만든 윗부분이 각이진 절풍과 형태와 크기가 같다. 금으로 만든 절풍과 봉황 날개 관식에는 나뭇잎 모양 장식이 달려 있거나 달렸던 흔적이 보인다(〈그림 25〉, 〈그림 26〉). 또한 이보다 앞선 서기 4세기 중기의 마선(麻線) 2100호 무덤에서는 놀랍게도 천마총의 천마도를 연상케 하는 형상의, 유금(鎏金)을 입혀 만든 생동감 있는 말 모양 관 장식(〈그림 27〉), 금으로 만든 관테 둘레, 봉황새 관식(〈그림 28〉) 등이 금과 유금으로 만든 둥근 모양의 금제 달개장식들과 함께 출토되었다.[84] 중국의 발굴자들은 이것이 고구려 소수림왕(小獸林王, 서기 371~384년)의 무덤이라고 추정한다.[85] 발굴자들은 이

---

84 吉林省文物考古研究所 · 集安市博物館 編著, 《集安高句麗王陵－1990~2003年集安高句麗王陵調査報告》, 文物出版社, 2004, 167쪽.

85 같은 책 참조.

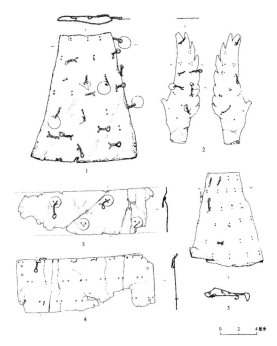

〈그림 26〉 광개토대왕릉 출토, 금으로 만든 절풍과 관식 및 관테 둘레 등의 장식

말 장식과 봉황새 장식을 관 장식일 것으로 보았다. 광개토대왕릉과 마선 2100호 무덤에서 출토된 이들 관과 관 장식 등은 고구려 왕이 썼던 금관의 양식을 훌륭히 보여주고 있다. 이를 좀더 자세히 살펴보자.

집안시 서쪽 마선향(麻線鄕) 홍성촌(紅星村) 남쪽에 위치한 마선 2100호 무덤 출토의 금관 관련 장식들의 내용은 다음과 같다. 마선 2100호 무덤은 이미 도굴된 무덤이지만, 위에서 설명한 말 모양의 장식이나 봉황새 장식과 함께 금과 유금으로 만든 다수의 관 장식 유물들이 출토되었다. 금과 유금으로 만든 달개장식들로는 금사로 연결된 둥근 나뭇잎 모양이 세 개가 달린 것과 한 개가 달린 것이 있으며(〈그림 29〉), 발굴자들이 규형(圭形) 보요식으로 분류하는 것과 함께 쓰였을 것으로 보이는 금모

〈그림 27〉 마선묘구 2100호 무덤에서 출토된 말 모양 장식

〈그림 28〉 마선묘구 2100호 무덤에서 출토된 봉황새 장식   〈그림 29〉 금제 달개장식

동정(金帽銅釘)과 금사(金絲) 등도 출토되었다.

　관 장식은 평면의 둥근 나뭇잎 모양과 둥근 우산 모양의 것 등이 있
다. 크기는 지름 2센티미터에서 0.45센티미터까지 다양한데, 0.55센티미
터, 0.75센티미터, 0.8센티미터 크기의 것도 있다. 유금을 입혀 만든 말
장식은 양면에 모두 흔들리는 달개장식을 했다. 이 말 장식의 전체 길이

〈그림 30〉 관테 둘레로 보이는 금제 관식 조각　　　　〈그림 31〉 꽃 모양 관식

는 8.5센티미터이고, 높이는 5.8센티미터이며, 두께는 0.1센티미터이다.

　유금으로 만든 나는 듯한 봉황새 장식은 같은 모양의 것이 두 개 출토되었다. 이 장식의 표면에는 달개장식을 달았던 흔적이 보인다. 발굴자들은 이 두 개의 장식이 서로 대칭되게 쓰인 관식이라고 보고 있다. 발굴자들은 봉황식의 길이가 3.6센티미터이고, 현재 남아 있는 상태에서 높이가 4센티미터라고 밝혔다. 한편, 또 다른 봉황식은 현재 남아 있는 상태에서 길이와 높이가 각각 2.9센티미터와 4.3센티미터라고 밝혔다. 고구려에서 왕관의 장식으로 말 장식과 새 장식을 만들어 쓴 것은, 고구려 본기의 시조 동명왕 탄생 신화에서 말과 새가 등장하여 큰 구실을 수행했던 내용을 형상화한 것일 가능성이 크다.

　관 장식들과 함께 관테 둘레 구실을 했을 것으로 생각되는 관식 조각(〈그림 30〉)도 출토되었다. 표면에는 세 줄로 교차된 원형의 모양이 도드라져 있고, 그 한가운데 표면에 삼각형 모양으로 세 개의 작은 구멍이 나 있다. 현재 남아 있는 상태에서 길이는 9.5센티미터이고, 폭은 3.5센티미터이다. 이 밖에도 관식과 함께 꽃 모양 장식(〈그림 31〉), 유화편식(鍮花片飾) 등이 출토되었다. 이들을 잘 조합해 조화를 이루도록 놓으면, 고구려 소수림왕이 썼던 금관이 훌륭하게 복원될 수 있을 것이다.

이상의 내용으로부터 보건대, 지금까지의 출토물로 미루어 우리나라에서 관 전체를 금으로 만들기 시작한 때는 적어도 소수림왕 재위 기간(371~384년)인 서기 4세기 무렵으로, 신라에서 금관을 만든 서기 5세기보다 1세기 정도 앞선 것으로 판단된다. 그러면 소수림왕 시기에 관 전체를 금으로 만든 금관이 어떻게 출현하게 되었는지, 그 배경을 살펴보자. 고구려 왕이 관 전체를 금으로 만든 금관을 쓰기 시작한 복식 제도의 변화는 고구려 사회의 변화와 발전의 모습에서 찾아야 할 것이다.

소수림왕이 즉위하기 바로 전해인 서기 370년(고국원왕 40년)에 전연(前燕)은 전진(前秦)에게 멸망했는데, 이때 고구려와 전진의 연합군에 패퇴한 전연의 태부(太傅) 모용평(慕容評)이 고구려로 도망쳐 오자 이를 붙잡아 전진에 보냈다.[86] 이와 같이 고구려는 전연 세력을 축출하고 요서까지 진출하여 '유주(幽州) 13군'을 설치했다. 당시 고구려와 전진은 마찰이 없었고, 고구려는 우호적인 태도를 취했다. 이러한 화친 관계가 계속되어, 소수림왕 2년(서기 372년)에는 전진의 왕 부견이 사신과 불교 승려 순도(順道)를 고구려에 보내 불상과 경문을 전하기도 했다.[87] 고구려의 평화적인 대외적 상황과 함께, 대내적으로는 소수림왕의 불교 공인과 태학 설치 그리고 율령의 반포로 고대국가로서 종교적 기반과 내정의 완비를 이루게 되었다. 이러한 고구려의 대내외적인 정치적 발전 상황은 고구려의 남진 정책에 크게 도움이 되었을 것이다.

고구려는 소수림왕 5년(서기 375년)에 지금의 황해도 신계군에 위치한 백제의 수곡성(水谷城)을 치고, 그 다음 해에도 백제의 북부 국경을 침

---

86 《三國史記》卷18, 〈高句麗本紀〉, 故國原王條. "四十年, 秦王猛伐燕, 破之, 燕太傅慕容評來奔, 王執送於秦."

87 《三國史記》卷18, 〈高句麗本紀〉, 小獸林王條. "二年, 夏六月, 秦王符堅遣使及浮屠順道, 送佛像·經文, 王遣使廻謝, 以貢方物."

공했다.[88] 백제는 서기 377년에 3만 명의 군사로 고구려의 평양성을 침공했는데, 고구려도 백제를 침공하는 한편 전진에 사신을 보내 화친을 유지했다.[89]

이러한 여러 정황으로 볼 때, 소수림왕 시기는 영토 확장에 따른 중앙집권적 국가 제도를 정비한 시기이며, 줄기차게 왕권을 강화하면서 남진 정책의 기반을 마련한 시기이기도 하다. 따라서 왕권의 기반을 더욱 공고히 하는 이 시기에, 상징적 의미로서 관 전체를 금으로 만든 금관을 만들기 시작했을 것이다. 따라서 소수림왕 시기의 금관은 국가 지배 체제의 정비와 함께 중앙집권의 강화라는 정치·사회적 배경 속에서 출현한 것이라 하겠다. 금관은 이후 광개토대왕 시기로 이어진다. 실제 고고학 출토 자료로 이러한 사실을 확인해보자.

집안시에서 서쪽으로 약 4킬로미터 떨어진 곳에 위치한 광개토대왕릉에서도 금과 유금으로 만든 관과 관 장식들이 출토되었다. 광개토대왕릉도 마선구 무덤처럼 이미 도굴되기는 했지만, 금과 유금으로 만든 여러 종류의 보요식과 함께 다양한 관의 부속물들이 출토되었다. 유금으로 된 것들은 먼저 동편(銅片)으로 만들고 다시 전체에 유금을 입힌 것이다. 이렇게 하는 것이 장식물을 금으로만 만드는 것보다 더 견고하기 때문일 것이다.

금으로 만든 것은 주로 작은 관 장식이다. 1~3개의 원형과 나뭇잎 모양 달개장식이 달린 것 등(〈그림 32〉), 그 모양이 다양하고 규격 또한 일정하지 않다. 같은 원형의 나뭇잎 모양 달개장식도 어떤 것은 겉면이 솟았는가 하면, 어떤 것은 평평하다. 또한 원형이나 나뭇잎 모양 달개장식

---

88 《三國史記》卷18,〈高句麗本紀〉, 小獸林王條. "五年,…… 秋七月, 攻百濟水谷城." "六年, 冬十一月, 侵百濟北鄙."

89 《三國史記》卷18,〈高句麗本紀〉, 小獸林王條. "七年, 冬十月,…… 百濟將兵三萬, 來侵平壤城, 十一月, 南伐百濟, 遣使入苻秦, 朝貢."

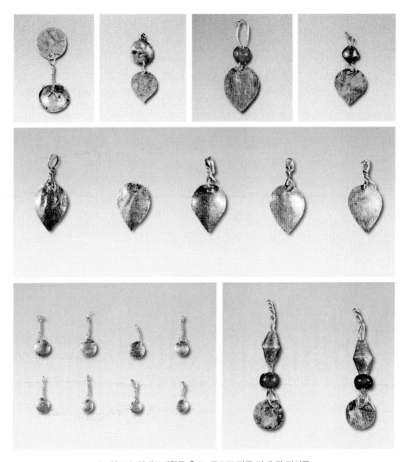

〈그림 32〉 광개토대왕릉 출토, 금으로 만든 달개 관 장식들

윗부분의 줄기에 해당하는 곳에 붉은색 구슬이 마름모꼴의 금구슬과 연결된 것이 있는가 하면, 붉은색 구슬과 함께 흰색 구슬이 마름모꼴의 금구슬과 연결된 것도 있으며, 둥근 모양의 금구슬을 만들어 연결한 것도 있다. 이것들과 함께 지름이 0.2밀리미터가 채 안 되고 표면에 요철문양이 새겨진 금사(金絲)도 출토되었다(〈그림 33〉).

〈그림 33〉 마선묘구 2100호 무덤에서 출토된 0.2mm가 채 안 되는 금사

　이 무덤에서 출토된, 유금으로 만들어진 물건들은 대부분이 장식품인데, 머리 장식과 옷 장식 및 말과 마차의 장식품들이었다. 이미 도굴되어 손실과 파손이 크지만, 남아 있는 것 가운데 달개장식이 468개로 가장 많은 양이었다. 여기서 주목할 것은, 위에서 설명한 바와 같이 윗부분이 각이 진 같은 양식의 절풍 모양 유금관 두 개(앞의 〈그림 23〉 참고)가 출토된 것이다. 발굴자들은 이를 보요관으로 분류하고 있으나, 잘못이다. 이렇게 잘못 분류하는 것은, 상투만을 가릴 정도의 작은 절풍을 쓰는 풍습이 고구려에 있다는 것을 몰랐기 때문이다.

　중국에서는 서한시대에 물총새 깃을 늘어지게 꽂은 보요관과 그 밖에 황금으로 만든 보요를 꽂은 보요관을 사용했다. 동한 이후로 오면 보요관식이 더욱 성행하여 궁중에서 황후와 귀족들이 사용하게 되었는데, 황후의 경우 묘를 참배할 때 가발을 얹은 머리 위에 비녀를 꽂고 금으로 만든 보요를 더 꽂아 머리 위에 늘어뜨리기도 했다. 그러므로 보요관식은 관에 꽂았던 관식이 아니라 앞머리에 장식한 머리 장식으로 분류되어야 할 것이다. 이 같은 머리 장식은 중국에서 위진남북조시대부터 유행하기 시작하여 수당시대로 이어진다. 그러나 고구려의 머리 장식에는 이같은 양식이 나타나지 않는다.

　〈그림 23〉의 위에 있는 절풍을 보면 표면에 가로로 7열의 구멍이

쌍으로 뚫려 있는데, 표면에 나 있는 구멍은 모두 54쌍이다. 이 쌍으로 된 구멍에 금사를 꼬아 나뭇가지처럼 만들고, 그 끝에 둥글고 얇은 나뭇 잎 모양의 장식을 흔들리게 달았다. 현재 관에는 20개의 가지와 6개의 나뭇잎 장식이 남아 있다. 이 절풍의 둘레는 윗부분이 아랫부분보다 좁 은데, 상단의 폭은 13.5센티미터이고 하단의 폭은 23센티미터이다. 둘레 에는 고정시킬 수 있는 작은 못 구멍 세 개가 뚫려 있고, 전체 높이는 14 센티미터이다.

〈그림 23〉의 아래에 있는 절풍의 경우도 표면에 가로로 7열의 구멍 이 쌍으로 뚫려 있으며, 열마다 9조로 되어 있다. 현재 관에는 나뭇가지 만 다섯 개가 남아 있고, 나뭇잎 모양의 장식은 모두 손실되어 달려 있는 것이 없다. 절풍의 상단 폭은 11.6센티미터이고 하단 폭은 21.2센티미터 이며 높이는 10.2센티미터로, 위에 있는 절풍보다 약간 작은 편이다.

이 〈그림 23〉의 절풍들은 그 크기로 보아 상투만 가릴 수 있는 것으로, 제1장에서 서술했던 천마총과 금령총 출토의 자작나무껍질로 만든, 윗부분이 둥글거나 각이 진 절풍과 거의 같은 종류와 크기의 것들이다. 천마총 출토의 윗부분이 둥근 절풍 모양 관모는 높이가 17센티미터이고 하단 폭이 20센티미터이며, 윗부분이 각진 관모는 높이가 14.5센티미터 이고 상단 폭이 9센티미터, 하단 폭이 17.5센티미터, 관테 둘레의 목이 3 센티미터이다. 금령총 출토의 자작나무껍질로 만든 절풍 가운데 윗부분 이 둥근 관모는 높이가 20센티미터 정도이고 하단 폭이 21.1센티미터 정 도이며, 윗부분이 각이 진 모자는 높이가 12.1센티미터이고 하단 폭이 18.2센티미터이다.

이 같은 내용으로 볼 때, 광개토대왕릉에서 출토된 〈그림 23〉의 절 풍은 실제로 사용했던 관이라는 사실이 다시금 확인된다. 이 절풍과 함 께 출토된, 발굴자들이 봉황의 날개로 분류한 장식 한 쌍(〈그림 24〉)을 보 자. 장식의 윗부분에는 세 개로 이루어진 구멍이 여러 부분 뚫려 있고,

양면으로 나뭇가지를 만들어 둥근 나뭇잎 모양의 달개장식을 흔들리게
달았다. 아랫부분에는 한 개로 이루어진 구멍이 몇 군데 뚫려 있고, 가장
아랫부분에는 한 구석에 큰 구멍이 하나씩 뚫려 있어 다른 부분과 연결
하는 부위였던 것으로 보인다.

날개 장식의 길이는 12.4센티미터이고 넓이는 4.4센티미터이며 두
께는 0.05센티미터이다. 날개 장식에 달려 있는 나뭇가지는 두 개의 금
실을 꼬아 만들었는데, 길이는 1.2센티미터이고, 평평한 원형의 나뭇잎
모양 장식은 지름이 0.8센티미터이다. 또한 발굴자들은 대형보요(帶形步
搖)로 구분했으나, 관 테두리로 쓰였을 것으로 생각되는 긴 조각 네 개가
출토되었다(〈그림 34〉~〈그림 37〉). 이 가운데 〈그림 34〉는 길이가 37.4센
티미터이고 넓이가 3.5센티미터로, 겉면에는 장식을 달았던 자리 14개
가 보이고 두 줄로 배열되어 있다. 네 모서리에는 작은 구멍이 있다. 나
뭇잎 모양의 달개장식 하나가 남아 달려 있는데, 나뭇가지의 길이는 1.4
센티미터이고 나뭇잎의 길이는 2.3센티미터이다. 이들 관 테두리와 함
께 많은 원형(〈그림 38〉) 또는 꽃 모양(〈그림 39〉)의 금제 나뭇잎 달개장식
이 출토되었다. 이 밖에도 관모의 일부분이나 관 장식으로 쓰였을 많은
장식과 유금으로 만든 조각들이 출토되었다. 이러한 여러 장식들을 잘
조합하면 고구려 광개토대왕이 썼던 금관을 복원할 수 있을 것이라 생각
한다.

그러므로 지금까지 출토된 유물로 볼 때, 고구려에서는 고국원왕
때까지 관 테두리만을 금으로 한 백라관을 썼고, 이후 소수림왕 때부터
절풍 전체를 금으로 만들고 관테 둘레와 장식을 더한 금관을 만들어 쓰
기 시작했음을 알 수 있다. 또한 앞에서 설명했던 4세기 소수림왕 때의
말과 새 형상으로 장식된 금관으로부터 5세기 광개토대왕 때의 금으로
만든 새 날개 또는 새 깃 모양만으로 장식된 금관으로 어떻게 바뀌어갔
는지, 고구려 금관의 변천사를 정리해볼 수 있다.

〈그림 34〉 광개토대왕릉 출토, 금으로 만든 관테 둘레 1

〈그림 35〉 광개토대왕릉 출토, 금으로 만든 관테 둘레 2

〈그림 36〉 광개토대왕릉 출토, 금으로 만든 관테 둘레 3

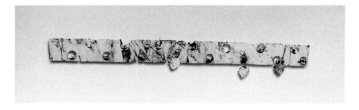

〈그림 37〉 광개토대왕릉 출토, 금으로 만든 관테 둘레 4

이상의 내용을 통해 고구려는 4세기 말부터 금관을 만들기 시작했음을 알 수 있고, 고구려의 영향을 받은 신라는 대체로 5세기 초부터 금관을 만들기 시작한 것으로 추정된다. 고구려 금관에 보이는 절풍의 형

〈그림 38〉 광개토대왕릉 출토, 원형 달개장식들

〈그림 39〉 광개토대왕릉 출토, 꽃 모양 달개장식들

태나 그 위에 달려 있는 원형과 나뭇잎 모양의 달개 양식 등이 신라 금관에 모두 그대로 나타나고 있어 더욱 그러하다. 단지 고구려 지역에서 출토된 금관과 금동관들이 고구려의 건국 신화를 형상화하고 있듯이, 신라의 금관과 금동관도 건국 신화의 하나인 김알지 신화를 형상화하고 있다는[90] 점에서 차이가 날 뿐이다. 고구려와 신라 모두 고조선을 계승해 같은 양식의 모자를 써오다가, 고구려가 4세기 무렵부터 모자와 장식 전체를 금으로 만든 금관을 쓰기 시작하자 신라가 고구려의 영향으로 금관을 만들기 시작했던 것이다. 신라가 금관을 만들게 된 까닭은 제4장에서 논하고자 한다.

고구려와 백제 및 신라와 가야의 금관과 금동관은 모두 고조선시대부터 오랫동안 널리 써왔던 절풍을 기본형으로 하고 있어, 우리나라 금관의 기본 양식은 고조선으로부터 비롯되었음을 알 수 있다.

---

90   임재해, 〈왜 지금 겨레문화의 뿌리에 주목하는가?〉, 《比較民俗學》 제31집, 比較民俗學會, 183~241쪽.

고조선에서는 청동장식단추를 의복뿐만 아니라 모자나 신발 또는 활집 등 복식의 여러 부분에 다양하게 사용했다. 부여에서도 금과 은으로 모자를 장식했다. 이는 중국이나 북방 지역에서는 볼 수 없는 화려하고 높은 수준의 복식 양식이다.

이후 원형과 나뭇잎 모양의 장식단추로 만든, 한층 발달된 문양이 담긴 양식들이 복식에 다양하게 쓰였으며, 이것으로 마구 등을 장식하는 것은 고구려·백제·신라에서 공통적으로 볼 수 있다. 나뭇잎 모양의 문양은 고조선 초기부터 나타나는데, 이는 중국이나 북방 민족의 복식에서는 찾아볼 수 없는 화려하고 높은 수준의 양식이다. 나뭇잎 모양의 문양은 한민족이 북방 민족들과 청동기 문화를 같이하면서도 그들만의 문양을 갖고 있었음을 말해주는 것으로, 민족의 뿌리를 달리하고 있다는 증거가 될 수 있을 것이다.

제4장

신라와 가야 금관의
유형과 고유 양식

1. 금관의 구조와 관모 장식

앞의 제2장 1절에서 고대 한국의 관모는 변에서 변형되어 절풍과 책으로 발전해갔다는 사실을 밝혔다. 절풍은 A와 B의 형태(제2장의 〈그림 29〉과 〈그림 30〉 참고)가 이중 구조를 이룬 모습으로, 겉 부분의 B가 변하여 책으로 발전한 과정을 추론했다. 겉 부분의 B가 더 장식화해 금관의 테두리로 바뀌었을 것이다. 금관은 겉에 썼던 금관과 속에 썼던 절풍이 함께 발견되는 경우가 있어, 일반적으로 이것들을 내관과 외관으로 설명한다. 왕이나 귀족의 경우에는 누구나 기본적으로 절풍을 썼다. 벼슬이 있는 자는 새 깃 장식을 달고 왕인 경우는 그 위에 B의 구실을 한 장식이 있는 부분을 더 쓴 것으로 보아야 할 것이다.

A와 B가 하나의 구성물로 이어져 있었음을 보여주는 좋은 예가 신라 금관 아랫부분에 세 줄로 뚫려 있는 구멍들이다. 예를 들어, 금관총의 관테(〈그림 1〉)와 천마총의 관모 아랫부분(〈그림 2〉)에 보이는 빈 구멍이 그것인데, 이는 다른 금관들의 경우와 마찬가지로 절풍의 모습을 한 A와 장식이 더해진 B 부분을 덧붙여 연결하기 위한 구멍이었을 것으로 추정된다. 이를 제작자의 실수 때문일 가능성으로 보거나, 끈을 아래로 드리우기 위한 것이라고 보는 것[91]은 잘못이다. 그러므로 A와 B가 하나로 만들어진 것이 금관의 구조이며, 내관과 외관으로 구분하는 것도 옳지 않다고 생각한다. 또한 실제 출토물에서 A를 설명할 때 "크기가 모두 매우 작고 너비가 너무 좁아 머리에 쓰기에는 도저히 불가능하다"고 분석하는데,[92] 이 역시 잘못이다. 이 A 부분은 정수리로 틀어 올린 상투를 덮는 것이라 그 크기가 작으며, 그 위에서 덧관으로 불리는 B가 고정 장치 구

---

91   이한상, 《황금의 나라 신라》, 김영사, 2004, 81~82 · 122~123쪽.
92   같은 책, 28쪽.

〈그림 1〉 금관총 관테의 부분

실을 했던 것이다.

그러면 우리나라에서 금관은 언제, 어떻게 만들어지기 시작했을까? 위에서 금속으로 만든 절풍과 관식이 출토된 고분들의 연대가 대부분 서기 4세기에서 5세기 말로 편년된다는 점과, 서기 4세기 중엽에 속하는 안악 3호 고분벽화의 주인공이 왕이면서도 금관을 쓰지 않은 점으로 미루어, 서기 4세기 중엽까지는 금관이 출현하지 않았다고 보아야 할 것이다.

중앙아시아에 위치한 틸리아−테페(Tillya-Tepe) 유적에서는 박트리아시대에 제작된, 서기전 1세기에서 서기 2세기에 해당하는 금관(제1장의 〈그림 7〉 참고)이 그리스 문화의 영향을 받은 다른 순금 제품들과 함께 발

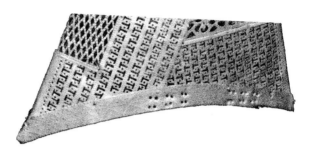

〈그림 2〉 천마총에서 출토된 절풍의 아랫부분

굴되었다. 김병모는 이 금관이 신라 금관보다 만들어진 시기가 앞선다는 이유로 신라 금관의 조형(祖形)이 될 수 있다고 주장했다.[93] 그림에서와 같이 수엽이 많이 달린 장식은 고조선의 장식단추의 양식과 비슷하다. 그러나 이러한 고조선의 장식단추 양식은 이미 고조선 초기부터 보이기 시작한다.

　박트리아 금관에서 수엽이 달린 구조물은 고구려나 신라 또는 백제 금관에서 주로 보이는 것처럼 나무줄기를 표현한 것이 아니라, 나무를 표현한 것이다. 관테에도 신라의 금관에는 적당한 양의 수엽과 곡옥이 단아하게 장식되어 있거나 고조선의 양식을 계승한 장식단추 꾸밈을 하고 있지만, 박트리아 금관은 곡옥 대신 붉은색과 푸른색의 보석을 중심에 박은 꽃 모양의 장식을 수엽과 함께 어지럽게 치장했다. 이 같은 내용들은 틸리아-테페 유적에서 출토된 금관을 신라 금관의 조형으로 단정할 수 없게 한다.

　그리고 기원전 2세기 또는 1세기로 이야기되는, 흑해 북안의 로스토프 지역 노보체르카스크 호흐라치 무덤군에서 출토된 사르마트 여성묘 출토 금관이 신라 금관에 표현된 요소와 동일한 도안을 하고 있다며

93　　김병모, 《금관의 비밀》, 푸른역사, 1998, 39～41쪽.

주장하기도 한다. 그러면서, 이 금관에는 나무와 사슴이 사실적으로 묘사되어 있는데, 신라 금관에 표현된 나뭇가지나 사슴뿔의 상징성을 이해하는 데 도움이 될 것으로 보았다.[94] 즉, 자작나무가 많이 자라는 시베리아에서 그 나무를 신성시하며 생명수로 여겼다는 점에 주목한 것이다. 또한 시베리아에서는 사슴이 중요한 식량원이고 그 때문에 제사장들이 머리에 사슴뿔을 장식하는 경우가 있는데, 사슴뿔 형태를 안테나와 관련지어 하늘의 정령을 받는 장치로 이해할 수 있을 것이라고 해석한 내용을[95] 예로 들어가며, 이러한 장식을 도안화·간략화하면 신라 금관에 표현된 장식처럼 형식화할 수 있을 것이라는 생각에까지 이르렀다.[96]

게다가 운남성 진령(晉寧) 석채산(石寨山)에서 출토된, 춤추는 네 사람의 모양을 표현한 전인(滇人) 금동상에 보이는 모자 장식이 신라 금관의 세움장식과 관련 있을 것이라고 추정했다.[97] 그러나 중국의 복식 연구자들과 고고학자들은 높은 관을 쓰고 제사 의식에서 매우 긴장된 모습으로 춤추는 이 사람들의 신분을 낮은 계층으로 보았고, 높은 관 위의 세움장식 끝에 있는 둥근 모양을 화구(花球)라고 했을 뿐이다.[98] 게다가 높은 관의 뒷부분에는 두 가닥의 긴 천이 머리에서 발끝까지 길게 드리워 있기 때문에(제1장의 〈그림 9〉 참고) 신라 금관의 양식과 전혀 무관하다. 이처럼 낮은 신분의 전인이 춤출 때 쓴 관의 양식을 왕권의 상징인 신라 금관과 연관시키는 것은 큰 모순이다.

아프가니스탄 금관에는 다양한 색상의 보석이 장식된, 금으로 만든

94   이한상, 앞의 책, 82쪽.

95   김열규, 《한국고대문화와 인접문화와의 관계》, 정화인쇄문화사, 1981, 299~309쪽.

96   이한상, 앞의 책, 83쪽.

97   같은 책, 52~53쪽.

98   沈從文, 《中國古代服飾研究》, 上海出版社, 1997, 114~115쪽 ; 陳麗琼 · 馬德嫻, 〈雲南晉寧石寨山古墓群清理初記〉, 《文物》, 1957年 第4期, 57~59쪽.

꽃이 여러 송이 붙어 있는 것이 특징이며, 사르마트 금관에는 관테 둘레를 흰색 구슬과 금구슬로 계속 연결시켰고 여인상과 함께 붉은색 보석으로 크게 장식한 것이 특징이다. 이것들은 모두 신라 금관의 여러 양식들과 너무나 거리가 멀다. 특히 신라 금관이 갖는 큰 특징인 곡옥도 전혀 찾아볼 수 없다.

양식이 다른 북방 민족들의 관을 신라 금관과 관련이 있는 것으로 연결시키는 또 다른 이유는 고분의 구조 때문이다. 즉, 신라 금관이 출토된 고분의 구조가 적석목곽분으로, 시베리아와 알타이 그리고 몽골 지방의 무덤 구조와 같다고 보는 것이다.[99]

지금까지 제시된 신라 적석목곽분의 기원에 관한 견해는 크게 두 유형으로 분류된다. 하나는 신라 적석목곽분의 특징적 구조인 적석과 목곽을 따로 분리하여 각각의 기원을 내부의 선행묘제에서 찾는 계통관이다. 다른 하나는 신라 적석목곽분의 원류를 멀리 북방아시아에서 찾는 것이다. 신라 적석목곽분의 계통을 처음으로 연구한 이는 우메하라 스에지(梅原末治)이다. 그는 신라 적석목곽분의 목곽은 낙랑군시대의 목곽분에서 왔으며, 적석은 대구 대봉동 지석묘[100]와 같은 적석지석묘에서 왔다고 보았다.[101]

적석과 목곽을 각각 분리해서 분석한 계통관은 이후 계속 수정이 가해졌다. 신라 적석목곽분은 대구 대봉동형 변형 고인돌의 지하 구조, 그리고 경주 토광묘의 목곽을 도입하면서 생긴 무덤 형식이라고 보기도 했다.[102] 또는 신라 적석목곽분이 남하한 고구려의 적석총에 토관목곽묘

99 김병모, 앞의 책, 20쪽.

100 藤田亮策, 〈大邱大鳳町支石墓調査〉, 《昭和十一年度古蹟調査報告》, 1937.

101 梅原末治, 〈慶州金鈴塚飾履塚發掘調査報告〉, 《大正十三年度古蹟調査報告》 第一册, 1932, 264~268쪽.

102 박진욱, 〈신라무덤의 편년에 대하여〉, 《고고민속》, 1965년 4기.

의 목곽이 결합되어 나타났다고 보기도 하고,[103] 고구려의 적석총이 남부 지방의 토광목곽묘에 영향을 미쳐 나타났다고 보기도 한다.[104] 이러한 견해들과 달리 신라 적석목곽분의 원류를 시베리아 분묘의 구조에서 찾아야 한다면서,[105] 경주의 적석목곽분이 시베리아 스텝 목곽분의 마지막 형태라고 주장하는 이도 있다.

이러한 견해들은 시베리아 지역에서 돌무덤이 발견되므로 당연히 돌무덤은 시베리아에서 유래했다는 '북방 전래설'을 따른 결과이다. 그러나 근래의 고고학적 성과는 시베리아 기원설이 크게 문제가 있음을 확연히 보여준다. 만주 지역의 동이족 문화인 홍산문화(紅山文化)에서 발견되고 있는 돌무덤의 축조 시기가 기원전 3000년을 훨씬 상회하는 데 견주어, 시베리아 적석묘의 축조 시기는 기원전 2500∼1200년 무렵으로 추산되기 때문이다. 이는 홍산문화의 돌무덤 양식이 시베리아로부터 몽골과 만주 지방을 거쳐 한반도로 내려왔다는 기존의 학설에 모순이 있음을 단적으로 보여준다.

더구나 홍산문화 지역을 지나는 대릉하 유역은 지리적으로도 시베리아 지역보다 가깝다. 이 같은 사실들은 돌무덤의 기원지가 시베리아가 아닌 동이 지역임을 말해준다.[106] 아울러 한반도에서 발견되는 돌무덤의 기원 역시 만주의 동이 지역일 가능성을 보여준다. 일반적으로 돌무덤이 고인돌로, 이것이 다시 고구려의 적석총과 같은 무덤 양식으로 바뀌었다고 추정하고 있다. 즉, 고구려의 고분은 만주 지역의 한민족 문화를 그대

---

103   姜仁求,〈신라 積石封土墳의 구조와 계통〉, 서울대학교 인문대학 국사학과 편,《韓國史論》7, 1981, 3∼68쪽.

104   崔種圭,〈中期古墳의 性格에 대한 약간의 考察〉,《釜大史學》第七輯, 부산대학교 사학회, 1983, 1∼45쪽.

105   金宅圭 · 李殷昌,《鳩岩洞古墳發掘調査報告》, 1978, 135쪽 ; 崔秉鉉,〈古新羅 積石木槨墳 研究─墓型과 그 性格을 중심으로〉,《韓國史研究》31, 1980, 6∼7쪽.

106   이형구,《발해연안에서 찾은 한국고대문화의 비밀》, 김영사, 2004, 95∼102쪽.

로 계승한 것이고, 다소 양식의 차이는 있으나 후대에 신라의 적석목곽분으로 이어진다고 하겠다. 따라서 고분의 구조로 신라 금관과 양식이 다른 북방 민족의 관을 서로 관련 있다며 연결시킬 수는 없을 것이다.

그러면 신라의 금관은 언제, 어떠한 과정을 거쳐 만들어졌을까? 신라 금관의 속관은 절풍을 그대로 금으로 만든 경우이므로, 우선 금속으로 만든 절풍과 관 장식을 살펴보자. 양산 부부총에서는 앞에서 말한 백화수피로 만든 절풍 외에 윗부분이 둥근 금동절풍과 절풍에 꽂았던 새 날개 모양의 금동 장식 등이 출토되었다. 금동관의 안쪽은 녹색의 능(綾)을 붙였던 흔적이 남아 있다. 백화수피로 만든 관의 조금 윗부분에서는 사(紗)로 만든 모자 조각들이 출토되었다. 발굴자들은 이 금동제 절풍의 크기를 밝히지 않았다.

금동으로 만든 새 날개 모양의 장식을 꽂은 절풍의 앞부분에는 금동으로 만든 얇은 판이 절풍의 중간까지 둘러싸고 있는데, 물고기 비늘 모양과 파상문으로 되어 있다. 새 날개 모양의 꽂음 장식에는 원형으로 흔들리게 매단 장식이 3줄씩 나란히 같은 간격으로 날개 모양을 따라 올라가고 있다.

황남동 제98호 고분 남분에서도 윗부분이 둥근 모양의 은제 절풍이 나왔는데, 높이가 18센티미터이고 기부 폭은 17센티미터이다. 황남동 제98호 고분 남분에서는 새 날개 모양의 은제 관 장식 세 개가 나왔는데, 이는 양산 부부총에서 자작나무껍질로 만든 절풍과 함께 출토된 새 날개 모양의 관 장식과 비슷하다. 천마총에서는 윗부분이 둥근 금제 절풍과 절풍에 꽂았던 새 날개 모양의 금 장식 등이 출토되었다. 금으로 만든 절풍은 하부 폭이 17.6센티미터이고 높이가 17.2센티미터이다.

익산 입점리에서도 금동으로 만든, 윗부분이 둥근 모양의 절풍이 출토되고, 나주 반남리에서도 금동으로 만든 절풍이 관 장식과 함께 출토되어, 백제에서도 고구려나 신라와 같은 관모의 양식을 지녔던 것으로 확인된다. 익산 입점리에서 출토된 금동절풍은 겉면을 물고기 비늘 모양으로 만든 것이 특이하며, 관모 뒷면에 부착된 금동 장식은 속을 대롱같이 빈 공간으로 처리했다. 크기는 하부 길이가 15.3센티미터, 하부 폭(잔존)이 7.5센티미터, 높이가 13.7센티미터이다.

　그 밖에 각형(角形) 관모 장식이 주목된다. 각형 관 장식을 꽂은 관모는 고구려 고분벽화 가운데 삼실총 제2실 서벽에 있는 갑옷을 입은 무사와 제1실 북벽에 보이는 갑옷을 입은 무사에게서 보인다. 또한 쌍영총의 갑옷을 입은 기마무사에서도 보인다. 《일본서기(日本書紀)》에서는 "…… 어간성천황(御間城天皇) 때 뿔이 있는 사람이 배 한 척을 타고 월국(越國)의 사반포(笥飯浦)에 정박했다. 고로 그곳을 각록(角鹿)이라고 한다. '어느 나라 사람인가'라고 물으니, 의부가라(意富加羅, 大加羅, 지금의 金海)국의 왕자이고, 이름이 도로아아라사등(都怒我阿羅斯等), 다른 이름이 우사기아이질지간기(于斯岐阿利叱智干岐)라 한다"[107]고 했다. 이러한 내용들은 가야에서도 각형 관 장식을 꽂은 관모를 썼음을 알려준다. 가야에서 사용한 각형 관 장식은 아마도 다음 〈표 1〉에 보이는, 금관총 출토의 금으로 만든 각형 관 장식 또는 천마총 출토의 금으로 만든 각형 관 장식과 비슷하거나, 가야의 것으로 추정되는 창녕 출토의 긴 세움장식이 꽂힌 금동절풍 관모(〈표 1〉의 〈그림 21〉)일 가능성이 크다. 가야는 서기 4세기 무렵에, 북쪽으로는 낙동강 상류 유역인 상주와 선산 일대, 동쪽으로는 대구·창녕·일양·양산·부산·김해 일대를 경계선으로 삼을 만큼 매우 넓은 지역을 차지해 가장 강성함을 보여주었다.[108] 따라서 창녕에서 출토된 금

107　《日本書紀》卷第6, 垂仁天皇 2年條. "…… 御間城天皇之世, 額有角人, 乘一船, 泊于越國笥飯浦. 故號其處曰角鹿也. 問之曰, 何國人也. 對日, 意富加羅國王之子, 名都怒我阿羅斯等. 亦名曰于斯岐阿利叱智干岐."

108　《三國遺事》卷2, 〈紀異〉, 駕洛國記；《新增東國輿地勝覽》卷32, 〈金海都護府〉, 山川條；조희승, 《가야사연구》, 사회과학출판사, 1994, 29～37쪽；李明植, 〈大伽耶의 歷史·地理的 環境과 境域〉, 《伽耶史研究-대가야의 政治와 文化》, 경상북도, 1995, 83～88쪽.

동절풍 관모는 이 시기에 만들어졌을 가능성이 크다. 이러한 내용들을
정리하면 다음 〈표 1〉과 같다.

출토지	설명	절풍과 세움장식의 모습
익산 입점리	윗부분이 둥근 금동제 절풍으로, 뒷부분에는 길이가 긴 장식이 달려 있다.[109]	 〈그림 3〉
황남동 제98호 고분 북분	모부는 부패되어 남아 있지 않고, 은제 조익형 세움장식이 출토되었다.[110]	 〈그림 4〉
황남동 제98호 고분 남분	윗부분이 둥근 은제 절풍과 금제 조우형 세움장식이 출토되었다.[111]	 〈그림 5〉

109   문화재연구소, 《익산 입점리 고분 발굴조사 보고서》, 1989.

110   경주사적관리사무소, 〈銀製 冠飾〉, 《경주 황남동 제98호 고분 발굴 약보고》, 1974 ; 金正基 外, 《皇南大塚(北墳)》, 1985.

111   문화재관리국, 《경주 황남동 제98호 고분 발굴 약보고》, 1976, 21·59쪽 및 도판 32 참조.

〈그림 6〉

황남동 천마총

윗부분이 둥근 금제 절풍과 금제 조우형 세움장식이 금제 녹이형 입식, 각형 세움장식, 긴 새 깃털 모양의 세움장식과 함께 출토되었다.[112]

〈그림 7〉

〈그림 8〉

112 문화재관리국, 《경주 황남동 제155호 고분 발굴 약보고》, 1973, 7 · 45쪽 및 도판 41 참조. 현재 일본 동경국립박물관에는 전남 출토품으로 전하는 긴 새털 모양의 금으로 만든 세움장식 (25센티미터)이 소장되어 있다.

금관총	윗부분이 둥근 금제 절풍과 함께 절풍의 앞부분에 꽂았던 금제 조우형 세움장식과 금제 각형 세움장식이 출토되었다.[113]	 〈그림 9〉 〈그림 10〉
양산 부부총	윗부분이 둥근 금동제 절풍과 절풍 앞에 꽂았던 금동제 조우가 출토되었다. 또한 백화수피 절풍과 절풍 앞에 꽂았던 새 볏 모양의 은제 세움장식이 출토되었다.[114]	 〈그림 11〉
의성 탑리 제2묘곽	금동제 조우형 세움장식이 출토되었다.[115]	 〈그림 12〉

113 濱田耕作·梅原末治,〈慶州金冠塚と其遺寶〉,《古蹟調査特別報告》第3冊, 1924, 15~22쪽.

114 馬場是一郞·小川敬吉,〈梁山夫婦塚と其遺物〉,《古蹟調査特別報告》第5冊, 朝鮮總督府, 1926, 39~44쪽.

115 김재원·윤무병,《義城 塔里 古墳》, 국립박물관, 1962, 27~29쪽.

달서 34호 고분	은제 조익형 세움장식이 출토되었다.[116]	 〈그림 13〉
달서 55호 고분	금동제 조익형 세움장식이 출토되었다.[117]	 〈그림 14〉
낙동강 유역	금동제 조익형 세움장식이 출토되었다.[118]	 〈그림 15〉 〈그림 16〉

---

116 朝鮮古蹟硏究會,〈慶尙北道 達成郡 遠西面 古蹟調査報告〉,《1923年度古蹟調査報告》第1
    冊, 1923.

117 같은 글 참조.

118 朝鮮古蹟硏究會,〈慶尙北道 古蹟調査報告〉,《1923年度古蹟調査報告》第1冊, 1923.

무령왕릉	왕과 왕비의 금제 관식이 출토되었다.[119]	 〈그림 17〉 〈그림 18〉
나주 반남리	금동제 절풍모가 금동 장식과 함께 출토되었다.[120]	 〈그림 19〉 〈그림 20〉

119 文化財管理局,《武寧王陵》(發掘調査報告書), 文化公報部 文化財管理局, 1973, 18~20쪽.
120 梅原末治,〈羅州潘南里の寶冠〉,《朝鮮學報》第14輯(高橋先生頌壽紀念號), 1959, 477~488쪽.

창녕	금동절풍을 기본으로 한 금동 관모로, 높이는 41.8센티미터이다.[121]	 〈그림 21〉
능산리 36호 백제 고분	은제 관식이 2개 출토되었다.[122]	 〈그림 22〉

〈표 1〉 금속으로 만든 절풍과 관 장식

　　〈표 1〉에서 다음의 내용이 확인된다. 첫째, 관테의 직경은 천마총 금관이 20센티미터, 금관총 금관이 19센티미터, 금령총 금관이 16.4센티미터, 서봉총 금관이 18.4센티미터, 황남대총 북분의 금관이 17센티미터

121　　東京國立博物館·大和文華館·大阪市立東洋陶磁美術館, 《일본소장 한국문화재 2》, 한국국제교류재단, 1995, 94쪽.

122　　崔孟植, 〈陵山里 百濟古墳 出土 裝飾具에 관한 一考〉, 《百濟文化》 第27輯, 1998, 153~185쪽.

〈그림 23〉 금관총에서 출토된 금관. 절풍과 겉관을 한 벌로 쓴다

등이다. 이는 금관총 금관처럼(〈그림 23〉, 〈그림 24〉), 겉관의 속에 쓴 절풍의 하단 폭이 대체로 9.6~10.6센티미터인 것에 견주어 크게 둘린 것으로, 이마 부분까지 머리 전체에 눌러 쓴 것이 아니라 머리 위에 얹은 상태로 썼음을 말해준다.

　　따라서 금관의 구조를 상세히 살펴보지 않은 채, 금관의 관테 둘레와 안에 쓴 절풍의 하단 둘레가 머리 둘레보다 작다고 해서 신라가 북방 훈족 풍속에 보이는 유목민족의 편두의 전통을 받아들였을 것으로 보고, 신라 사회가 지닌 북방적 요소로 몰아가는 것은[123] 잘못이다.

〈그림 24〉 금관총에서 출토된 금관

둘째, 금동으로 만든 절풍을 쓰는 것은 고구려·백제·신라·가야가
모두 같았음을, 그리고 금속으로 만든 새 깃을 꽂는 고구려의 풍습은 신
라와 가야에도 있었음을 알 수 있다. 이와 달리 백제의 경우 왕은 금화
로, 대신들은 은화로 장식한 관을 썼는데, 이러한 차이점과 관련해서는
제6장에서 다루게 될 것이다. 또한 절풍 없이 금속으로 만든 관식만이

---

123   신형식, 《新羅通史》, 주류성, 2004, 35쪽.

출토되는 경우가 있는데, 이는 가죽이나 자작나무껍질로 만든 관모인 탓에 부패되어 남아 있지 않기 때문이다.

셋째,《삼국사기》〈잡지(雜志)〉차기(車騎)에서는 신라 사람들이 사용한 금속을 금·은·유석(鍮石〔黃銅〕)·동·철의 순서로 기재하고 있어, 그 중요도에 따른 금속의 서열을 가름할 수 있다. 유석은 금처럼 색이 나는 황동(黃銅)을 가리킨다.[124] 그러므로 위의 무덤들에서 출토된 금·은·금동으로 된 절풍과 관 장식들은 피장자의 신분이나 관직과 관계가 있을 것으로 생각된다.

무덤의 내용이나 외형으로 보아 왕이나 왕비 또는 그에 상응하는 사람의 무덤으로 추정되지만, 주인공을 알 수 없는 경우 높고 큰 무덤이라는 뜻에서 총(塚)이라고 부른다. 위의 표 가운데 신라의 무덤인 천마총과 금관총에서는 금으로 만든 새 날개 모양〔鳥羽形〕의 꽂는 장식 외에도 금으로 만든 절풍과 사슴 귀 모양〔鹿耳形〕 또는 뿔 모양〔角形〕의 관 장식이 출토되어, 부장된 장식으로도 왕의 무덤임을 알 수 있다.

그러나 양산 부부총에서는 금으로 만든 것이 출토되지 않고, 금동으로 만든 새의 깃 모양과 은으로 만든 꽂는 장식 및 금동관이 출토되었다. 이로 볼 때, 양산 부부총은 왕이나 왕비의 능일 수 없고, 대신이나 귀족 계급의 무덤으로 분류되어야 할 것이다. 따라서 이 무덤이 총으로 불리는 것은 문제가 있다. 달서 34호와 37호 고분에서는 은으로 만든 관 장식 만이 출토되었으므로, 이것들은 왕족이 아니라 높은 벼슬을 한 사람들의 무덤이었을 것으로 생각된다.

넷째, 신라는 23대 법흥왕(서기 514~540년) 때에 이르러 처음으로 6

124　《演繁露》. "黃銀者, 果何物也. 世有鍮石者, 質實爲銅, 而色如黃金. 特差淡耳. 黃銀殆鍮石也. 鍮金屬也. 而附石爲字者, 爲其不皆天然自生, 亦有用盧甘石煮鍊而成者, 故兼擧兩物而合爲之名也"; 《本草綱目》.〈金石部〉. "赤銅下李時珍曰, '赤銅爲用最多, 人以爐甘石鍊爲黃銅, 其色如金'."

부 사람들의 복색(服色)에서 귀하고 천함을 구별하는 제도를 규정했는데, 이는 옛 습속 그대로였다. 백제의 공략을 견디지 못한 신라는 진덕왕 2년(서기 648년) 김춘추를 당에 보내 도움을 청했으며, 이때 중국의 복제를 따를 것을 약속했다.[125] 그리고 다음 해인 진덕왕 3년(서기 649년)에 처음으로 중국의 복제를 실시했고,[126] 문무왕 4년(서기 644년)에는 부인의 의복까지도 중국의 복제를 따랐다.[127] 이처럼 복식을 바꾸면서 남자들은 관 대신 천으로 만든 복두(幞頭, 〈그림 25〉)를 쓰기 시작했는데, 복두에는 상투를 가리는 절풍을 따로 쓰지 않고 장식도 하지 않기 때문에 위 표에서 보는 절풍과 장식들은 신라에서 진덕왕 2년 이전까지 사용되었다고 볼 수 있다. 금속으로 만든 절풍과 관 장식이 출토되는 고분들의 연대가 대부분 서기 5~7세기[128]에 속하는 점과도 일치한다.

다섯째, 위 표에 정리된 대부분의 관식들은 모두 원형과 나뭇잎 모양의 장식단추를 전면에 달아 화려함을 보여주고 있다. 이들 장식단추는 고조선시대부터 청동장식단추로 사용되던 것이 그대로 이어진 것으로,

---

125 《三國史記》卷6,〈新羅本紀〉, 眞德王 2年條. "김춘추가 또한 관리들의 복식을 고쳐 중국의 제도를 따르겠다고 청했다. 이에 대궐로부터 진귀한 복장을 내어주어 춘추와 그 따라온 자들에게 주었다(春秋又請改其章服, 以從中華制. 於是, 內出珍服, 賜春秋及其從者)."

126 《三國遺事》卷4,〈義解5〉, 慈藏定律. "(慈藏)이 일찍이 신라의 복장이 중국과 같지 않아 중국의 조정에 건의했더니 허락하며 좋다고 했다. 이에 진덕왕 3년 기유에 처음 중국의 의관을 착용했다. 명년 경술에 또 중국의 정삭을 받아들여 영휘의 연호를 처음 썼다. 이 뒤 당나라에 조회 때마다 번국의 앞에 있게 되었으니 자장의 공이다(嘗以邦國服章不同諸夏, 擧議於朝. 簽允曰藏. 乃以眞德王三年己酉, 始服中朝衣冠. 明年庚戌, 又奉正朔始行永徽號. 自後每有朝覲列在上蕃, 藏之功也)."

127 《三國史記》卷33,〈雜志2〉, 色服. "문무왕 4년 또 부인의 의복을 개혁하니, 그뒤로부터 의관이 중국과 같았다(文武王在位四年, 又革婦人之服. 自此己後, 衣冠同於中國)."

128 지금까지 신라 금관 연구자들은 모두 신라 금관의 존속 연대를 5~6세기로 보았다. 그러나 제5장에서 밝히겠지만, 서봉총의 연대가 서기 7세기에 속하는 점과 《삼국사기》의 진덕왕조 내용에서 서기 649년부터 중국의 복제를 따랐다고 한 점 그리고 신라 고유의 양식을 지닌 굵은 귀고리가 7세기에 만들어진 황룡사 목탑에서 나온 점 등은 금관이 출토된 고분들의 연대가 5~7세기에 속한 것으로 해석하게 한다. 황룡사 목탑에서 나온 귀고리는 중국 복제를 따른 뒤 사용한 관모인 복두에는 쓰이지 않았던 것이다.

〈그림 25〉 복두를 쓴 신라의 남자 도용과 중국 의복을 입은 여자 도용

장식단추에 관해서는 뒤에서 상세히 설명할 것이다. 절풍을 쓰는 일도,
장식단추와 함께 금이나 은으로 절풍을 만드는 일도 모두 중국이나 북방
지역에서는 찾아볼 수 없는 것으로, 고대 한민족만이 갖는 고유한 양식
이다. 위에서 본 표 가운데 능산리 백제 고분에서 출토된 은화(銀花) 관
장식은 나무줄기 끝 부분을 나뭇잎 모양의 꽃 모습으로 마무리했는데,
이는 나뭇잎 모양의 장식단추 모습에서 변화한 양식이라고 하겠다. 같은
모습의 은화 관 장식이 논산 육곡리[129]와 남원 척문리[130] 등에서 출토되어,

129 安承周·李南奭《論山 六谷里 百濟古墳 發掘調査報告書》, 百濟文化開發硏究院, 1988, 31~

백제의 꽃 모양 관 장식이 고조선의 나뭇잎 모양 장식단추 모습을 한층 발전시켜나갔음을 알 수 있다.

여섯째, 위 표의 내용 가운데 무령왕릉에서 출토된 관 장식은 지금까지 인동화(忍冬花)나[131] 연화(蓮花) 또는 화염문(火焰紋)의 불교적 요소를 내포한 문양들로 구분되어왔다.[132] 그러나 고조선 문화로 추정되는, 하가점 하층문화에 속하는 서기전 17세기 무렵의 내몽고 자치구 오한기(敖漢旗) 대전자(大甸子) 유적[133] 출토의 질그릇에 보이는 일부 문식(〈그림 26〉)[134]은 무령왕릉의 관 장식 문양과 비슷한 모습을 보여준다. 최근에 고고학자들은 하가점 하층문화를 비파형동검 문화의 전신으로 보며, 고조선 문화로 분류하고 있다. 이 질그릇에 보이는 도안 문식을 중국 학자들은 깃털[羽毛]에서 변화되어 나온 것으로 보고, 깃털로 구성된 화관(花冠)의 문양을 나타낸 것으로 해석했다.[135] 따라서 고대 한국의 질그릇이나 청동기 또는 관 장식 등에 나타나는 꽃 문식을 그 형태의 유사성만 다루어 후대에 보이는 불교적 문양으로 단정지을 것이 아니라, 문식에 대하여 앞선

34쪽.

130 洪思俊, 〈南原出土 百濟冠飾具〉, 《考古美術》 通卷90號, 363~364쪽.

131 李蘭暎, 〈百濟 金屬工藝의 對外交涉〉, 《百濟 美術의 對外交涉》, 藝耕, 1998, 207~208쪽.

132 秦弘燮, 〈百濟·新羅의 冠帽·冠飾에 관한 二三의 問題〉, 《史學志》 第7輯, 檀國大學校 史學會, 1973, 17~34쪽 ; 이은창, 《한국 복식의 역사 ─ 고대편》, 세종대왕기념사업회, 1978, 232~234쪽.

133 한창균, 〈고조선의 성립배경과 발전단계 시론〉, 《國史館論叢》 第33輯, 國史篇纂委員會, 1992, 7~20쪽 ; 林炳泰, 〈考古學上으로 본 濊貊〉, 《韓國古代史論叢》 1, 駕洛國史蹟開發研究院, 1991, 81~95쪽. 内蒙古 자치구의 敖漢旗 大甸子 遺蹟은 그 연대가 서기전 1440±90년(3390±90B.P.)과 1470±85년(3420±135B.P.)으로, 교정 연대는 서기전 1695±135년과 1735±135년이다(中國社會科學院考古研究所 編著, 《中國考古學中碳十四年代數據集》, 文物出版社, 1983, 25쪽).

134 劉觀民, 〈內蒙古東南部地區靑銅時代의 幾個問題〉, 《中國考古集成》 東北卷(靑銅時代(一)), 北京出版社, 628~631쪽 ; 中國社會科學院考古研究所 編著, 《大甸子》, 科學出版社, 1996 참조.

135 梁思永, 〈遠東考古學上的若干問題〉, 《梁思永考古論文集》, 科學出版社, 1959.

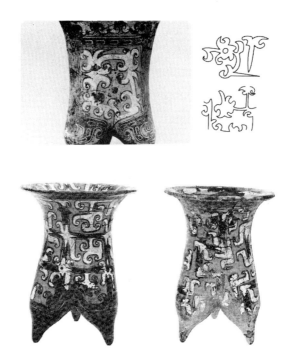

〈그림 26〉 대전자 유적 출토의 질그릇에 보이는 문양

시기로부터 고찰해보는 변천사적 연구가 요구된다.

　　고구려의 것으로는 평양 부근의 고분에서 출토된 금동관으로 초화문(草花文)을 투조하여 만든 화관형(花冠形)의 금동관이 있다(〈그림 27〉).[136] 변과 절풍의 모습을 지니고 있는 것으로 보아 초기 형태로 생각되며, 그 재료가 금동인 것으로 보아 왕관은 아니고 왕족이나 신분이 높은 귀족의 것으로 생각된다. 백제의 것으로는 전라남도 나주군 반남면 신촌리 9호 고분에서 금동으로 만든 절풍과 세운 꽃 장식을 꽂은 금동관이 출토되었다.[137] 절풍 모습을 한 금동관은 인당초문이 새겨져 있으며, 윗부분이 둥

〈그림 27〉 평양 부근에서 출토된 금동관

근 모습이었다. 금동관은 관 둘레에 세워진 세 개의 꽃 장식과 함께 전체
가 원형의 나뭇잎으로 장식되어 있다. 이들도 모두 금동관으로, 역시 왕
관이 아닌 왕족이나 신분이 높은 귀족의 것으로 분류되어야 할 것이다.

　신라와 가야 지역에서 출토된 금관과 금동관 그리고 은관들은, 그
구조와 양식 및 투조되거나 새겨진 문양으로 볼 때, 고조선과 이를 계승
한 고구려의 양식을 이어 이 지역에서 공통적으로 발달한 것으로 보인
다. 1921년 한국에서 처음으로 발견된 금관총 금관을 비롯하여 금령총
금관, 서봉총 금관, 천마총 금관(〈그림 28〉), 황남대총 북분 금관, 호암미
술관 소장 금관, 부산 복천동 11호분 금동관, 호암미술관 소장 금동관,
프랑스 기메박물관 소장 금동관, 나주 반남면 신촌리 옹관 금동관, 경주
황남대총 남분 은관 등이 그렇다. 이들 금관과 금동관 등은 모두 관 둘레
에 나무 장식을 세운 것으로, 나무줄기에 나뭇잎과 곡옥이 달려 있고 꼭
대기에는 새순 또는 움 모양으로 마무리되어 있다. 앞의 제3장 2절에서

137　梅原末治,〈羅州潘南面の寶冠〉,《朝鮮學報》第14輯, 朝鮮學會, 1959, 477~488쪽.

〈그림 28〉 천마총에서 출토된 금관

분석했듯이, 나뭇잎과 곡옥 그리고 새순 모양으로 마무리한 나무줄기의
모습은 고조선 초기부터 이어온 한민족의 고유한 양식이다. 이 양식들에
대해서는 3절에서 좀더 상세히 살펴보고자 한다.

　다음으로 금관의 용도에 대하여 분석해보자. 지금으로서는 금관이

나 금동관이 실용적인 것인지 비실용적인 것인지와 관련해 그 주장이 서로 엇갈리고 있다. 금관을 왕이 의식을 거행할 때 실제로 사용했던 관이라고 생각하면서도 장례용으로 보는 경우가 있고,[138] 의식용이 아닌 죽은 이의 장송을 위한 관이라고 주장하기도 한다.[139]

그러면 이들 견해가 과연 타당한지, 금관과 금동관 등의 실체를 분석하며 확인해보자. 첫째, 앞의 제2장 1절에서 분석되었듯이, 끈이 없이 씌워진 몇 개의 절풍을 분리해보면 안쪽의 절풍과 이를 고정시키는 구실을 했을 테두리로 구성되어 있다. 즉, 윗부분이 둥글게 바뀐 것은 모두 겉 부분에 A(제2장의 〈그림 29〉 참고)와 같은 검은색의 틀이 둘리고, 그 속에서 윗부분이 둥근 흰색의 B가(제2장의 〈그림 30〉 참고) 씌워진 이중 구조를 하고 있다.

이 B를 금으로 만들면, 앞서 설명했던 제2장의 〈그림 31〉과 같은 모습이 되는 것이다. 속관인 이 B의 테 둘레를 겉관으로 세움장식화하면 곧 신라 금관의 모습이 된다. 그러므로 금관은 속관과 겉관을 함께 머리에 쓰게끔 되어 있는 것이다. 윗부분이 둥근 절풍 B의 아랫부분이 사람

---

138 金元龍, 《韓國考古學槪說》, 一志社, 1997, 182쪽. "卽位式 또는 國家的인 祭祀 때에 祭主로서의 國王이 잠깐 쓰던 것이거나, 그렇지 않으면 죽은 王에게 씌우는 특별한 葬送冠일 가능성이 있다"; 金元龍, 〈장신구류〉, 《천마총》, 문화공보부 문화재관리국, 1974, 92~93쪽. "이 金帽는 基部가 너무 작아 도저히 머리에 쓸 수 없는 것이다. 그리고 앞서 外冠에서 말한 것처럼 이러한 內冠 또는 帽子가 當時의 實用冠이었고 行事의 性格에 따라 앞에 꽂는 冠飾의 形式이 바뀌었던 것이다.…… 이러한 金冠飾(金製鳥翼形冠飾)은 實用品으로서는 非現實의 일 뿐 아니라 도리어 實用 不可能한 것이라고 할 수 있기 때문에 이것은 葬送을 爲한 特造品이 아니었던가도 생각되는 點이 있다"; 李宗宣, 《古新羅王陵硏究》, 學硏文化社, 2000, 82쪽. "말하자면 금관은 實用으로 제작되었지만, 그것은 평상시에는 王族들의 正統性 誇示를 위한 특별한 行事(祭禮儀式) 등에만 제한적으로 사용되고, 착용자 사후에는 출신성분(血統·家系)과 生時의 사회적 지위를 나타내고자 하는 목적으로 부장되었던 것으로 보아서 틀림없을 것이다."

139 尹世英, 《古墳出土副葬品硏究》, 高麗大學校 民族文化硏究所, 1988, 183~222쪽 ; 이한상, 앞의 책, 27~28쪽. "금관은 실용품으로 보기 어렵다. 화려한 외모와는 달리 버팀력이 매우 약한데다 지나치게 장식이 많아 실생활에서 사용하기는 어려운 구조를 하고 있다. 이는 평상시 금관을 썼던 것이 아니라 왕이나 그 가족이 죽었을 때 특별하게 제작해 무덤에 함께 묻어주는 용도였을 가능성을 암시하고 있다."

의 두개골, 곧 정수리의 모양과 같은 곡선으로 되어 있다는 것은 바로 정수리에 얹혀진 상태로 씌워지는 것임을 말해준다. 따라서 아랫부분에 여러 개의 구멍이 나있는 것(〈그림 2〉)은 바로 A와 B를 연결하기 위한 장치였다고 할 수 있다. 이 연결 부분을 좀더 자세히 알아보자.

앞에서 고대 한국의 관모는 변에서 변형이 가해져 절풍과 책으로 발전해갔음을 확인했다. 또한 절풍은 A와 B가 이중 구조를 이룬 모습으로, 겉 부분의 B가 바뀌어 책으로 발전했을 것으로 추정했다. 이 겉 부분의 B가 더욱 강조되어 금관의 테두리로 바뀌었을 것이다. 금관은 겉의 금관과 속의 절풍이 함께 발견되는 경우가 있어, 일반적으로 이것들을 내관과 외관으로 설명한다. 그러나 왕이나 귀족의 경우 누구나 기본적으로 절풍을 썼으며, 벼슬이 있는 자는 새 깃 장식을 달고, 왕인 경우는 그 위에 B의 구실을 한 세움장식 부분을 더 썼다. 신라 금관의 하단에 여러 줄의 구멍이 뚫려 있다는 점에서 이를 확인할 수 있다.

예를 들어, 그림에 보이는 금관총 금관의 관테와 천마총의 관모 하부에도 빈 구멍(〈그림 1〉과 〈그림 2〉)이 보이는데, 다른 금관들처럼 절풍 모습을 한 A와 장식이 더해진 B 부분을 덧붙여 연결하기 위한 구멍이었을 것이다. 따라서 이를 제작자의 실수일 것으로 여기거나 끈을 아래로 드리우기 위한 것이라고 보는 것은[140] 잘못이다. A와 B가 하나로 이루어진 것이 금관의 구조이므로, 내관과 외관으로 구분하는 것도 옳지 않다고 생각한다. 또한 실제 출토물에서 A를 설명하며 "크기가 모두 매우 작고 너비가 너무 좁아 머리에 쓰기에는 도저히 불가능하다"고 하는데,[141] 이 역시 잘못이다. 이 A 부분은 머리 정수리에 놓여 틀어 올린 상투를 덮게 되며, 그 위에 덧관으로 불리는 B가 고정 장치의 구실을 했던 것이다.

140　이한상, 같은 책, 81~82·122~123쪽.
141　같은 책, 28쪽.

둘째, 신라 금관이 실제로 머리에 썼던 것임은 금관의 세부 특징에서도 나타난다. 예를 들어, 세움장식의 문양과 관테 둘레에 보이는 점줄무늬의 변화가 그렇다. 점줄무늬는 점렬문(點列文) 또는 타출(打出)무늬라고도 하는데, 토기나 금속기 등에 일정한 크기의 점을 연달아 찍어 줄로 나타낸 무늬이다.

금관총과 서봉총, 황남대총 북분에서 나온 금관 등은 3단의 세움장식에 곡옥과 수엽이 많이 달려 있으며, 세움장식의 가장자리 부분에는 뾰족한 도구로 찍어낸 연속된 점줄무늬가 한 줄로 나 있다. 그러나 곡옥과 수엽이 모두 달린 천마총 금관과, 수엽은 있으나 곡옥이 달리지 않은 금령총 금관은 세움장식이 4단이며, 연속된 점줄무늬가 모두 두 줄로 되어 있다. 이런 차이는 4단 세움장식의 경우 얇은 금판을 3단으로 한 세움장식보다 더욱 견고하게 세워야 하기 때문에 생겼을 것이다. 이와 같이 연속된 점줄무늬는 단순히 장식을 위한 무늬가 아닐 것으로 보인다. 무늬로서 효과를 내려면 오히려 다른 문양을 선택해야 잘 나타날 것이기 때문이다. 이 같은 효용에 대해 임재해는 "점렬문을 새기기 위해 뾰족한 쇠붙이를 금판에 대고 망치질을 할 때마다 충격을 받은 금판의 결정이 깨져서 규칙적으로 배열되어 있던 전자의 분포가 엉키게 되므로 금판의 강도와 탄력은 현저하게 높아진다"고[142] 했다. 이는 금관의 관테 둘레도 마찬가지이다. 수엽과 곡옥이 모두 달린 금관총, 서봉총, 천마총, 황남대총 북분 금관 등의 경우 모두 연속된 점줄무늬와 굴곡이 이어진 무늬가 아래위로 둘려 있다.

그러나 금령총 금관의 경우는 곡옥이 없기 때문에 관테 둘레가 세움장식의 무게를 적게 받을 것이므로, 관테 둘레에는 연속된 점줄무늬만

---

142 임재해, 〈고대에도 한류가 있었다 – 민족문화의 정체성 재인식〉, 《고대에도 한류가 있었다》, 지식산업사, 2007, 75쪽.

간단히 아래위 두 줄로 되어 있다. 금관의 이러한 특징들은 금관이 실용성을 고려하여 만들어진 것임을 알게 한다. 따라서 세움장식과 관테 둘레에 새겨진 문양은 세움장식과 관테 둘레의 무게중심을 고려한 실용적인 것으로 해석해야 하며, 둘린 문양의 적고 많음을 기준으로 삼아 금관의 편년에 적용하는 것은[143] 모순이다.

셋째, 금관의 절풍 모양 속관은 실제로 쓰였던 것들과 크기가 같다. 금관의 겉관 역시 그 관테의 직경이 성인의 것은 약 16~24센티미터 정도로, 사람의 머리에 얹어놓을 수 있는 크기이다. 세움장식이 작은 경주 교동 고분 금관과 호암미술관 소장 금관 등은 관끈의 구실을 한 아래로 내려뜨린 수식이 없이도 쓸 수 있기 때문에, 수식 없이 만들어졌다. 그러나 세움장식이 높이 올라간 금관이나 금동관의 경우는 모두 관끈의 구실을 한 수식을 달아 머리에서 고정될 수 있도록 했다.

즉, 속관이 상투를 덮는 구실을 하기 때문에 겉관을 얹은 상태로도 수식이 무게중심을 잡아주어 균형을 이룰 수 있었던 것이다. 이러한 사실들로 보건대, 신라의 왕관이 장례용으로 쓰였다는 주장은 설득력을 얻기 힘들 것이라 생각한다. 물론 왕이 늘 금관을 쓰고 일을 한 것도 아닐 것이다. 복식에서 관복과 평상복이 구분되며, 관복도 조정 회의를 할 때 입는 옷과 의식을 거행할 때 입는 옷이 구분되기 때문이다. 따라서 금관은 왕이 특별한 의식을 거행할 때 왕권을 상징하기 위해 쓰인 복식이라 할 수 있다. 장례용이라면 머리에 맞는 크기로 만들기보다 더 크거나 작게 만들었을 가능성이 크며, 더 많은 수의 금관을 만들어 넣었을 수도 있을 것이기 때문이다.

천마총, 황남대총 북분, 금령총, 천마총 등에서 출토된 금관들과 프랑스 기메박물관 소장 금관은 모두 귀고리 모양의 화려한 수식을 달고

143   이한상, 앞의 책, 86~99쪽.

있다. 이 수식은 관끈을 대신한 것이라 할 수 있다. 첫번째 분석에서 이 야기한 것처럼, 속관은 이미 상투를 가리고 정수리 위에 고정되어 있어서, 세움장식이 화려한 겉관은 수식만으로도 무게중심을 잡을 수 있기 때문이다.

　신라 복식 제도의 변화 시기를 고려하면, 금관과 수식 및 수식에 달린 것과 같은 양식으로 만든 귀고리 장식은, 진덕왕 2년(서기 648년)에 김춘추가 당에서 돌아와 신라 고유의 복식을 중국의 복식으로 바꾸기 이전까지 사용되었던 것으로 볼 수 있다. 진덕왕 3년부터 관모는 모두 중국의 관모인 복두로 바뀌었기 때문에 이 시기부터 왕이 사용했던 금관도 더 이상 만들지 않게 되었고, 금관과 수식 및 귀고리 장식 등은 함께 사라졌을 것으로 추론된다. 그러므로 금관이 사용된 하한 연대를 6세기 전반 무렵으로 잡는 종래의 연구와 달리, 7세기 초기까지로 보는 것이 타당할 것이다. 그런데 이 연대를 더욱 확실하게 해줄 수 있는 것이 바로 금관의 수식에 보이는 귀고리 장식이다.

　서기 7세기에 만들어진 황룡사지[144]에서도 굵은 귀고리가 출토된 바 있다. 지금까지 신라의 귀고리 장식 연구에서는 이를 바탕으로 신라 금관의 수식에 보이는 것과 같은 양식의 귀고리가 7세기 전반 무렵까지 계속 제작되었다고 보았다. 이 귀고리 역시 신라 고유의 옷과 함께 쓰이던 장식으로, 진덕왕 3년부터는 중국식 복식을 따라 복두를 썼기 때문에 금관과 함께 사라져갔을 것으로 생각된다. 신라에서 금관이 사용된 연대와 관련해서는 다음 제5장에서 더 상세히 다룰 것이다. 이러한 여러 가지 내용들은 고구려와 백제 및 신라에서 금관이 장례용이 아닌 의식용으로 쓰였음을 잘 알려준다.

144　황룡사 목탑은 서기 643년에 만들기 시작해 645년에 완성되었다. 그러므로 황룡사에서 출토된 유물은 643년을 전후해 묻혔던 것으로, 제작 연대는 7세기로 추정된다.

2. 세움장식의 출현과 장식의 상징

신라 금관은, 고구려 금관이 금으로 만든 절풍 주변의 관 테두리에 관 장식만을 꽂는 양식을 한 것과는 달리, 관 테두리 주변에 세움장식을 올려 화려하게 꾸몄다. 5세기 무렵 이전까지 신라는 고구려나 백제와 마찬가지로 줄곧 절풍을 써왔으며, 재료로 쓰인 금이나 금동 또는 은 같은 금속의 구분에 따라 서열을 두어 신분을 상징하고 또 관 장식을 달리했다. 그런데 왜 갑자기 신라만이 서기 5세기 무렵에 와서 세움장식을 크게 올리기 시작했을까?

신라 금관의 세움장식에 대하여 북방 유목민족 계통의 영향을 받았다고 하는 견해는 크게 두 가지로 나누어볼 수 있다. 하나는 위에서 분석했듯이 북방 지역과 신라의 금관 양식을 선긋기 식으로 비교하여, 북방 지역과 비슷한 부분이 조금이라도 눈에 띄면 북방의 영향을 받았다고 해버리는 견해이다. 또 하나는 신라를 건국한 핵심 세력이 북방계 이주민이므로, 금관은 당연히 북방 계통의 요소를 갖는다는 견해이다.

신형식은 신라인의 핵심 세력이 북방계 이주자라고 보는 근거를 《삼국사기》권1의 〈시조혁거세거서간〉에서 찾는다. 그는 여기에 나오는 "선시 조선유민(先是 朝鮮遺民)"을 '옛 조선 사람의 유민 남하'로 해석한다. 또한 《양서》권51의 〈열전 48〉에 나오는 "진(秦)의 유망민"이라는 기록[145]도 근거로 삼고 있다. 김병모는 《삼국지》〈동이전〉한전(韓傳)의 "진(秦)나라에서 망명한 사람들"이라는 기록을 중요한 근거로 든다.[146]

《삼국지》〈오환선비동이전〉한전(韓傳)에는 "진한(辰韓)은 옛 진국(辰國)이다"라는 기록이 나온다. 또한 이 한전에는 "진한은 마한의 동쪽

---

[145] 신형식, 앞의 책, 34~35쪽.

[146] 김병모, 앞의 책, 151~155쪽.

에 위치하고 있다. 진한(辰韓)의 노인들은 대대로 전하여 말하기를, '(우리
들은) 옛날의 망명인으로 진(秦)나라의 고역을 피하여 한국(韓國)으로 왔
는데, 마한(馬韓)이 그들의 동쪽 땅을 분할하여 우리에게 주었다'고 했
다.…… 지금도 (진한(辰韓)을) 진한(秦韓)이라고 부르는 사람이 있다"라는
기록도 등장한다.

김병모는 이들 두 기록으로부터, 진한(辰韓)이 옛날 진국(辰國)에서
시작되었는데, 진한(辰韓) 사람들이 중국 진(秦)나라에서 이주해 온 사람
들이므로 진한(辰韓)의 지배 계층은 북방 유목민 출신들로 이루어졌다고
주장한다. 그러므로 이들이 만든 금관은 당연히 북방적 요소에 따라 만
들어졌다는 것이다.[147]

그러면 과연 김병모의 의견대로 진한(辰韓)의 지배 계층은 중국의
진(秦)나라 사람들일까? 이 진한(辰韓)에 대해서는 《후한서》〈동이열
전〉 한전과 《삼국지》〈오환선비동이전〉 한전에 기록이 남아 있다. 진한
에 관한 내용에서 이 《후한서》와 《삼국지》는 큰 차이가 없지만, 다음과
같은 이유로 《후한서》의 내용을 참고하고자 한다. 즉, 《삼국지》가 《후
한서》보다 먼저 쓰여진 역사서라는 점이다. 그러나 《후한서》는 중국의
동한(東漢)시대에 관한 역사서이고 《삼국지》는 동한의 뒤를 잇는 삼국
시대에 관한 역사서이므로, 중국 동한시대의 한반도와 만주 상황을 연구
하는 데는 《후한서》〈동이열전〉이 기본 사료가 될 것이다.

《후한서》〈동이열전〉 한전에는 "진한(辰韓)은 그 노인들이 말하되,
진(秦)나라에서 망명한 사람들로서 고역을 피하여 한국(韓國)에 오자, 마
한이 그들의 동쪽 지역을 분할하여 주었다 한다. 그들은 나라[國]를 방
(邦)이라 부르며, 활[弓]을 호(弧)라 하고, 도적[賊]을 구(寇)라 하고, 술잔
을 돌리는 것[行酒]을 행상(行觴)이라 하고, 서로 부르는 것을 도(徒)라 하

---

147   같은 책, 같은 쪽.

여, 진(秦)나라 말과 흡사하기 때문에 혹 진한(秦韓)이라고도 부른다"라는 내용이 나온다.

이 내용 가운데 '진나라에서 망명한 사람들'과 '혹 진한(秦韓)이라고도 부른다'는 내용을 바탕으로 신라를 건국한 핵심 세력이 북방계 이주민이라고 보는 것이다. 중국에서 내란 등으로 소요가 심할 때면 많은 피난민들이 우리나라로 들어오곤 했다. 과연 중국으로부터 망명한 이들이 진한(辰韓)의 주체 세력이 되었을까?

우선 진국(辰國)은 어떠한 나라이며, 왜 진한(辰韓)이 옛 진국(辰國)에서 시작되었다고 하는지 알아보자. 지금까지의 통설에 따르면, 그 위치나 크기 등에서 학자에 따라 견해 차이가 있기는 하지만, 고조선의 남쪽에 진국(辰國)이라는 나라가 있었다고 한다. 즉, 한반도의 남부에 자리한 진국은 고조선과는 별개의 나라라는 것이다. 이와 같은 독립국이 있었다는 것에 자료가 되는 것이 《후한서》와 《삼국지》의 기록이다. 《후한서》〈동이열전〉에는 한(韓) 전체가 옛 진국(辰國)이었던 것처럼 나와 있고, 《삼국지》〈오환선비동이전〉에는 한(韓) 가운데 진한(辰韓)만이 옛 진국이었던 것처럼 나와 있다. 내용에서는 이렇게 약간의 차이가 나지만, 이 기록들은 한반도 남부에 원래 진국(辰國)이 있었으며, 그것이 나중에 한(韓)이라는 나라로 바뀌었다고 인식하게끔 하는 근거가 되었다.

하지만 진국은 한반도 서북부와 지금의 요동 지역에 자리한 고조선의 거수국으로, 《후한서》나 《삼국지》에 근거하고 있는 앞의 내용처럼 한반도 남부에 있던 나라가 아니었다. 그럼에도 한반도 남부에 있는 한(韓)을 옛 진국(辰國)이라고 표현한 것은 한의 지배 세력이 진국에서 왔다는 뜻으로 이해해야 할 것이다. 결코 진국과 한의 위치나 영역이 동일하다는 의미가 아닌 것이다. 상황을 이렇게 파악한다면, 한의 지배 세력은 진국에서 한으로 바뀐 것이 아니라 이전부터 변함없이 한이었다고 보아야 할 것이다. 따라서 한반도 남부 지역에 한이 있기 이전에 진국이 있었

다는 견해는 잘못된 것이다.[148]

　고조선은 여러 거수국을 거느리고 있었는데, 진국(辰國)은 그 가운데 단군의 직할국이었다. 대국(大國)이라는 뜻의 진국은 지금의 요하(遼河) 유역으로부터 청천강(淸川江) 유역에 이르는 지역을 그 영역으로 하고 있었다. 단군의 일족인 조선족이 바로 이곳에 거주했기 때문에 조선이라고도 불리었다. 진국과 한은 청천강 하류와 대동강 상류를 경계로 하여 남북으로 맞붙어 있었다. 그러므로 《후한서》에 나오는, "진한(辰韓)은 그 노인들이 스스로 말하되, 진(秦)나라에서 망명한 사람들로서 고역을 피하여 한국(韓國)에 오자……"라는 내용은 고조선시대에 한(韓)이 청천강 이남을 모두 차지하고 있을 때의 이야기일 것이다.

　한 역시 단군이 다스리는 고조선의 거수국이었지만, 서열로 볼 때 고조선 안에서 차지하는 위치는 진국보다 낮았다. 이 때문에 한은 경우에 따라 진국의 통치자인 비왕(裨王)의 지시를 받기도 했다. 이러한 관계로 말미암아 한의 귀족들은 진국의 귀족들을 자신들보다 높은 신분으로 예우했다. 상황이 이러했기 때문에 고조선의 붕괴 과정에서 진국의 지배 귀족들이 한(韓) 지역으로 이주해 오자 그들을 맞아 한의 최고 지배 귀족으로 예우했으며, 진국의 비왕에게 한의 모든 지역을 통치하도록 한 뒤 진왕(辰王)이라고 일컬었다.

　진국의 지배 귀족들이 한으로 이주해 들어온 것은, 지금의 요서 지역에서 일어났던 위만조선의 건국과 영토 확장 그리고 한사군 설치 등, 고조선 말기의 여러 사건과 관계가 있었다. 지금의 요서 지역에서 일어난 이러한 사건들 때문에, 그 지역에 있던 고조선의 거수국들이 지금의 요하 동쪽인 만주와 한반도 북부로 이동해 자리를 잡게 된 것이다. 이렇게 되자 요하 유역에 자리하고 있었던 진국의 지배 귀족들은 연쇄적으로

148　윤내현, 《고조선연구》, 一志社, 285~289쪽.

한으로 흘러 들어가 한의 최고 지배 귀족이 되었고, 진국의 비왕은 한의 진왕이 되었던 것이다.[149]

이러한 변천 과정을 살펴봄으로써, 고조선의 뒤를 이어 한이 한반도 남부를 지배했음을 파악할 수 있다. 그러면 이러한 혼란기를 겪으며 어떻게 신라가 건국되었는지 그 과정을 한번 살펴보자. 《삼국사기》〈신라본기〉혁거세거서간조와 《삼국유사》 신라시조혁거세왕조에 따르면, 신라는 서기전 57년에 박혁거세가 13세의 나이로 즉위하면서 건국되었다고 한다. 처음에는 나라 이름이 '서나벌'이었다. 그리고 《삼국사기》 시조혁거세거서간조에 따르면, 신라를 건국한 핵심 세력은 알천양산촌·돌산고허촌·자산진지촌·무산대수촌·금산가리촌·명활산고야촌으로, 이들은 원래 진한(辰韓)의 여섯 부였다. 그리고 그 주민들은 원래 '조선유민(朝鮮遺民)'들이었다[150]고 한다. 여기서 '조선유민'이란 '조선의 남은 백성'이라는 뜻으로, '조선의 이주민'이라는 뜻이[151] 아니다. 고조선을 한반도 북부에 자리한 작은 정치 집단으로 본 예전 일부 학자들의 견해 때문에, 신라를 건국한 사람들이 원래 고조선 백성들이었다면 그들은 당연히 북쪽에서 이주해 온 사람들이어야 한다고 생각하곤 했다.[152]

그러나 고조선은 한반도와 만주 전 지역을 통치했던 나라였으며, 신라가 건국된 경주 지역 역시 고조선의 영토였다. 따라서 신라 건국의 핵심 세력은 다른 곳에서 이주해 온 사람들이 아니라, 고조선시대에도

149   같은 책, 518~526쪽.

150   《三國史記》 卷1, 〈新羅本紀〉, 始祖 赫居世居西干條. "先是, 朝鮮遺民, 分居山谷之間爲六村, 一曰閼川楊山村, 二曰突山高墟村, 三曰觜山珍支村, 四曰茂山大樹村, 五曰金山加利村, 六曰 明活山高耶村, 是爲辰韓六部. 高墟村長蘇伐公, 望楊山麓, 蘿井傍林間, 有馬跪而嘶, 則往觀 之, 忽不見馬, 只有大卵, 剖之, 有嬰兒出焉, 則收而養之. 及年十餘歲, 岐嶷然夙成. 六部人, 以 其生神異, 推尊之. 至是, 立爲君焉."

151   신형식, 앞의 책, 34~35쪽.

152   李丙燾, 《國譯 三國史記》, 乙酉文化社, 1980. 1쪽의 주4 참조.

지금의 경주 지역에 살았던 토착인들이었다. 고조선이 붕괴된 뒤 그들은 한에 속해 있던 진한의 여섯 부를 형성했는데, 각 부의 중심 세력이었던 여섯 마을 씨족은 고조선 이래 그 지역의 명문거족이었다. 고조선이 붕괴한 뒤 한은 독립국이 되었으나, 사회 혼란이 끊이지 않자 그들은 새로운 통치 조직의 필요성을 느끼고 신라를 건국했던 것이다.[153]

이상의 내용들은 다음과 같은 사실을 말해준다. 즉, 금관을 만들고 사용했던 사람들은 북쪽에서 이주해 온 사람들이 아니라, 고조선시대부터 이미 경주를 중심으로 경상북도 지역에 살고 있었던 토착인들이라는 점이다. 신라 건국의 핵심 세력이 북쪽에서 이주해 온 사람들이므로 금관에 북방적 요소가 있다는 견해는, 따라서 설득력을 갖기 어렵다.

그러면 신라는 왜 서기 5세기 무렵에 이르러 지금까지 써왔던 절풍을 갑자기 금속으로 만들고, 관 장식 대신 세움장식을 한 금관을 만들기 시작했을까? 이를 알기 위해서는 당시 신라에서 어떤 일들이 일어났는지, 국가의 발달 과정부터 살펴보아야 할 것이다.

우선 당시 신라의 대내외적인 상황을 분석해볼 필요가 있다.《삼국사기》〈신라본기〉의 기록을 중심으로 신라의 발달 과정을 살펴보면 다음과 같다. 신라 초기는 신라가 건국된 서기전 57년부터 서기 355년까지로서, 신라의 통치자는 이 기간 동안 혁거세·차차웅·이사금 등으로 불리었다. 이 시기에 신라는 국가의 기반을 닦았다. 신라는 건국의 주체 세력인 여섯 부의 단결을 공고히 하고, 생산을 장려해 국가의 경제적 기반을 튼튼히 하면서 독립국으로 출범한 사실을 다른 나라에 알렸으며, 주변 지역을 병합하여 영토를 확장해나갔다.

이처럼 국가의 기반을 닦아나가는 과정에서 박씨와 석씨가 왕위를

153   윤내현·박선희·하문식,《고조선의 강역을 밝힌다》, 지식산업사, 2006 참조 ; 윤내현,《한국열국사연구》, 지식산업사, 1998, 230쪽.

이어갔다. 그러나 조분이사금(서기 230~246년)의 뒤를 이은 첨해이사금(서기 247~261년)이 아들이 없자, 사람들은 13대 왕으로 김씨인 미추이사금(서기 262~283년)을 세웠다. 이로써 김씨 왕이 처음으로 등장하게 되었다. 미추는 계림(鷄林) 출신인 알지(閼智)의 후손이었다. 탈해이사금은 알지를 데려와 궁중에서 길렀는데, 나중에 그 벼슬이 대보에 이르렀다. 미추의 어머니는 박씨였기 때문에 그 혈통에서 신라 왕실과 무관하지는 않았지만, 부계로 보자면 왕실 계통이 아닌 이가 왕위에 올랐다고 할 수밖에 없다. 뒤이어서는 다시 석씨 왕으로서 조분왕의 맏아들인 14대 의례이사금과 15대 기림이사금이 즉위했다.

김씨계가 다시 왕위에 오르는 것은 17대 내물이사금에 이르러서였다. 신라는 이 시기에 비교적 평온했다. 안으로는 정치적 성장과 사회적 안정이 이루어졌고 밖으로는 고구려·백제·전진 등과 우호적인 외교를 맺었다. 그러나 세력이 지나치게 커진 고구려의 압력을 감당할 수 없었다. 이런 까닭에 고구려와 원만한 관계를 유지하기 위하여 서기 392년(내물이사금 37년)에 이찬(伊湌) 대서지(大西知)의 아들 실성(實聖)을 고구려에 볼모로 보냈다.[154] 당시 고구려는 신라를 자신들에게 신속(臣屬)된 나라 정도로 여겨, 서기 400년에는 신라에 쳐들어온 왜구와 왜구를 조종한 임나가라를 정벌해 신라를 보호하기도 했다.[155]

이후 실성이 귀국하여 이사금에 오르자 이번에는 내물이사금의 아들 복호(卜好)를 볼모로 보냈다.[156] 그리고 내물이사금의 아들인 눌지를 죽이려다가 오히려 눌지에게 죽임을 당했다. 이후 눌지가 왕이 되면서 통치자의 이름이 '이사금'에서 '마립간'으로 바뀌었다. 김대문(金大問)은,

---

154 《三國史記》卷3,〈新羅本紀〉, 奈勿尼師今 37年條
155 《廣開土王陵碑文》, 永樂 10年條 참조
156 《三國史記》卷3,〈新羅本紀〉, 實聖麻立干 11年條

'마립(麻立)'이란 신라 방언으로 말뚝을 말하는데 말뚝은 푯말의 뜻으로
자리를 정해두는 것이니, 왕의 푯말은 주가 되고 신하의 푯말은 아래에
배열되어 있으므로, 이 때문에 그와 같이 이름한 것이라고 했다.[157]

한편, 이전에 통치자를 일컫던 '차차웅'이란 원래 무(巫)를 뜻했으나
당시에는 존장자를 일컫는 말이었고,[158] '이사금'은 연치(年齒)가 많음을
뜻하는 말이었다. 따라서 차차웅과 이사금은 연장자를 뜻하는 말로서 통
치자라는 의미가 약하지만, 마립간은 정치적 권력의 서열을 나타낸 말로
서 통치자의 의미가 강했다. 통치자 이름의 이 같은 변천은 눌지마립간
시기에 왕권이 한층 강화되었음을 말해준다.[159]

이 같은 왕권 강화 움직임은 비단 칭호만의 변화뿐만 아니라 복식
의 변화도 가져왔을 것이다. 제2장의 〈표 2〉와 제3장의 〈표 1〉에서 보았
듯이, 금관이 만들어지기 이전까지 대부분의 신라 왕릉에서는 백화수피
로 만든 절풍과 여기에 장식했던 금속제 관 장식이 출토되었다. 그때까
지 신라는 고구려나 백제와 마찬가지로 가죽이나 백화수피 등으로 만든
절풍을 신분에 큰 구분 없이 써왔으며, 단지 관직에 따라 절풍의 재료와
색상 및 관 장식에서만 차등을 두었을 뿐이었다.

그러나 후대로 오면서 신라만이, 이들 금이나 금동 등으로 만든 절
풍에 관 장식 대신 관테 위로 세움장식이 있는 금관을 만든다. 나는 이
변화의 시기가 바로 눌지마립간(서기 417~458년)이 왕위에 오른 뒤 왕권
강화의 움직임으로부터 비롯된 것이라고 생각하며, 이는 금관이 만들어

---

157 《三國史記》卷3,〈新羅本紀〉, 訥祗麻立干條. "金大問云, 麻立者, 方言謂橛也. 橛謂試操, 准
     位而置, 則王橛爲主, 臣橛列於下, 因以名之."

158 《三國史記》卷1,〈新羅本紀〉, 南海次次雄條. "次次雄, 或云慈充. 金大問云, 方言謂巫也. 世人
     以巫事鬼神尙祭祀, 故畏敬之, 遂稱尊長者, 爲慈充."

159 《三國史記》卷1,〈新羅本紀〉, 儒理尼師今. "金大問則云, 尼師今方言也. 謂齒理. 昔南解將死,
     謂男儒理・壻脫解曰, 吾死後, 汝朴昔二姓, 以年長而嗣位焉. 其後, 金姓亦興. 三姓以齒長相
     嗣. 故稱尼師今": 윤내현, 《한국열국사연구》, 430쪽.

진 상한 연대가 5세기인 점과도 일치한다. 이 시기에 눌지마립간은 왕권 강화뿐만 아니라 왕권 안정에도 상당한 노력을 기울였을 것이다. 눌지마립간 스스로 자신이 죽인 실성이사금의 딸을 왕비로 맞아들이는데, 이는 왕권 안정과 계승의 정당화를 위한 정략적 결혼이었다고 생각된다.

눌지마립간은 석씨 세력과 대립하는 가운데 왕위에 올라, 김씨의 왕위 계승을 확립하고 왕위의 부자상속제도를 확고히 하여 왕권의 안정을 이루어냈다. 눌지마립간의 왕권 안정과 계승의 정당화를 위한 노력은 시조묘에 대한 의식과 역대 원릉(園陵)을 수즙(修葺)했던 데서도 나타난다. 남해차차웅 3년 정월에 시조묘를 처음 세운 이후, 눌지마립간보다 앞선 왕들은 대부분 즉위 2년 정월이나 2월 또는 3월에 한 번 시조묘를 참배하거나 제사를 지냈다. 즉위 초에 행해지는 시조묘 참배나 제사는 즉위의례의 성격을 지니는 것으로 보인다.

즉위의례는 군주가 공적인 권위를 얻는 데 필요한 의례이며, 그 권위가 정당성을 가진 것임을 공적으로 표시하는 의례이기도 하다. 또 즉위의례는 군주가 자신을 속인에서 군주로 변화시키는 통과의례이기도 하기 때문에, 종교적 또는 주술적인 성격을 지니게 된다.[160]

눌지마립간은 즉위 2년 정월에 시조묘 참배로 즉위의례를 거행하여 군주로서 정당성을 지녔음을 드러내고 대내외적으로 왕권의 안정을 도모했다. 그뒤 19년 2월에는 역대 원릉을 수즙하고, 4월에 다시 시조묘에 제사를 지냈다.[161] 역대 원릉을 단장하는 과정에서 어떠한 왕릉을 선택하며 그들의 순서를 어떤 식으로 정할 것인가 하는 문제가 제기되었을 터인데, 이러는 가운데 역대 왕들의 계승 관계를 밝히는 왕통 계보를 정

---

160   西嶋定生, 〈漢代における卽位儀禮－とくに帝位繼承のばあいについて〉, 《榎博士還曆記念 東洋史論叢》, 山川出版社, 1975, 403쪽.

161   《三國史記》卷3, 〈新羅本紀〉第3, 訥祇痲立干 19年條. "春正月. 大風拔木. 二月 修葺歷代園陵. 夏四月 祀始祖墓."

리하게 되었을 것이다.

즉, 눌지마립간대의 역대 왕릉 수즙은, 당시 왕실이 왕통 계보 정리를 통해 김씨로 왕위 계승권을 확립하려는 의도를 가지고 벌였던 작업[162]이라 해석된다. 또한 눌지마립간의 역대 원릉 수즙은 김씨 왕위 계승을 확립하고 왕위의 부자상속제를 확고히 함으로써 왕권의 안정을 꾀하고자한 김씨 왕실의 처지를 상징적으로 보여주는 것이기도 하다.《삼국유사》남월산조(南月山條)에 보이는 '제계(帝系)'가[163] 바로 이를 의미하는 것으로 보인다.

눌지마립간은 왕릉 수즙을 통해 왕권의 안정을 노린 것뿐만 아니라, 시조묘에 대해서도 새로운 조치를 행한다. 눌지마립간은 즉위년에는 시조묘에 참배만 했으나, 이후 19년 4월에는 제사를 지냈다. 이 같은 예는 신라의 모든 왕들 가운데 오직 눌지마립간에서만 볼 수 있다. 시조묘에 대한 제사는 역대 원릉 수즙을 통한 왕통 계보의 정리가 있은 뒤 치러진 것이다. 따라서 새로운 의미의 제사 준비와 함께 이에 걸맞는 복식 제도도 새롭게 정비되었을 것이다. 김부식은《삼국사기》〈잡지(雜志)〉제사(祭祀)조에서 제물과 제기 등에 대하여 알 수 없어 대략만을 기록한다고 했는데, 이로 볼 때 당시 제사 복식에 관한 제도가 마련되었음을 알수 있다. 눌지마립간 때의 시조묘 제사는 김씨 왕통 계보의 확립을 알리는 상징적 의미가 있으므로, 복식에도 당연히 김씨 시조의 상징이 반영되었을 것이다. 복식 가운데서도 왕권을 상징하는 왕관이 대표적일 것이다. 그러면 김씨의 시조로 누구를 상징화했는지 알아보자.

시조묘에 제사지내고 50년 뒤인 소지마립간 7년에 시조묘에 수묘(守墓) 20가를 증치한 사실에서 더욱 김씨 왕통 계보의 확립에 애썼던 정

162   나희라,《신라의 국가제사》, 지식산업사, 2003, 135쪽.
163   《三國遺事》卷3,〈塔像〉第4, 南月山條. 金愷元이 태종 김춘추의 여섯째 아들 愷元角干임을 '帝系'를 근거로 밝히고 있다.

황이 드러난다. 왕통 계보의 정리 작업과 연결시켜볼 때, 이러한 변화는 개별적·집단적 제사를 지양하고 왕통 계보의 정리를 바탕으로 역대 왕을 시조묘에 모아서 제사하고자 한 것[164]으로 이해된다. 또한 시조묘에 수묘가를 증치한 지 약 2년 뒤인 소지마립간 9년 2월에는 시조가 태어난 곳에 신궁(神宮)을 설치했다. 신궁이 설치된 이후 시조묘에서는 간간이 참배만 이루어질 뿐, 모든 왕들이 신궁에서 제사지내기 시작했다.

그러면 신궁에 모셔진 것은 누구일까? 신궁의 주신(主神)에 대해서는 시조왕인 박씨 시조를 모신 곳이라는 설[165]과 김씨 시조를 모신 곳이라는 설로 나뉘어 있다. 김씨 시조에 대해서도 김성한(金星漢)이라는 설,[166] 김나물(金奈勿)이라는 설,[167] 김미추(金味鄒)라는 설,[168] 김알지(金閼智)라는 설[169] 등 다양하다.

《삼국사기》〈제사지〉 신라조에 따르면, 남해차차웅 3년에 처음 세운 시조묘는 시조인 혁거세의 묘이며 사시 제사를 지냈다고 하므로, 당연히 박혁거세의 묘임에 틀림없다. 그러나 신궁 설치 이후에도 왕들이 계속 혁거세의 묘인 시조묘를 배알했다고 하므로, 신궁이 박혁거세를 주신으로 한 곳은 아니라고 볼 수 있다. 또한 위에서 서술한 마립간 시기의 신라 사회의 변화와 발전을 보더라도, 김씨 왕통 계보의 확립과 맞물린 신궁의 주신은 김씨 시조라고 할 수 있다. 문제는 마립간기 김씨의 시조

---

164   나희라, 앞의 책, 137쪽.

165   崔在錫, 〈新羅의 始祖墓와 神宮의 祭祀〉, 《東方學志》 50, 1986, 29~83쪽 ; 金杜珍, 〈新羅金閼智神話의 形成과 神宮〉, 《李基白先生古稀紀念 韓國史學論叢》 上, 一朝閣, 1994, 58~81쪽 ; 崔光植, 〈新羅와 唐의 大祀·中祀·小祀의 비교 연구〉, 《韓國史研究》 95, 1996, 1~21쪽.

166   李基東, 〈新羅太祖 星漢의 問題와 興德王陵碑의 發見〉, 《大丘史學》 15·16, 1978, 7~11쪽.

167   辛鐘遠, 〈新羅初期佛敎史研究〉, 고려대학교 대학원 박사학위논문, 1988, 28~69쪽.

168   邊太燮, 〈廟制의 變遷을 통하여 본 新羅社會의 發展過程〉, 《歷史敎育》 8, 1964, 68쪽.

169   金炳坤, 〈新羅 王權의 成長과 支配 理念의 研究〉, 동국대학교 대학원 박사학위논문, 2000, 137~151쪽.

로 인식하고 제사를 드렸던 대상이 누구인가 하는 것이다.

미추왕은 혜공왕대에 가서야 비로소 시조로 추앙되기 때문에[170] 신궁의 주신이 될 수 없다. 또한 시조가 탄생한 곳에 신궁을 설치했다는 내용으로 볼 때, 김나물의 경우는 그의 탄생이나 행적에서 신화화할 만한 요소가 전혀 보이지 않으므로 역시 신궁의 주신이 될 수 없다.

김성한의 경우도 마찬가지이다. 지금까지 발견된 금석문 가운데 682년에 세워진 문무대왕릉비[171]에서 처음으로 김성한이 김씨의 조상으로 등장한다. 이 비문에는 김씨가 중국의 삼황오제와 연결되어 있고, 김성한은 문무대왕의 15대조로 나와 있다. 또한 흥덕왕이 죽은 836년 무렵에 세워진 것으로 추정되는 흥덕왕릉비에서는 '태조성한(太祖星漢)'이라고 밝히고 있어, 시조가 아닌 태조로 표현되고 있다. 이로 볼 때, 김성한도 김씨의 시조가 될 수 없다.

위에 나열한 미추왕·김성한·김나물과 달리 김알지는 문헌 자료에서 가장 확실하게 탄생 신화를 볼 수 있는 김씨의 시조이다. 눌지마립간기에 역대 원릉의 수즙을 통한 왕통 계보의 정리를 거치면서 김씨 왕계를 확립시켰던 사실로 보더라도, 당시 김알지가 김씨의 시조로 내세워졌을 가능성이 크다. 앞에서 서술했듯이, 이는 마립간 시기 신라 사회의 변화와 발전으로 미루어 보더라도 김씨 왕통 계보의 확립과 함께 김알지가 시조로 인식되고 제사의 대상으로 신궁의 주신이 되었을 가능성이 크다. 김알지 신화가 혁거세 신화와 같은 신화적 구조를 가지고 있다는 점에서도 그 가능성을 찾을 수 있다. 즉, 김알지 신화에서도 혁거세 신화와 같이 숲이 등장하고 아이가 등장하며 동물이 출현해 울음소리로 이를 알려주는 등, 그 구조가 서로 비슷하다.[172] 따라서 김알지 신화가 혁거세 신화

---

170 《三國史記》卷32,〈雜誌〉, 祭祀 ; 《三國遺事》卷1,〈紀異〉, 味鄒王 竹葉軍.

171 《文武王陵碑》. "十五代祖星漢王降質圓穹誕靈仙岳肇臨" ; 韓國古代社會研究所編,《譯註 韓國古代金石文》第2권(신라·가야 편), 駕洛國史蹟開發研究院, 1992.

와 같은 구조를 가지면서 신라의 왕통 계보 속에 자리를 잡게 된 것은 마립간기일 것으로 추정된다. 더구나 나라 이름을 김알지 신화와 관련하여 계림이라고 한 것에서도 김알지가 시조로 인식되고 있음이 드러난다. 신라의 국호는 김알지가 태어난 탈해왕 9년에 계림이라고 불리기 시작했다.[173] 이후 진덕왕 때도 '계림국'이라고 불린 것으로 보아,[174] 7세기 중엽에도 계림국의 국호가 줄곧 사용되었으며, 이후 21대 지증왕 4년(서기 504년)에 국호를 '계림'에서 '신라'로 바꾸고 왕호도 '마립간'에서 '왕'으로 바꿀 때까지 줄곧 사용되었다고 하겠다.

이상의 내용으로부터 마립간기 김알지가 시조로 인식되고 있음이 더욱 확실히 드러난다. 이 같은 문헌 자료에 대한 분석 내용들은 신라 금관의 구조 양식에서 더 분명하게 드러난다.

위에서 눌지마립간 19년 4월에 지냈던 시조묘에 대한 제사는 김씨 왕통 계보의 확립을 알리는 의미를 상징하고 있어, 이때 의식에 걸맞는 복식도 새로이 정비되었을 것이라고 했다. 복식 가운데 김씨 왕권을 상징하는 것은 왕관으로, 기존의 절풍 모양의 관이 그대로 사용되기보다는 김씨 왕통의 정당성과 정체성을 상징하는 왕관이 새롭게 만들어졌을 것이다. 신라에서 관 전체가 금관으로 만들어지기 이전에는, 앞의 제2장 1절에서 분석했듯이, 가죽이나 자작나무껍질로 만든 절풍에 금속으로 만든 관 장식을 꽂아 신분을 드러냈다. 또는 조우형 입화식 금관[175]을 썼는데, 이는 조우를 꽂은 관과 달리 관테 둘레에 조우를 세운 형태이다. 그 예로 의성 탑리 고분에서 출토된 금동관[176]을 들 수 있다. 이것은 금동으

---

172 임재해, 〈맥락적 해석에 의한 김알지신화와 신라문화의 정체성 재인식〉, 《比較民俗學》 33집, 比較民俗學會, 2007, 591~599쪽.

173 《三國史記》, 〈新羅本紀〉, 脫解尼師今 9年條 "改始林名鷄林, 因以爲國號."

174 《三國遺事》 卷1, 〈紀異〉, 眞德王. "唐帝嘉賞之. 改封爲鷄林國王."

175 이은창, 앞의 책, 236~237쪽.

로 된 관테 둘레의 앞면과 좌우 측면 세 곳에 새 깃털 형상의 세움장식을 단 형태이다.

이 금동관의 높이는 52센티미터이며, 원형의 수엽이 18개 달려 있다(〈그림 29〉). 이 금동관은 고구려 금동관식과 비슷하다. 고구려와 신라에서 사용했던 이 새 깃털 모양의 금동관 장식(제3장의 〈그림 6〉 참고)은 고구려와 신라의 문화 교류를 엿보게 한다. 황남동 제98호 고분의 남분에서는 은관이 출토되었는데(〈그림 30〉),[177] 이 은관은 관테 둘레 중앙에 넓은 세움장식을 세우고 좌우에 깃털 장식이 있는 조익형(鳥翼形) 세움장식을 세웠다. 높이는 17.2센티미터이고, 관테의 직경은 16.3센티미터이며, 관테의 폭은 3.3센티미터이다. 관테와 세움장식에 금동으로 만든 원형의 수엽이 달려 있다. 이것이 이후 마립간기에 와서 관 전체를 금으로 만들어 사용하기 이전의 유형일 것으로 추정된다.

신라 금관의 속관은 절풍을 그대로 금으로 만든 것으로, 상투를 가리는 모양이며 겉관에는 세움장식을 새로이 했다. 그러면 신라 금관의 전체 형상을 결정하는 세움장식이 과연 무엇을 상징하도록 만들어진 것인지 알아보자.

금관에 관한 대부분의 기존 연구에서는 세움장식이 나무와 사슴뿔 형상을 하고 있다고 보았다. 그리고 이것이 북방의 스키타이 문화나 알타이 지역 문화의 영향으로 만들어졌다고 추정했다.[178] 또한 세움장식을

176   김재원·윤무병, 《義城 塔里 古墳》, 국립박물관, 1962, 27~29쪽.

177   문화재관리국, 《경주 황남동 제98호 고분(남분) 발굴 조사 약보고》, 1976, 20쪽.

178   金文子, 《韓國服飾文化의 源流》, 民族文化社, 1994, 36~43·78~96쪽 ; 국사편찬위원회 편, 《옷차림과 치장의 변화》, 두산동아, 2006, 25~26쪽 ; 김병모, 앞의 책, 164쪽 ; 梅原末治, 〈慶州金鈴塚飾履塚發掘調査報告〉, 73~78쪽 ; 이은창, 앞의 책, 188~190쪽 ; 金東旭, 《增補 韓國服飾史硏究》, 亞細亞文化社, 1979, 62~63쪽 ; 金元龍, 앞의 책, 180~181쪽 ; 秦弘燮, 앞의 글, 1~34쪽 ; 尹世英, 〈韓國古代冠帽考〉, 《韓國考古學報》 第9輯, 韓國考古學硏究會, 1981, 34~35쪽 ; 이한상, 앞의 책, 50쪽.

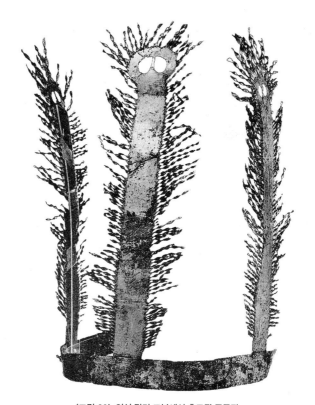

〈그림 29〉 의성 탑리 고분에서 출토된 금동관

두고 '山' 자 모양이니 '出' 자 모양이니 하면서, 단지 형태상의 유사성만을 고려해 한자 용어를 써가며 분류하기도 했다.[179]

    무분별한 전파론적 시각에서 벗어나 신라의 문화적 맥락에서 주체적 시각으로 신라 금관을 해석한 연구가 최근 민속학 분야에서 이루어졌다. 이 연구는 신라 금관의 비밀을 건국 신화와 계림을 통해 명쾌하게 풀어내고 있다. 박혁거세 신화와 석탈해 신화 그리고 김알지 신화를 상호

---

179   김병모, 같은 책, 32쪽 ; 이한상, 같은 책, 87~94쪽.

〈그림 30〉 황남대총 남분에서 출토된 은관

관계 속에서 유기적으로 분석하고, 다시 신라 금관을 김알지 신화의 맥
락 속에서 찬찬히 들여다보는 것이다.[180]

이 연구는 계림은 시림을 일컫는 한갓 숲 이름이 아니라, 금관 문화
가 활발하던 5~7세기까지 신라의 공식 국호였다는 사실을 놓치지 않고
있다. 마립간기 신라 사람들은 김알지의 출현 공간이자 국호의 상징인
계림을 신성한 숲으로 형상화하고자 했을 가능성이 높다고 보았다. 계림
을 상징하는 신성한 숲은 성수(聖樹)이자 김알지를 탄생시킨 생명수로
이루어져 있게 마련이다. 단군 신화의 성지인 태백산 신단수(神檀樹)와
같은 나무가 바로 계림을 이루는 성수이자 생명수이다.

신라의 금관은 한결같이 신단수와 같은 성수로 장식되어 있다. 계
림과 같은 울창한 삼림을 표현하기 위해 신라 금관을 대표하는 금관들은
다섯 그루의 성수로 장식되어 있으며, 이로써 삼림으로 구성된 신성한

---

180   임재해, 〈맥락적 해석에 의한 김알지신화와 신라문화의 정체성 재인식〉, 575~622쪽.

계림을 형상화하고 있다.

계림의 나무는 시조 김알지를 출현시킨 생명나무이다. 그러므로 금관의 세움장식을 하고 있는 나무들에는 한결같이 나뭇잎을 상징하는 영락이 달려 있을 뿐만 아니라, 가지 끝마다 생명을 상징하는 '움'이 봉긋하게 돋아 있다. 계림의 성수를 상징하려면 나무가 모두 살아 있어야 마땅하기 때문이다. 나뭇가지마다 '&' 모양으로 도톰하면서도 뾰족하게 돋아 있는 것은 나무의 자람을 나타내는 '새순'이며 '새싹'이자, 새로 돋아난 '움'이다. 실제로 금관의 세움장식에는 달개와 곡옥이 없어도 가지 끝마다 '&' 모양의 움만은 꼬박꼬박 붙어 있다. 그것은 곧 금관의 나무가 살아 있다는 것을 상징하는 생명의 징표이다. 이러한 분석들은 신라 금관의 세움장식을 사슴뿔로 보는 견해가 잘못임을 알려준다. 사슴뿔이라면 곡옥으로 열매가 표현될 수도 없고, 또 움과 같은 생명의 싹이 붙어 있을 수도 없을 것이다. 또한 서봉총 금관에는 세움장식 끝에 앉아 있는 새가 보이는데, 만일 사슴뿔이라면 새가 앉아 있지 않을 것이다.[181]

앞의 제4장 1절에서 금관총과 서봉총, 황남대총 북분 등의 금관에는 3단의 세움장식에 곡옥과 수엽이 많이 달려 있으나, 세움장식의 가장자리 부분에는 뾰족한 도구로 찍어낸 연속된 점줄무늬가 줄곧 한 줄로 되어 있다고 했다. 그러나 곡옥과 수엽이 모두 달린 천마총 금관과, 수엽은 있으나 곡옥이 달리지 않은 금령총 금관은 세움장식이 4단으로, 연속된 점줄무늬가 모두 두 줄이다. 4단의 세움장식의 경우 얇은 금판을 3단으로 한 세움장식보다 더욱 견고하게 세워야 하기 때문에 두 줄로 했을 것이다. 그러면 왜 금령총 금관에는 곡옥이 달려 있지 않을까?

김병모는 금령총 금관에 곡옥이 달려 있지 않은 까닭을 두고, "곡옥은 생명의 상징이다. …… 곡옥이 달려 있는 금관의 주인공은 많은 생명,

---

즉 자손을 낳은 사람이고, 곡옥이 없는 금관의 주인공은 자손이 없는 인물로 가정해볼 수 있을 것"이라고 했다. 그리고 그 주인공이 적자가 없었던 소지왕일 것으로 추정했다.[182] 그러나 금관보다 관계(官階)가 낮은 계층에서 썼을 금동관과 은관에는 곡옥이 달려 있지 않다. 금동관과 은관을 썼던 주인공들이 모두 자손이 없었다고 해석할 수는 없을 것이다. 금령총 금관은 다른 금관에 견주어 관테 둘레 직경이 작다. 이로 볼 때, 이는 왕이 썼던 것이 아니라 나이 어린 왕족이 썼던 것으로 생각된다.

왕이 쓴 금관은 왕의 권위를 드러내는 상징물이며, 세습 왕조에서 대를 이을 후계자는 곧 왕권의 지속을 상징하는 존재이다. 나는 제4장 1절에서 금관이 장례용으로 만들어진 것이 아니라 의례용으로 만들어져 실제로 쓰였던 것임을 밝힌 바 있다. 따라서 재위 당시 아들이 없는 왕이라 할지라도 이를 금관의 곡옥을 통해 널리 알리지는 않았을 것이고, 또 왕실에서 이런 식으로 왕권을 침해하는 무모한 일을 했다고 생각할 수 없다. 그러므로 곡옥은 금관을 쓴 사람이 후손이 있는지의 여부를 나타낸 것이라는 주장은 근거가 없다고 하겠다.

금관의 구조는 김알지 신화를 상징적으로 드러내고 있으며, 태아를 상징하는 곡옥도 신라 건국 시조와 밀접한 연관성을 갖는다. 알로 모습을 드러낸 시조왕 박혁거세와 금궤 속에 들어 있는 김알지의 출현 상황을 보여주는 훌륭한 상징물이기 때문이다. 박혁거세의 알은 그 자체로 태아에 해당하며, 닭 울음소리와 더불어 금궤 속에 누워 있던 김알지도 사실은 태아에 해당되는 까닭이다. 따라서 금관의 장식인 나뭇가지에 곡옥이 걸려 있는 것은 계림국으로서 신라의 정체성과 건국 시조의 출현 양상을 잘 형상화하고 있는 셈이다.[183] 따라서 곡옥이 달린 금관은 왕족

182　김병모, 앞의 책, 163~164쪽.

183　임재해, 《신라 금관의 기원을 밝힌다》, 지식산업사, 2008.

이 아닌 왕만이 썼던 관이라고 하겠다.

이와 같은 새로운 연구로부터 신라 금관의 구조가 김알지 신화를 상징하고 있음을 알게 되었다. 여기서 잠시 신라의 대외적인 상황을 살펴보며 신라 금관의 출현 배경을 좀더 명확히 해보자.

신라는 당시까지 내정에 깊이 간여하고 있던 고구려의 영향권으로부터 벗어나고자 했다. 즉, 눌지마립간 11년(서기 427년, 고구려 장수왕 15년)에 고구려가 지금의 평양으로 도읍을 옮기고[184] 본격적으로 남진 정책을 취하자, 신라는 서기 433년에 백제와 동맹 관계를 맺어[185] 고구려의 남진에 대항했다. 서기 455년에는 고구려가 백제를 침범하자 군사를 보내 백제를 구원하기도 했다.[186] 이 같은 결과로, 외부적으로도 자주적인 태도를 취할 수 있는 발판을 마련하게 되었다. 이 시기에 고구려는 이미 금관을 사용하고 있었다.

이 책의 제3장에서 상세히 밝혔듯이, 지금까지의 출토품으로 보아 고구려는 4세기 말부터 금관을 만들기 시작했다. 이러한 정황을 볼 때, 고구려와 빚어지는 이러한 대립 속에서 자주적인 태도를 취하기 시작한 신라 역시 당연히 금관을 만들기 시작했을 것이다.

이상의 대내외적인 요인들로부터 다음과 같은 사실을 알 수 있다. 즉, 김씨족의 눌지마립간기는 한편으로 왕위 계승을 독점하면서 왕권을 강화해나간 시기이며, 다른 한편으로 영토 확장에 따른 중앙집권적 국가 제도를 정비한 시기인 것이다. 눌지마립간 시기에 왕관이 독특한 양식으로 변화한 것은 김씨 왕위 계승권을 확립하려는 의도를 가지고 김씨 시조인 김알지 신화의 내용을 금관에 표현하고자 했기 때문이다.

---

184   《三國史記》 卷18, 〈高句麗本紀〉, 長壽王 15年條.

185   《三國史記》 卷3, 〈新羅本紀〉, 訥祗麻立干 17年條. "秋七月, 百濟遣使請和, 從之."

186   《三國史記》 卷3, 〈新羅本紀〉, 訥祗麻立干 39年條. "冬十月, 高句麗侵百濟, 王遣兵救之."

3. 금관의 유형과 고유 양식

지금까지의 고고학·민속학·복식학 등의 연구에서는 신라 금관의
세움장식이 한결같이 북방 시베리아의 스키타이계 문화에서 비롯되었
다고 보고, 다음과 같이 분류되고 있다. 이 절에서는 세움장식과 세움장
식에 달려 있는 곡옥 그리고 달개장식에 대하여 고찰해보고자 한다. 우
선 세움장식의 유형과 이들 양식이 무엇을 표현하고 있는지 알아보자.

(1) 김병모 : 직각수지형, 녹각형, 자연수지형[187]
(2) 이은창 : 초화형 입화식(草花形 立華飾), 수지형 입화식(樹枝形 立
華飾)[188]
(3) 이한상 : 출자 모양, 사슴뿔 모양, 나뭇가지 모양[189]
(4) 김열규 : 출자형, 녹각형, 수목형[190]
(5) 김문자 : 초화형(草花形), 수목형(樹木形), 수목녹각형(樹木鹿角形)[191]
(6) 이종선 : 산자형(1산·3산·4산), 녹각형[192]

여기에 나열한 내용들은 대부분 세움장식을 나무와 사슴뿔로 구분
하고 있다. 이은창의 경우만 '초화형 입화식'과 '수지형 입화식'이라고
하여 사슴뿔을 제외했다. 그러나 이은창의 경우도 이러한 분류를 하면서
녹각형의 분류자들과 마찬가지로 이 양식들이 시베리아 스키타이계 문

---

187   김병모, 앞의 책 참조.
188   이은창, 앞의 책, 235~264쪽.
189   이한상, 앞의 책 참조.
190   金烈圭, 〈東北亞脈絡 속의 韓國神話 ─ 金冠의 巫俗神話的 要素를 中心으로〉,《韓國古代文化
와 引接文化의 關係》, 韓國精神文化研究院, 1981, 302~303쪽.
191   金文子,《韓國服飾文化의 源流》, 民族文化社, 1994, 78~96쪽.
192   李鍾宣, 〈高新羅의 三山冠〉,《高新羅王陵研究》, 學研文化社, 2000, 245~255쪽.

화에서 비롯되었다고 해석한다는 점에서는 동일하다.

　　이 같은 주장들과 달리, 신라 금관이 시베리아 샤먼의 사슴뿔 관에서 비롯된 것이 아니라 알지 신화의 내용을 반영한 조형적 상징물이라는 사실을 밝힌 새로운 이론이 제기되었다. 즉, 금관의 시베리아 무관설을 극복하는 이론적 토대는 같은 왕조의 시조 신화와 왕관이 서로 유기적 관련성을 지닌 문화적 구조물이라는 데 있다고 보는 것이다. 더 일반화하면, 건국 신화와 왕관은 왕권을 상징하는 동일한 문화유산일 뿐만 아니라, 국가적 정체성과 왕의 정통성을 강화하는 정치적 기능을 공유한다는 것이다. 따라서 신라 신화는 물론 금관도 신라 지역의 역사적 사실과 문화적 맥락 안에서 그 자체로 해명되어야 할 것이다.[193]

　　임재해는 신라 금관의 구조를 다음과 같이 신라 지역의 역사적 사실과 문화적 맥락 안에서 해석했다. 금관의 나무 모양 세움장식 가지 끝마다 달린 '♤' 모양은 나무의 생명성을 상징하는 새순이자 움을 나타낸 것이다. 금관의 테를 장식한 여러 그루의 나무들은 성림이자 국림인 계림의 신성한 숲을 상징한다. 그런가 하면, 숲을 이루는 나무는 성수이자 생명수로서 잎을 달고 촉이 있어 모두 싱싱하게 살아 있는 모습이다. 또한 그러한 모습으로 풍요와 다산을 상징한다. 실제로 아주 소박한 금관이나 금동관의 경우에도, 나뭇잎을 상징하는 달개나 곡옥 등은 달려 있지 않아도 가지 끝마다 새싹을 상징하는 움 모양의 형상은 반드시 갖추고 있다. 새싹은 나무가 살아 있다는 최소한의 상징이기 때문이다. 죽은 나무는 금관의 신성성을 상징하는 데 도움이 되지 않는다. 그러므로 금관은 살아 있는 신목들이 숲을 이루고 있는 신성한 계림을 상징함으로써, 김알지 신화의 신이성을 상징하고 나라의 정체성을 확립하며 계림이라고 하는 신라의 국호를 정당화했던 것이다.

193　임재해, 〈맥락적 해석에 의한 김알지신화와 신라문화의 정체성 재인식〉, 575~622쪽.

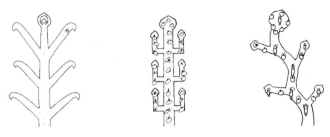

〈그림 31〉 기본형(왼쪽), 가지변이형(가운데), 줄기변이형(오른쪽)

임재해에 따르면, 신단수와 같은 성수로 장식된 금관의 독특한 형상은 초기 신라인 계림국의 건국 과정을 상징함으로써 김씨 왕가의 신성한 왕권을 강화하는 구실을 했던 것이다. 그런데 대부분의 금관 연구자들은 금관의 나뭇가지 장식 가운데 일부를 사슴뿔이라고 해석하거나 '出' 자 또는 '山' 자 모양의 양식이라고 규정하여, 김알지 신화나 신라문화 또는 계림국의 건국사와 무관하게 금관을 해석한다고 비판했다.[194]

그리고 금관의 세움장식은, 자연스러운 나무 모양 세 그루에서 출발하여 굽은 가지 나무 모양 세 그루로 모양만 바뀌다가, 마침내 여기에 굽은 줄기 나무 모양 두 그루를 덧보탬으로써 가장 발전된 양식이 이루어졌다고 보고, 이를 다음과 같이 분류했다.

(7) 임재해 : (가) 곧은 줄기 곧은 가지(자연수지형, 나뭇가지, 수목형)

　　　　　　　(나) 곧은 줄기 굽은 가지(산자형, 출자형, 직각수지형)

　　　　　　　(다) 굽은 줄기 곧은 가지(녹각형, 사슴뿔모양)

그리고 세움장식의 발전 단계에 따라 그 변화 내용을 〈그림 31〉과 같이 정리했다.

194 임재해, 〈왜 겨레문화의 뿌리를 주목하는가?〉, 《比較民俗學》 31, 比較民俗學會, 2006, 224~226쪽.

지금까지 출토된 금관과 금동관 등을 위 (7)의 임재해의 분류에 따라 그 양식의 변화로 정리해보면 다음과 같다.

(가) 곧은 줄기 곧은 가지(자연수지형, 나뭇가지, 수목형)

가장 기본형으로, 자연스럽게 뻗은 세 그루의 나무 양식이다.

출토지와 관의 이름	내용	그림
부산 복천동 11호분 금동관	높이 23.5cm 지름 15.9cm 3단의 세움장식 3개	<그림 32>
성주 가암동 금동관	높이 7.3cm 지름 17.6cm 1단의 세움장식 3개	<그림 33>
경주 교동 고분 금관	높이 12.8cm 지름 14cm 1단의 세움장식 3개	<그림 34>

(나) 곧은 줄기 굽은 가지(산자형, 출자형, 직각수지형)

기본형에서 변화한 것으로, 나무가 세 그루이지만 나뭇가지가 곧게 뻗어 올라간 나뭇가지 양식이다.

출토지와 금속관의 이름	내용	그림
호암미술관 소장 금동관	높이 20.6cm 지름 16.1cm 3단의 세움장식 3개	 〈그림 35〉
부산 복천동 1호 고분 금동관	높이 16.6cm 지름 24.2cm 3단의 세움장식 5개	 〈그림 36〉
경주 황남대총 남분 금동관	높이 28cm 3단의 세움장식 3개	 〈그림 37〉

경주 천마총 금동관	높이 20cm 3단의 세움장식 3개	 〈그림 38〉
대구 비산동 37호분 금동관	높이 22.6cm 지름 18.1cm 3단의 세움장식 3개	 〈그림 39〉
선산 금동관	높이 17.5cm 지름 13cm 3단의 세움장식 3개	 〈그림 40〉
경산 조영동 출토 금동관	높이 19.4cm(가운데), 18.1cm(좌우) 길이 45.7cm 3단의 세움장식 3개	 〈그림 41〉
경산 임당동 7호분 금동관	높이 20.8cm 지름 16.7cm 3단의 세움장식 3개	 〈그림 42〉
안동 지동 2호분 금동관	높이 16.9cm 지름 17.2cm 3단의 세움장식	 〈그림 43〉

높이 23.9cm
지름 17.6cm

단양 하리 동관

붙어 있는 4단으로,
세움장식 3개

〈그림 44〉

알 수 없음

합천 옥전 M6호분 금동관

2단의 세움장식 3개

〈그림 45〉

(다) 굽은 줄기 곧은 가지(녹각형. 사슴뿔모양)

곧은 줄기 양식에서 더욱 변화한 것은 곧은 줄기의 나무 세 그루에 굽은 줄기 양식의 나무 두 그루가 함께 하여 다섯 그루의 나무가 양식화한 것으로, 가장 발전된 형태라고 할 수 있다. 이러한 곧은 줄기 곧은 가지 → 곧은 줄기 굽은 가지 → 굽은 줄기 곧은 가지로 바뀌는 양식상의 형태 변화는 신라 금관의 편년에도 도움이 될 것이다.

이러한 신라 금관 외에, 이은창은 초화형 입화식의 대표적인 예로 일본인 오쿠라(小倉武之助)가 소장하고 있는 창녕 출토의 금관과 호암미술관에서 소장하고 있는 고령 출토의 금관을 들고 있다.[195] 초화형 입화식 금관으로서 일본인 오쿠라가 소장하고 있는 것은[196] 금으로 만든 관테

---

195   이은창, 앞의 책, 242~243쪽.

둘레 가운데에 보주형(꽃 모양) 세움장식이 있으며, 좌우로 초화형의 입
화식이 장식되어 있다. 관테 둘레와 세움장식에는 모두 수엽이 달려 있
다. 높이는 7.4센티미터이고, 직경이 16.9센티미터이며, 관테 둘레의 전
체 길이는 53.45센티미터이다.[197] 호암미술관에 소장되어 있는 금관을 보
면, 네 개의 세움장식에는 수엽이 달려 있고, 관테의 길이는 67.1센티미
터로 수엽과 곡옥이 달려 있다. 이 금관은 출토지가 고령으로 알려지고
있어,[198] 가야 금관의 특색이 담긴 것으로 보인다.

출토지와 금속관의 이름	내용	그림
대구 비산동 37호분 금동관	높이 30.6cm 지름 18.1cm 3단의 곧은 줄기 굽은 가지 세움장식 3개와 굽은 줄기 굽은 가지 2개	 〈그림 46〉

196   三上次男·山邊知行·岡田讓 編集,《東洋美術》第6卷,〈80. 金冠〉, 朝日新聞社, 1969, 88~
       89쪽.

197   早乙女雅博,《新羅·伽倻 冠−小倉のCollectionの研究(1)》(Museum372), 東京國立博物館,
       1982.

198   金元龍,〈전 高靈 출토 金冠에 대하여〉,《美術資料》제15호, 국립박물관, 1971, 1~6쪽.

양산 부부총 금동관	높이 32.9cm	〈그림 47〉
	3단의 곧은 줄기 굽은 가지 세움장식 3개와 굽은 줄기 굽은 가지 2개	
양산 금조총 금동관	높이 33.5cm	〈그림 48〉
	3단의 곧은 줄기 굽은 가지 세움장식 3개와 굽은 줄기 굽은 가지 2개	
프랑스 기메박물관 소장 금동관	높이 약 30cm	〈그림 49〉
	3단의 세움장식 5개	

경주 황남대총 북분 금관	높이 27.5cm 지름 17cm	
	3단의 곧은 줄기 굽은 가지 세움장식 3개와 굽은 줄기 굽은 가지 2개	〈그림 50〉
경주 천마총 금관	높이 32.5cm 지름 20cm	
	4단의 곧은 줄기 굽은 가지 세움장식 3개와 굽은 줄기 굽은 가지 2개	〈그림 51〉

경주 서봉총 금관	높이 30.7cm 지름 18.4cm 4단의 곧은 줄기 굽은 가지 세움장식 3개와 굽은 줄기 굽은 가지 2개	 〈그림 52〉
경주 금령총 금관	높이 27cm 지름 15cm 4단의 곧은 줄기 굽은 가지 세움장식 3개와 굽은 줄기 굽은 가지 2개	 〈그림 53〉

높이 44.4cm
지름 19cm

경주 금관총 금관

3단의 곧은 줄기 굽은 가지 세움장식 3개와 굽은 줄기 굽은 가지 2개

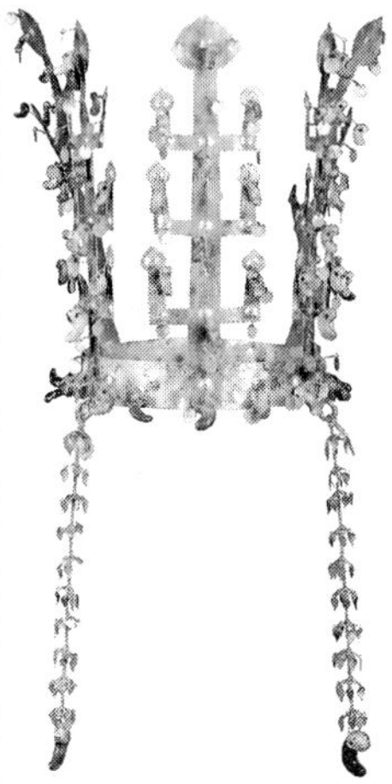

〈그림 54〉

다음으로, 금관에 달려 있는 곡옥에 관하여 알아보자. 금관에 달개 장식과 함께 달려 있는 곡옥은 아름다운 비취색을 띠고 있다. 중국 학자와 일본 학자들은 중국이 동아시아에서 곡옥을 가장 이른 시기에 사용했던 것으로 보고 있지만,[199] 옥기의 사용은 중국보다 한반도와 만주 지역이 훨씬 이르며, 곡옥의 사용도 마찬가지이다.

종래에는 중국과 한반도·만주 지역에서 문화적으로 공통된 요소가 발견될 경우 그것은 중국에서 전파되었을 것이라고 해석하는 것이 일반적이었다. 황하 유역이 동아시아 문명의 발상지였을 것이라는 선입관이 작용하고 있었기 때문이다. 그러나 근래의 고고학적 발굴과 그 연구 결과에 따라, 한반도와 만주에는 구석기시대부터 계속해서 사람들이 살고 있었고, 신석기시대나 청동기시대의 주민들이 다른 곳으로부터 이주해

---

199   林巳奈夫, 《中國玉器總說》, 吉川弘文館, 1999 참조.

왔을 것이라는 견해가 성립될 수 없다는 사실이 밝혀지게 되었다.[200] 또한 한반도와 만주의 신석기시대 시작 연대가 중국의 황하 유역과 비슷하거나 앞섰던 것으로 밝혀졌다.[201] 황하 유역에서 발견된 신석기시대 유적 가운데 가장 연대가 올라가는 것은 하남성의 배리강문화 유적과[202] 하북성과 하남성 경계 지역의 자산문화 유적으로,[203] 시작 연대가 모두 서기전 6000년 무렵인데, 한반도와 만주 지역에서도 강원도 양양의 오산리 유적과,[204] 내몽고 자치구 동부의 규모가 크고 오래된 신석기 집단 거주지인 흥륭와 유적[205]의 연대가 역시 서기전 6200년 무렵으로 확인되었다. 특히 흥륭와 유적에서는 동아시아 최초의 옥고리〔玉玦〕가 발견되었다.[206] 이와 같은 내용에 근거하면, 오히려 옥기 등의 문화가 한반도나 만주 지역에서 기원하여 중국에 전파되었을 가능성이 클 것으로 생각된다. 또한 종래와 같이 동아시아의 모든 문화가 황하 유역으로부터 다른 지역으로 전파되었을 것이라고 보는 선입관도 수정되어야 할 것이다.

한반도와 만주 지역에서는 비슷한 시기에 옥기가 사용되었다.[207] 만

---

200 李鮮馥, 〈신석기·청동기시대 주민교체설에 대한 비판적 검토〉, 《韓國古代史論叢》 1, 駕洛國史蹟開發研究院, 1991, 41~66쪽.

201 제주도 고산리 유적에서 화살촉 등과 함께 토기가 발견되었는데, 그 연대가 서기전 8000년 무렵으로 추정되고 있다(임효재, 〈한·일문화 교류사의 새로운 발굴자료〉, 《제주 신석기문화의 원류》, 한국신석기연구회, 1995 참조).

202 開封地區文管會·新鄭縣文管會, 〈河南新鄭裴李崗新石器時代遺址〉, 《考古》, 1978年 第2期, 73~74쪽 ; 嚴文明, 〈黃河流域新石器時代早期文化的新發現〉, 《考古》, 1979年 第1期, 45쪽 ; 中國社會科學院考古研究所實驗室, 〈放射性碳素測定年代報告(六)〉 《考古》 1979年 第1期, 90쪽.

203 邯鄲市文物保管所·邯鄲地區磁山考古隊短訓班, 〈河北磁山新石器時代遺址試掘〉, 《考古》, 1977年 6期, 361쪽 ; 安志敏, 〈裴李崗·磁山和仰韶〉, 《考古》, 1979年 第4期, 340쪽.

204 任孝宰·李俊貞, 《鰲山里遺蹟 Ⅲ》, 서울大學校博物館, 1988.

205 楊虎, 〈內蒙古敖漢旗興隆洼遺址發掘簡報〉, 《考古》, 1985年 10期, 865~874쪽.

206 中國社會科學院考古研究所, 〈遺址保存完好房址布局淸晰葬俗奇特出土玉器時代之早爲國內之最-興隆洼聚落遺址發掘獲碩果〉, 《中國考古集成》 東北卷(新石器時代〔一〕), 北京出版社, 608쪽.

주 지역에서는 주로 하가점 하층문화 유적들에서 옥기가 많이 보이고 있다. 고조선 문화로 추정되는 하가점 하층문화[208]에 속하는 유적들의 지리적인 분포는 광범위하다.

하가점은 동으로는 요령성 중부의 의무여산(醫巫閭山) 이서(以西)로부터 서로는 내몽고 적봉시 칠로도산(七老圖山) 산록에 다다른다. 남으로는 하북성과 내몽고, 그리고 요령성의 경계를 이루는 연산(燕山) 남부를 가로질러 흐르는 서랍목윤하(西拉木倫河) 유역에 다다른다.[209] 이 지역에서는 많은 유적들이 계속 발굴·조사되고 있는데, 여러 유적들 가운데 대전자(大甸子) 유적과 북표(北標) 풍하(豊下) 유적에서 옥기가 가장 많이 출토되었다. 이 유적들에서 출토된 옥기는 주로 장신구이고, 장식용일 것으로 보이는 도끼 등의 연장도 출토되었다. 이 출토품들에서 보이는 양식은, 후기 신석기시대 문화인 내몽고 적봉시 홍산후 마을에서 발견된 유물을 특징으로 하는, 홍산문화의 특징을 그대로 계승하고 있다.

한창균은 그동안 한반도와 만주에서 발굴된 고고학 자료들을 종합적으로 세밀하게 분석·검토하고 다음과 같은 결론을 내렸다. 즉, 요서 지역의 신석기 문화인 홍산문화는 그 지역의 초기 청동기 문화인 하가점 하층문화로 발전했고, 하가점 하층문화는 비파형동검 문화인 하가점 상

---

207 黃龍渾, 〈新石器時代 藝術과 信仰〉, 《韓國史論》 12, 國史編纂委員會, 1983, 660~680쪽.

208 최근에 고고학자들은 夏家店 下層文化를 비파형동검 문화의 전신으로 보기 시작했으며, 고조선 문화로 분류하고 있다(한창균, 앞의 글, 7~20쪽 ; 林炳泰, 〈考古學上으로 본 濊貊〉, 《韓國古代史論叢》 1, 駕洛國史蹟開發研究院, 1991, 81~95쪽 참조). 內蒙古 自治區의 敖漢旗 大甸子 遺蹟은 서기전 1440±90년(3390±90B.P.)과 1470±85년(3420±135B.P.)으로, 교정연대는 서기전 1695±135년과 1735±135년이다(中國社會科學院考古研究所 編著, 《中國考古學中碳十四年代數據集》, 文物出版社, 1983, 25쪽).

209 복기대, 《요서지역의 청동기시대 문화연구》, 백산자료원, 2002, 20~21쪽. "이 지역에서 지금까지 발굴 조사된 유적으로는 赤峰市 藥王廟, 夏家店, 蜘蛛山, 敖漢旗 大甸子, 范仗子, 白斯郎營子, 南台子, 南山根, 三座店, 四分地, 西道村, 小楡樹林子, 北票 豊下, 建平 水泉, 喀喇沁, 朝陽 勝利三角城子, 朝陽 熱電廠 夏家店下層文化遺址, 錦西 水手營子, 邰集屯, 錦州 山河營子, 義縣 向陽嶺, 阜新 平頂山, 庫論, 奈曼旗 등을 볼 수 있다."

〈그림 55〉 우하량 유적 출토, 절풍 모양의 옥 장식

층문화로 발전했으며, 이것이 철기시대로 발전했다. 그렇기 때문에 고조선의 시작을 서기전 2333년으로 끊어서 보아서는 안 되며, 그 이전 사회에서 점차 발전되어왔다는 점을 인식해야 한다는 것이다.[210]

아울러 우하량(牛河梁)·동산취(東山嘴)·호두구(胡頭溝)의 유적이 발견된 홍산문화기를 서기전 4000년 무렵부터 서기전 2500년 무렵까지로, 하가점 하층문화기를 서기전 2500년 무렵부터 서기전 1500년 무렵까지로, 하가점 상층문화기를 서기전 1500년 무렵부터 철기시대 이전까지로, 그리고 그 이후를 철기시대로 편년했다. 한편 홍산문화기를 추방사회(chiefdom) 단계로 상정하면서, 이러한 사회를 기초로 하여 하가점 하층문화 시기에 고조선이라는 국가가 출현했을 것으로 보았다.[211] 이상의 내용으로 보면, 만주 지역의 한민족들이 곡옥을 비롯한 옥기를 만들기 시작한 것은 신석기시대부터였음을 알 수 있다.

앞의 제2장 1절에서 서술했듯이, 한민족은 고조선시대부터 변이나 책과 함께 절풍을 썼는데, 고조선보다 앞선 홍산문화기에 속하는 우하량 유적에서는 작은 크기의 절풍 모양의 옥 장식품이(〈그림 55〉) 출토되었

210   한창균, 앞의 글, 10쪽.
211   같은 글, 29~31쪽.

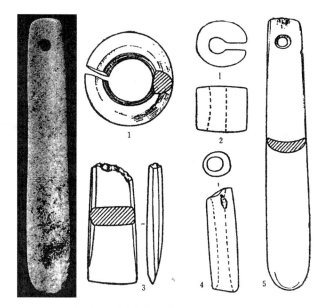

〈그림 56〉 사해 유적에서 출토된 다양한 옥 제품들

다.[212] 이 옥 장식품이 절풍을 조각한 것이라면, 절풍은 고조선보다 앞선 시기부터 사용되었다고 하겠다.

위에서 요서 지역의 초기 청동기 문화인 하가점 하층문화는 고조선 의 초기 문화라는 점, 그리고 이것이 비파형동검 문화인 하가점 상층문 화로 발전했음을 서술했다. 또한 요서 지역의 신석기 문화인 홍산문화는 그 지역의 초기 청동기 문화인 하가점 하층문화로 발전했다는 사실도 서 술했다. 그런데 이 홍산문화보다 앞선 문화인, 요령성 서부 부신(阜新) 고 족자치현(古族自治縣)에 위치한 서기전 6000년경에 속하는 사해(査海) 유 적에서도 곡옥을 비롯한 옥 제품들이 출토되었다(〈그림 56〉).[213] 사해 유적

212   朝陽市文化局·遼寧省文物考古硏究所,《牛河梁遺址》, 學苑出版社, 2004, 53쪽.
213   林巳奈夫, 앞의 책, 147~168쪽.

〈그림 57〉 홍산문화 지역에서 나온 곡옥

은 흥륭와문화(興隆洼文化)에 속하는데, 이 문화는 홍산문화보다 앞선 문
화로 홍산문화와 서로 계승 관계에 있기 때문에 한민족의 선사시대를 연
구하는 데 매우 중요한 문화라고 하겠다. 곡옥을 비롯한 다수의 옥기가
출토된, 서기전 4500~3500년 무렵에 속하는 홍산문화의 분포 지역은
매우 광범위해서, 요령성 서부, 내몽고 동남부, 하북성 북부, 노합하(老哈
河) 상류, 대릉하(大凌河) 상류와 중류를 포괄한다. 이들 지역에서는 곡옥
(〈그림 57〉)과 함께 고조선 질그릇의 특징인 새김무늬 질그릇들이 공통적
으로 출토되고 있다.[214] 이들 분포지의 유적 가운데 우하량(牛河梁) 유적
과 옹우특기삼성타랍(翁牛特旗三星他拉) 유적 등에서는 곡옥을 비롯해서
옥으로 만든 머리꾸미개와 용·돼지·거북·새·물고기 등 다양하고 정교
한 조소품들이 출토되었다.[215] 요령성 심양의 북쪽 지역에서 발견된 신석
기시대 유적으로, 서기전 6000년대 후기의 신락문화(新樂文化) 유적에서
도 새김무늬 질그릇과 함께 옥기들이 여럿 출토되었다.[216]

214 孫守道·郭大順,〈牛河梁紅山文化女神頭像的發現與研究〉,《文物》, 1986年 第8期, 19쪽;
郭大順·張克擧,〈遼寧省喀左縣東山嘴紅山文化玉器墓的發現〉,《文物》1984年 第11期, 1~
11쪽; 柳冬靑,《紅山文化》, 呼和浩特·內蒙古大學出版社, 2002 참조.

215 林巳奈夫, 앞의 책, 149~168쪽; 王曾,〈紅山文化的走向〉,《文史硏究》1輯, 1987; 殷志强,
〈紅山·良渚文化玉器的比較研究〉,《北方文物》, 1988年 1期; 李恭篤·高美璇,〈紅山文化
玉雕藝術初析〉,《史前研究》, 1987年 3期.

216 沈陽市文物管理辦公室,〈沈陽新樂遺址試掘報告〉, 考古學報, 1978年 4期;《中國考古集成》
東北卷(新石器時代〔二〕), 北京出版社, 1053~1064쪽; 于崇源,〈新樂下層陶器施紋方法的

중국에서는 곡옥을 비롯한 옥기들이 위의 동북 지역보다 늦게 만들어졌던 것으로 분석된다. 중국의 신석기시대 문화는 황하 중하류 지역, 양자강 중하류 지역으로 크게 나뉜다.

서기전 5000년기의 앙소문화에 속하는 것으로, 황하 중류 유역의 반파 유형 유적인 남정현(南鄭縣) 용강사(龍崗寺) 유적에서는 연옥으로 만든 도끼 모양의 옥 제품 등이 출토되었다. 신석기시대 문화의 옥기 제작기술이 가장 발달한 것은 서기전 3000~2000년기에 속하는 양자강 하류 유역의 양저문화(良渚文化)이다. 양저문화는 이보다 앞선 서기전 3000년기에 속하는 태호(太湖) 주변의 마가빈(馬家濱)문화와 숭제(崧澤)문화, 서기전 5000~4000년기에 속하는 절강성 중동부의 하모도(河姆渡) 3·4층 문화에서 발달한 것으로, 이들 문화층에서는 굽은 옥과 옥환 등 다양한 옥 제품들이 출토되었다. 이들 옥 제품들에는, 동북 지역 출토품들에 대체로 문양이 없는 것과 달리, 짐승 문양 등이 새겨진 것들이 있다.[217]

한반도 지역에서는, 관옥(管玉)의 경우 춘천 교동 혈거 유적과 김해 옹관이나 김해 무계리의 지석묘 등, 석기시대에서 금속 사용기에 걸친 유물들이 출토되고 있다.[218] 굽은 옥은 함평 초포리 지역에서 초기 철기시대의 것이 출토된 바 있고,[219] 청동기시대의 가야 유적인 창원 신촌리 유적에서는 굽은 옥을 비롯한 여러 가지 옥 제품들이 출토되었다.[220] 북한 지역에서는 청동기시대(서기전 2000년기 말~서기전 1000년기 초)에 속하는 황해북도 황주군 침촌리 유적에서 직경 1센티미터의 둥근 구슬로 만든

研究〉, 《遼寧省考古博物館學會成立大會會刊》, 1981.

217 林巳奈夫, 앞의 책, 148~278쪽 참조 ; 周南泉, 〈故宮博物院藏的幾件新石器時代飾紋玉器〉, 《文物》, 1984年 第10期, 42~48쪽.

218 金元龍, 《韓國考古學硏究》, 一志社, 1992, 114~115쪽.

219 國立光州博物館, 《국립광주박물관》, 통천문화사, 1994, 26쪽.

220 국립김해박물관, 《국립김해박물관》, 통천문화사, 1998, 28쪽.

옥이 출토되었다.[221] 같은 청동기시대(서기전 2000년기 후반기~서기전 1000년기 전반기)에 속하는 유적으로, 함경북도 무산군 무산읍에 위치한 범의구석 유적에서는 직경 9.7센티미터의 옥환(玉環)이 출토되었고,[222] 함경북도 라진시 유현동에 위치한 초도 유적[223]과 자강도 중강군 토성리에 위치한 토성리 유적에서는 긴 대롱 모양과 둥근 모양의 옥들이 출토되었다. 같은 청동기시대의 것으로 평양 지역에서도 굽은 옥이 발견되었다.[224] 이같은 옥기는 이후 매우 정교하고 다양한 발달 양상을 보여준다.

이상의 분석 내용으로 볼 때, 한민족은 중국보다 앞서 신석기시대 초기부터 한반도와 만주의 전 지역에서 이미 곡옥을 비롯한 다양한 옥제품을 생산했음을 알 수 있다. 다음으로, 세움장식과 나뭇가지에 달려 있는 달개장식에 대하여 알아보자.

세움장식과 나뭇가지에 달려 있는 둥글거나 나뭇잎 모양의 달개장식은, 제3장 2절에서 이미 분석했듯이, 고조선시대부터 널리 사용된 한민족 복식의 고유한 양식이다. 고조선은 언제부터 둥근 모양이나 나뭇잎 모양의 달개장식을 복식에 사용했을까?

중국은 서주시대 말기(서기전 9세기 무렵) 위국(衛國)의 유적인 준현(濬縣) 신촌(辛村) 위묘(衛墓)에서 처음으로 크고 작은 청동장식단추가 출토되었다.[225] 그러나 이후 이보다 앞선 것으로, 상대(商代) 후기의 유적으로 밝혀진 하남성 안양(安陽) 곽장촌(郭莊村) 유적,[226] 산동성 보덕현(保德縣)

221 조선유적유물도감편찬위원회, 《조선유적유물도감》(원시편), 동광출판사, 1990, 179쪽.
222 같은 책, 204쪽.
223 같은 책, 208쪽.
224 같은 책, 292쪽.
225 郭宝鈞, 〈濬縣辛村古殘墓之淸理〉, 《田野考古報告》 第1册, 188쪽 ; 郭宝鈞, 〈殷周的靑銅武器〉, 《考古》, 1961年 第2期, 117쪽 ; 內蒙古自治區文物工作隊, 〈呼和浩特二十家子古城出土的西漢鐵甲〉, 《中國考古集成》 東北卷(秦漢至三國(一)), 197쪽.
226 安陽市文物工作隊, 〈河南安陽郭莊村北發現一座殷墓〉, 《考古》, 1991年 第10期, 902~909쪽.

유적,[227] 하남성 안양 곽가장(郭家莊) 상대(商代) 차마갱(車馬坑) 유적,[228] 섬서성 수덕언두촌(綏德土焉頭村) 유적[229] 등에서 청동장식단추가 출토되었다. 상대 후기에서 서주 초기의 유적으로는 섬서성 순화현(淳化縣) 유적,[230] 산동성 교현(膠縣) 서암(西菴) 유적,[231] 하북성 북경시 창평현(昌平縣) 백정(白淨) 등에서 청동장식단추들이 출토되었다.[232] 이보다 후기에 속하는 서주시대의 유적인 감숙성 영현(寧縣) 서구(西溝) 유적,[233] 섬서성 부풍현(扶風縣) 소이촌(召李村) 유적,[234] 하남성 평정산시(平頂山市) 유적,[235] 강소성 단도(丹徒) 대한모자곽(大港母子塂) 유적,[236] 섬서성 기산(岐山)·부풍(扶風) 유적,[237] 장안(長安) 보도촌(普渡村) 유적[238] 등에서도 청동장식단추들이 출토되었다. 이들 청동장식단추의 모습은 원형과 '⊥' 모양이었다. 발굴자들은 이를 동포(銅泡)[239]라고 불렀고, 이후 중국 학자들은 갑포(甲泡)로

227 吳振錄, 〈保德縣新發現的殷代靑銅器〉, 《文物》, 1972年 第4期, 62~64쪽.

228 中國社會科學院考古硏究所安陽工作隊, 〈安陽郭家庄西南的殷代馬車坑〉, 《考古》, 1988年 第10期, 882~893쪽.

229 陝西省博物館, 〈陝西綏德僞頭村發現一批窖藏商代銅器〉, 《文物》, 1975年 第2期, 83~84쪽.

230 淳化縣文化館 姚生民, 〈陝西淳化縣出土的商周靑銅器〉, 《考古與文物》, 1986年 第5期, 12~22쪽.

231 山東省昌濰地區文物管理組, 〈膠縣西菴遺址調査試掘簡報〉, 《文物》, 1977年 第4期, 63~71쪽.

232 北京市文物管理處, 〈北京地區的又一重要考古收穫－昌平白淨西周木槨墓的新啓示〉, 《考古》, 1976年 第4期, 246~258쪽.

233 慶陽地區博物館, 〈甘肅寧縣集村西溝出土的一座西周墓〉, 《考古與文物》, 1989年 第6期, 25~26쪽.

234 扶風縣文化館 羅西章·陝西省文管會·吳鎭烽 尙志儒, 〈陝西扶風縣召李村一號西周墓淸理簡報〉, 《文物》, 1976年 第6期, 61~65쪽.

235 平頂山市文管會 張肇武, 〈河南平頂山市出土西周應國靑銅器〉, 《文物》, 1984年 第12期, 29~31쪽.

236 鎭江博物館·丹徒縣文管會, 〈江蘇丹徒大港母子塂西周銅器墓發掘簡報〉, 《文物》, 1984年 第5期, 1~10쪽.

237 陝西省文物管理委員會, 〈陝西岐山·扶風周墓淸理記〉, 《考古》, 1960年 第8期, 8~11쪽.

238 中國社會科學院考古硏究所灃西發掘隊, 〈1984年長安普渡村西周墓葬發掘簡報〉, 《考古》, 1988年 第9期, 769~777쪽.

분류했다.[240] 따라서 중국의 청동장식단추 생산 시기는 상대 후기인 서기
전 11세기 무렵으로 거슬러 올라가는 셈이 된다.

　고조선의 영역에서 발굴된 청동장식단추로 가장 연대가 앞서는 것
은 서기전 25세기에 해당하는, 평양 부근 강동군 룡곡리 4호 고인돌 유
적에서 출토된 청동장식단추이다.[241] 같은 청동기시대 초기에 속하는 길
림성 대안현(大安縣) 대가산(大架山) 유적에서도 청동장식단추가 출토되
었다.[242] 이보다 후기에 속하는 것으로는 서기전 20세기 후반기에 해당하
는, 황해북도 봉산군 신흥동 유적에서 출토된 청동장식단추로 보이는 조
각이 있다.[243]

　그리고 서기전 16세기에 해당하는[244] 요녕성 대련시 여순구구(旅順口
區) 우가촌(于家村) 상층 유적에서도 원형과 '⊥' 모양의 청동장식단추가
출토되었다. 고조선의 청동장식단추 생산 연대는 중국보다 적어도 약 14
세기 이상 앞선다. 따라서 중국의 청동장식단추는 고조선의 영향을 받아
만들어졌을 가능성이 크다. 중국 상왕조(商王朝)의 청동기는 고조선 초기
의 문화인 하가점 하층문화[245]와 밀접한 관계를 갖기 때문에 더욱 그러하

239　'銅泡'라는 이름은 중국 고고학자들이 붙인 것이며, 서양 학자들은 이것이 단추와 비슷하다고
하여 청동단추(bronze button)라고 부른다. 고조선의 경우 이를 옷·신발·활집·투구·마구
등 여러 곳에 장식용으로 사용했기 때문에, 나는 청동장식단추로 분류하고자 한다.

240　楊泓, 〈戰車與車戰－中國古代軍事裝備禮記之一〉, 《文物》, 1977年 第5期, 82~90쪽.

241　강승남, 〈고조선시기의 청동 및 철 가공기술〉, 《조선고고연구》, 1995년 2기, 사회과학원출판
사, 21~22쪽 ; 김교경, 〈평양일대의 단군 및 고조선 유적유물에 대한 연대 측정〉, 《조선고고연
구》, 1995년 제1호, 사회과학원출판사, 30쪽.

242　吉林省文物工作隊, 〈吉林大安縣洮兒河下游右岸新石器時代遺址調査〉, 《考古》, 1984年 第8
期, 692~693쪽.

243　김용간, 〈금탄리 원시 유적 발굴 보고〉, 《유적발굴보고》 제10집, 사회과학원출판사, 1964, 38쪽.

244　이 유적의 방사성탄소측정 연대는 서기전 3230±90년(5180±90B.P.)과 3280±85년(5230±
85B.P.)으로, 교정 연대는 서기전 3505~3555년이 된다(中國社會科學院考古硏究所實驗室,
〈放射性碳素測定年代報告(七)〉, 《考古》, 1980年 第4期, 373쪽；北京大學歷史系考古專業
碳十四實驗室, 〈碳十四年代側定報告(三)〉, 《文物》, 1979年 第12期, 78쪽).

245　북경 근처에 있는 난하를 경계로 하여 그 동쪽에는, 황하 유역의 초기 청동기 문화인 이리두 문

다. 이 하가점 하층문화와 관련해 장광직(張光直)은 다음과 같이 밝혔다.

상(商)에 인접한 최초의 금속 사용 문화 가운데 하나였으므로
상(商)의 가장 중요한 혁신 가운데 하나—— 청동기 주조 ——의 최초
기원을 동부 해안 쪽에서 찾는 것은 가능할 것이다.[246]

청동기 문화의 시작 연대를 보면, 황하 유역은 서기전 2200년 무렵
이고, 고조선 지역과 문화적으로 관련이 있는 시베리아의 카라수크문화
는 서기전 1200년 무렵이다. 고조선의 청동기 문화가 시작된 때는 서기
전 2500년 무렵으로, 동아시아에서 가장 이르다.[247] 이는 중국의 청동단

화나 상 문화와는 전혀 다른 청동기 문화인, 하가점 하층문화(豊下文化라고도 부른다)가 있었
는데, 개시 연대는 서기전 2500년 무렵으로 잡을 수 있다(윤내현, 《고조선연구》, 244 · 271쪽).
하가점 하층문화는 중국의 상시대보다 훨씬 앞선 시기부터 존재했으며, 비파형동검 문화인 하
가점 상층문화의 전신으로서 고조선의 초기 청동기 문화이다. 지금까지의 조사 결과로 볼 때,
이 문화 유적은 요령성과 길림성 지역에 널리 분포되어 있는데, 3,000여 곳의 유적이 발견되어
있으나 발굴된 곳은 지금의 요서 지역 몇 곳에 불과하다(같은 책, 271쪽). 하가점 하층문화는 비
파형동검 문화인 하가점 상층문화로 발전했으며(같은 책, 106 · 127쪽), 비파형동검 문화가 출
현한 것은 중국의 상시대 초기에 해당한다. 비파형동검 문화는 한반도와 만주 전 지역에 널리
분포되어 있던 문화였다(같은 책, 34쪽).

246 張光直 지음, 尹乃鉉 옮김, 《商文明》, 民音社, 1988, 435쪽.

247 청동기시대 시작 연대를 이보다 늦게 잡는 학자들이 있지만, 나는 이 연대가 타당하다고 생각
되어 이를 택한다 ; 윤내현, 《고조선연구》, 29쪽. "만주지역에서 가장 이른 청동기 문화는 요서
지역의 하가점 하층문화이다. 내몽고 자치구 赤峰市 蜘蛛山유적은 그 연대가 서기전
2015±90년(3965±90B.P.) 이고 교정 연대는 서기전 2410±140년(4360±140B.P.)으로,
이 연대는 지금까지 확인된 하가점 하층문화 연대보다 다소 앞설 것이므로 서기전 2500년 무
렵으로 잡을 수 있을 것이다. 하가점 하층문화 유적은 길림성 서부에도 많이 분포되어 있는데,
이 지역은 아직 발굴되지 않았다. 한반도에서도 서기전 25세기로 올라가는 청동기유적이 두 곳
이나 발굴되었다. 하나는 문화재관리국 발굴단에 의해 발굴된 경기도 양평군 양수리의 고인돌
유적이다. 다섯기의 고인돌이 발굴된 이 유적에서 채집한 숯에 대한 방사성탄소측정 결과는 서
기전 1950±200년으로 나왔는데, 교정 연대는 서기전 2325년 무렵이 된다. 이 유적에서 청동
거울은 출토되지 않았으나 고인돌은 청동기시대 유물이라는 것이 학계의 정설이므로 이 연대
를 청동기시대 연대로 볼 수 있는 것이다. 다른 하나는 목포대학 박물관에 의해 발굴된 전남 영
암군 장천리 주거지 유적이다. 이 청동기시대 유적은 수집된 숯에 대한 방사성탄소측정 결과
그 연대가 서기전 2190±120년(4140±120B.P.)과 1980±120년(3930±120B.P.)으로 나왔
는데, 교정 연대는 서기전 2630년과 2365년 무렵이 된다"(中國社會科學院考古研究所 編著,

〈그림 58〉 한반도와 만주 지역에서 출토된 청동장식단추

추 생산이 고조선의 영향일 가능성을 뒷받침하며, 고조선의 청동장식단추가 갖는 다음과 같은 고유한 특징에서도 확인된다.

첫째, 중국의 경우는 앞에서 서술한 몇 개 지역을 시작으로 감숙성·섬서성·하남성 등에서 소량의 청동장식단추가 발견되었으나, 그 출토지가 매우 적다. 그러나 고조선의 영역이었던 한반도와 만주 지역에서는 거의 모든 청동기시대 유적에서 다양한 크기와 문양의 청동장식단추들이 발견되고 있다(〈그림 58〉).[248]

둘째, 위에서 언급한 서암(西菴) 유적과 백부(白浮) 유적에서 발굴된 청동장식단추는 신촌(辛村) 위묘(衛墓)에서 출토된 청동장식단추와 마찬가지로 원형과 '⊥' 모양으로, 둥근 가장자리에 좁은 선이 둘린 모습이다. 큰 동포(銅泡)의 경우 가운데 두 개의 선이 중심부에 그어져 있을 뿐

《中國考古學中碳十四年代數據集》, 文物出版社, 1983·1992, 27·55쪽 ; Chan Kirl Park and Kyung Rin Yang, "KAERI Radiocarbon Measurements Ⅲ", Radiocarbon, vol. 16, no. 2, 1974, 197쪽 ; 李浩官·趙由典, 〈楊平郡兩水里支石墓發掘報告〉, 《八堂·昭陽댐水沒地區遺蹟發掘綜合調査報告》, 文化財管理局, 1974, 295쪽 ; 崔盛洛, 《靈巖 長川里 住居址》 2, 木浦大學博物館, 1986, 46쪽) ; 신숙정, 〈한국 신석기─청동기시대의 전환과정에 대하여 : 문화발달과정에 대한 자연스러운 이해를 위한 몇 가지 제언〉, 《전환기의 고고학 1》, 학연문화사, 2002, 15~44쪽. "…… 남한지방의 탄소자료들과 요동지방의 것들을 참고할 때 북한에서 주장하는 기원전 2000년기의 청동기 문화라는 것이 '제 형식의 무문토기'의 발생을 의미한다면 그다지 무리할 것도 없다는 생각이다."

248 박선희, 앞의 책, 608~612쪽 표 참조.

이다.[249] 이 같은 모습은 감숙성·섬서성·하남성 등에서 출토된 청동장식단추의 경우도 마찬가지이다. 따라서 중국 청동장식단추에 보이는 문양은 중국의 청동기나 질그릇 및 가락바퀴 등에서 볼 수 있는, 상왕조의 특색을 나타내는 문양과는 전혀 다르다. 이것들은 오히려 고조선의 청동장식단추와 같거나 고조선 청동장식단추의 모습에 가깝다.

그런데 고조선의 청동장식단추는 원형이 주류를 이룬다. 더우기 고조선 영역의 특징으로서 가락바퀴·청동기·질그릇 등에 나타나는 것과 같은 새김무늬 또는 고조선의 청동거울이나 비파형동검 검집에 나타나는 것과[250] 같은 잔줄문양 등이 보이기 때문에, 고조선의 유물이 갖는 특징과 그 맥락을 같이함을 알 수 있다. 주지하다시피, 이러한 문양은 이미 한민족의 신석기시대 유물에서부터 보인다. 이 같은 청동장식단추는 고조선의 철기시대 시작 연대인 서기전 12세기 무렵부터[251] 철로 생산되어 철장식단추가 사용되기 시작한다.

---

249 山東省昌濰地區文物管理組, 〈膠縣西菴遺址調査試掘簡報〉, 《文物》, 1977年 第4期, 66쪽 圖5의 8 · 13 · 14 · 15 · 16 참조.

250 조선유적유물도감편찬위원회, 앞의 책, 68쪽의 도111과 도112 참조.

251 중국은 철기의 시작 연대를 대략 서기전 8~6세기 무렵으로 보고 있다. 金元龍은 한국의 철기시대 시작 연대를 서기전 3세기로 보고 있으나(金元龍, 《韓國考古學槪說》, 101~103쪽), 황기덕과 김섭연은 길림성 騷達溝 유적 돌곽무덤에서 출토된 철기의 분석에 근거해 서기전 8~7세기 또는 그 이전으로 소급해 보아야 한다고 주장했다(황기덕 · 김섭연, 〈우리나라 고대 야금기술〉, 《고고민속론문집》, 과학백과사전출판사, 1983, 172쪽). 윤내현은 중국의 전국시대에 해당하는 요령성 지역의 유적에서 보편적으로 출토되는 철기의 제조 기술 수준이 황하 중류 유역과 동등하고 철제 농구가 많이 출토되고 있다는 점에 근거해, 철기가 보편화하기까지는 오랜 기간이 필요할 뿐만 아니라 황하 중류 유역과 기술 수준이 동등하다면 그 시작 연대도 비슷할 것으로 보고, 한국의 철기 시작 연대는 서기전 8세기보다 앞설 것이라고 파악했다(윤내현, 《고조선연구》, 108쪽). 이 같은 주장들을 더 확실히 해줄 수 있는 유물이 서기전 12세기 무렵의 무덤인 강동군 송석리 문선당 1호 돌판무덤에서 출토되었다. 이 유적에서는 순도가 높은 철로 만든 쇠거울이 출토되었는데, 그 절대 연대가 서기전 3104년이어서(조선기술발전사편찬위원회, 《조선기술발전사》(원시 · 고대편), 과학백과사전종합출판사, 1997, 42~43쪽 ; 강승남, 앞의 글, 24쪽) 한국의 철기 시작 연대가 서기전 12세기 이전으로 거슬러 올라갈 수 있음을 입증해주었다. 이 유적의 발굴 결과는 윤내현 · 황기덕 · 김섭연의 주장을 확실하게 뒷받침해주고 있으며, 고조선의 철기 시작 연대가 중국보다 무려 4~6세기 정도나 앞섰음을 알려준다.

　　고조선에서는 청동장식단추를 의복뿐만 아니라 모자나 신발 또는 활집 등 복식의 여러 부분에 다양하게 사용했다.[252] 부여에서도 금과 은으로 모자를 장식했다.[253] 이는 중국이나 북방 지역에서는 볼 수 없는 화려하고 높은 수준의 복식 양식이다.

　　이후 원형과 나뭇잎 모양의 장식단추로 만든, 한층 발달된 문양이 담긴 양식들이 복식에 다양하게 쓰였으며, 이것으로 마구 등을 장식하는 것은 고구려·백제·신라에서 공통적으로 볼 수 있다. 나뭇잎 모양의 문양은 고조선 초기부터 나타나는데, 이는 중국이나 북방 민족의 복식에서는 찾아볼 수 없는 화려하고 높은 수준의 양식이다. 나뭇잎 모양의 문양은 한민족이 북방 민족들과 청동기 문화를 같이하면서도 그들만의 문양을 갖고 있었음을 말해주는 것으로, 민족의 뿌리를 달리하고 있다는 증거가 될 수 있을 것이다.

　　이상의 분석을 통해, 신라 금관의 세움장식 양식과 곡옥 및 달개장식 등은 이웃나라의 영향으로 만들어진 것이 아니라, 한민족이 고조선보다 앞선 시기부터 사용했던 양식들임을 알 수 있다.

252　中國科學院考古研究所内蒙古工作隊,〈赤峰葯王廟·夏家店遺址試掘報告〉,《中國考古集成》 東北卷(靑銅時代〔一〕), 678~680쪽 ; 조선유적유물도감편찬위원회,《조선유적유물도감》(고조선·진국·부여편), 외국문종합출판사, 1989, 70쪽 ; 박진욱,《조선고고학전서》, 과학백과사전 종합출판사, 1997, 50·57~58쪽.

253　《三國志》卷30,〈烏丸鮮卑東夷傳〉, 扶餘傳. "以金銀飾帽."

은합우 명문에 대한 새로운 해석의 결과로 서봉총의 절대 연대를 밝히게 되었으므로, 신라 적석목곽분의 편년과 더불어 신라 금관의 하한 연대를 설정하는 데도 이것이 좋은 기준이 되기를 기대한다. 우리 학자들은 오랫동안 서봉총에 대하여 연구해왔다. 그러나 일본인 학자들의 해석 범주와 수준을 벗어나지 못했다. 발굴 당사자였던 일본인이 붙인 '서봉총'이라는 국적 없는 이름을 고스란히 이어받은 것은 물론, 그들이 만들어낸 '신묘년'이라는 간지 설정에 매달려 헛된 연대 해석에 몰입해왔다. 그러므로 이제 서봉총이라는 조작된 이름에서 해방되어 진평왕릉이라고 일컬어야 함은 물론, 신라 사람들의 혼이 담긴 신라 금관의 자리매김도 새롭게 이루어져야 할 것이다. 서봉총 금관은 진평왕이 썼던 왕관으로 다시 태어나야 마땅하다.

제5장

서봉총 금관의
연대와 주인

1. '연수' 연호에 대한 종래의 견해

신라 적석목곽분의 편년 설정에서 중요한 고분의 하나로 서봉총을 들 수 있다. 서봉총은 1926년 9월에 발굴되었다. 발굴 당시 스웨덴(瑞典)의 황태자 구스타프 아돌프(Gustav Adolf)가 참여하여 왕관을 들어내게 했는데, 출토된 금관의 나뭇가지 장식 끝에 있는 세 마리의 새 장식을 보고 이를 봉황으로 여겼다. 이 때문에 '서전(瑞典)'에서 딴 '서(瑞)' 자와 '봉황(鳳凰)'에서 딴 '봉(鳳)' 자를 합쳐 '서봉총(瑞鳳塚)'이라고 이름을 지었다. 금관총과 금령총에 이어 세번째로 발굴이 이루어진 서봉총에서는 금관을 비롯한 풍부한 유물들이 다량 출토되어 학술적 가치가 매우 높은 고분이기도 하다.

서봉총에서는 신라의 다른 적석목곽분처럼 금관 외에도 은합우(銀盒杅), 청동솥, 유리잔, 칠기 숟가락, 수 놓은 능(綾)으로 만든 옷 조각 등 많은 유물이 출토되었다.[1] 이러한 유물들 가운데 주목할 만한 것이 제작 연대가 기록되어 있는, 명문이 새겨진 은합우(〈그림 1〉)이다. 명문이 새겨진 은합우는 적석목곽묘의 절대 연대를 알려주는 긴요한 자료이므로, 그동안 연대 해석을 위한 많은 연구가 이루어졌다. 그런데 절대 연대를 나타내는 '연수원년(延壽元年)'의 해석을 제쳐놓고, 명문에 없는 신묘 간지 해석에 매달려 연구의 본래 목적에 이르지 못했다.

은합우에는 덮개의 안쪽과 은합 겉 부분 바닥 면에 명문이 새겨져 있는데, 거기에 바로 '연수(延壽)'라는 연호가 있다. 만일 이 연호를 정확히 밝힐 수만 있다면, 서봉총의 절대 연대를 파악하는 데는 물론 신라 적석목곽분을 편년하는 데도 한 기준이 될 것이다. 신라 고분 연구자들은

---

1   小泉顯夫, 〈慶州瑞鳳塚の發掘〉, 《史學雜誌》 第38編 第1號, 1927, 75~83쪽 ; 국립경주박물관, 《국립경주박물관》, 통천문화사, 1995, 116·117·121·124쪽.

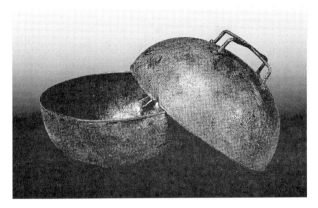

〈그림 1〉 서봉총 출토, 명문이 새겨진 은합우

오랫동안 서봉총의 명문에 대해 분석해왔으나, 절대 연대를 비정하는 데서는 서로 의견을 달리하고 있다.

우선 연수라는 연호가 당시 실제로 쓰였던 것인지 분석하고, '辛' 자와 '卯' 자 양쪽으로 나뉘어 있는 간지를 합쳐 신묘년이라고 해석한 내용이 옳은지도 다시 검토해보고자 한다. 서봉총의 은합우 명문에 대한 정확한 분석과 이에 따른 연대 설정은 곧 신라 적석목곽분의 편년을 바로잡는 연구가 될 것이다. 아울러 서봉총의 묘주와 신라 금관이 사용되었던 하한 연대도 함께 밝혀질 것이다.

서봉총이 발굴된 다음 해인 1927년 정월에 발굴 담당자였던 일본인이 간단한 발굴 보고서를 발표했다.[2] 그리고 함께 발굴에 참여했던 일본인 하마다 고사쿠의 명문 해석 논문이 발표되었을 뿐, 우리 학계에서는 미처 연구를 하지 못했다. 해방 이후 국립박물관에 출토품 더불어 당시에 촬영한 수십 장의 사진들이 들어와 그대로 남아 있으며, 6·25 전쟁 때도 금관을 비롯한 모든 유물이 안전하게 보존되어 진전된 연구를 하는

2   小泉顯夫, 같은 글 참조.

〈그림 2〉

데 귀중한 자료가 되고 있다.[3]

　서봉총에서 출토된 풍부한 유물 가운데 하나였던 은합우는 발굴 당
시에는 그다지 주의를 끌지 못했다. 그러다가 수년이 지나서야 당시 박
물관에서 일했던 한 관원에 의해 그 위에 새겨진 명문이 판독되기 시작
했다. 그리고 발굴 이후 6년 만에 비로소 은합우의 명문 관련 내용이 〈신
라의 보관(新羅の寶冠)〉이라는 논문[4]으로 발표되었다. 그리고 우리 학계에
서는 〈연수재명신라은합우에 대한 일·이의 고찰〉이라는 논문에[5] 처음
으로 〈신라의 보관〉을 인용한 은합우의 명문이 소개되면서(〈그림 2〉) 연
대 추정을 위한 논의가 시작되었다.

　하마다 고사쿠는 은합우 명문의 판독을 시도하여, 합개(合蓋) 내부의
내용은 "연수원년태세재묘삼월중 태왕경(교)조합간용삼근육량(延壽元年

3　李弘稙, 〈延壽在銘新羅銀合杅에 대한 一·二의 考察〉, 《韓國古代史의 研究》(崔鉉培博士還
　　甲紀念論文集), 1954, 459~471쪽.

4　濱田耕作, 〈新羅の寶冠〉, 《寶雲》第3冊, 1932(《考古學研究》에 재수록), 354~355쪽.

5　李弘稙, 앞의 글 참조.

〈그림 3〉

太歲在卯三月中 太王敬[教]造合杆用三斤六兩"이라고 했으며, 합신(合身) 외저 (外底)의 내용은 "□수원년태세신…… 태왕경조합……(□壽元年太歲辛…… 太王敬造合……)"이라고 했다.[6]

이홍직은 위의 논문에서 은합우 명문에 대한 하마다 고사쿠의 판독 내용보다 좀더 상세한 분석을 했다. 이 논문에서 연구자 자신이 새롭게 해석한 내용은 〈그림 3〉의 모사도와 같다. 이 모사도를 토대로 한 판독 내용은 다음과 같다.

〈合身外底〉   〈合蓋內部〉

延壽元年太歲在辛   延壽元年太歲在卯三月中
三月□太王敬造合杆   太王敬造合杆用三斤六兩
三斤

이 판독 내용을 보면, 몇몇 부분에서 새롭게 접근하고 있음이 발견된다. 우선, 〈그림 2〉를 판독한 경우보다 '三月'과 '三斤'이 더 첨가되었음을 알 수 있다. 또한 〈그림 2〉에서 '敬(敎)造'라고 본 것을 은합우 겉 부분의 글자에 준하여 '敬造'라고 파악하고 있다. 그리고 앞의 연구에서는 '合杆'라고 판독한 것을 이홍직은 '合杆'라고 판독했다.

명문의 내용과 관련한 자세한 분석은 3절에서 하기로 하고, 우선 앞의 〈그림 2〉와 〈그림 3〉에서 판독된 내용를 토대로 명문을 새로 정리해 보겠다.

〈은합 겉면 바닥〉
延壽元年太歲在辛
三月□太王敬(敎)造合杆
三斤

〈은합 덮개 안쪽〉
延壽元年太歲在卯三月中
太王敬(敎)造合杆三斤六兩

〈그림 3〉과 같이 판독한 이홍직은 "두 명문의 내용은 거의 동문(同文)인데, 다만 간지(干支)를 양쪽으로 나누어 쓴 것이 틀릴 따름"이라는 견해를 제시했다. 그리고는 "合蓋 內部銘과 合身 外底銘을 합쳐서 延壽元年이 辛卯年이라는 것을 알 수 있게 되는데 이 辛卯年을 언제로 잡느냐 하는 考證을 濱田博士는 다음과 같이 하고 있다"[7]고 하면서 〈그림 2〉를 판독한 견해를 다음과 같이 소개했다. 즉, "일본의 近江(滋賀縣) 高島

7   같은 글, 462~465쪽.

郡 水尾古墳 出土品이 성질상 신라의 金冠塚 또는 이 瑞鳳塚 것과 동시대 것이라고 생각할 수 있으며, 그것은 또 5세기 後半에서 6세기 初半 前後에 比定할 수 있는 근거를 가지고 있으므로 이 辛卯年도 대략 그런 시대에 比定하게 되었다"[8]는 것이다.

이와 같이 한·일 두 학자의 은합우 명문 해석과 연대 비정은 상당히 비슷하다. 한결같이 연수원년은 해석하지 않고 신묘년으로 추정하는 데 해석을 집중하고 있는 것이다. 후속 연구자들도 선행 연구에 따라 한결같이 5~6세기 사이에서 신묘년을 찾으려고 했다. 그 결과 신묘년이 "東洋 各朝에 도무지 보이지 않는 年號"라고 하면서 지증왕 32년이 적합할 것으로 추정하기도 하고, "신라 초기에 北方 고구려의 영향을 각 방면으로 많이 받은 점에 있어서 '延壽'라는 연호는 '永樂'과도 상통하며 또 不老長生의 사상이 고구려 古墳壁畫에 농후한 것을 알 수 있으니 만큼 더욱 그러한 연관성을 생각하게 된다"[9]고 하여 고구려 연호와 연관짓기도 했다.

계속된 연구에도 불구하고 여러 학자들은 은합우 명문 해석에서 신묘년의 범주를 벗어나지 못했다. 고구려·백제·신라·왜의 태왕(太王) 성립을 논하면서 '연수'를 고구려의 연호로 보는 견해도 제시되었다. 서기 451년에는 신라가 고구려의 지배 아래 있었던 점, 서기 536년에 처음으로 '건원(建元)'이라는 연호를 사용했다는[10] 사실, 그리고 태왕이 고구려에서는 4세기 말에 형성되었고 백제에서는 5세기 전기에 형성되었다는 사실을 근거로, 은합우의 '연수원년'을 고구려 장수왕 39년(서기 451년)으로 보기도 했다.[11]

8   같은 글, 465쪽.
9   같은 글, 같은 쪽.
10 《三國史記》卷4,〈新羅本紀〉, 法興王 23年條 "始稱年號. 云建元元年."
11 坂元義種,〈古代東アジアの日本と朝鮮－大王の成立をぐつて〉,《史林》51-4, 1978, 189쪽.

북한 학자의 경우에도 '연수'를 고구려의 연호로 파악했다. 송영종은《삼국사기》〈신라본기〉의 법흥왕조에 근거하여, 서기 536년 이전에는 신라에 연호가 없는 것으로 전제했다. 그리고 백제는 4세기 말에서 5세기 중엽까지 신라와 적대국이었고, 서기 511년에는 백제와 신라가 대등한 처지였으므로, 신라가 백제의 연호를 사용할 수도 없다고 보았다. 그는 이러한 이유를 들어 서봉총의 '연수'는 고구려의 연호일 수밖에 없다고 주장했다. 그런데 서기 391년은 광개토대왕의 영락원년(永樂元年)이므로 연수원년에 해당하지 않으며, 서기 511년은 신라의 국력이 상당히 강성해진 이후로 고구려와 신라의 관계가 악화된 상태라는 사실을 고려할 때, 이 시기의 고구려 연호라고 해석하는 것은 적절하지 않다고 보았다. 이러한 근거로, 연수원년 신묘년은 서기 451년에 해당하는 장수왕 39년일 것으로 추정했다.[12]

신라 고분의 연구와 함께 고고학 분야에서도 연수원년에 대한 연구가 풍부하게 이루어졌다. 1964년에 신라 무덤의 편년을 가족묘, 부곽이 있는 부부 무덤, 부곽이 없는 부부 무덤, 단곽묘의 순서로 정하면서, 연수원년을 서기 391년으로 추정한 견해가 발표되었다.[13] 1970년대 신라 고분 연구자들은 호우총의 을묘년이 서기 415년인 사실에 근거하여 연수원년이 눌지왕 35년(서기 451년)이라고 보았다.[14]

또한 고구려 인현의불상(因現義佛像)의 조성 시기인 연희 7년을 밝히기 위하여 연가(延嘉)와 연수가 모두 장수왕 때의 연호라 보고, 연수는 장수왕 39년(서기 451년)이라고 밝히기도 했다.[15]

12　손영종, 〈금석문에 보이는 삼국시기의 몇 개 년호에 대하여〉, 《력사과학》 4호, 과학백과사전출판사, 1996, 12~20쪽.

13　박진욱, 〈신라무덤의 편년에 대하여〉, 《고고민속》 제4기, 사회과학출판사, 1964, 58쪽.

14　尹世英, 〈古新羅·伽倻古墳의 編年에 關하여-古墳出土 冠帽를 中心으로〉, 《白山學報》 第17輯, 白山學會, 1974, 102쪽; 伊藤秋男, 〈耳飾의 型式學的研究에 其つく 韓國古新羅時代古墳의 編年에 關する 試案〉, 《朝鮮學報》 64, 朝鮮學會, 1972, 61쪽.

신라 적석목곽분에 대한 전반적인 연구가 이루어지면서, 이와 함께 서봉총에서 출토된 은합우와 황남대총에서 출토된 유물들의 비교를 통한 새로운 견해도 제시되었다. 연수를 고구려의 연호로 보면서도, 서봉총보다 그 축조 연대가 앞서는 황남대총 남분에서도 십자형 꼭지합이 출토된 점과 황남대총 북분에서 출토된 은으로 만든 과대(부인대〔夫人帶〕) 명(銘)의 각명수법(刻銘手法) 분석을 통해, 서봉총 은합우와 자체(字體)가 같다고 판단하여, 서봉총 출토 은합우가 신라 제품이라고 추정했다. 이에 따라 연수원년 신묘년은 서기 391년으로, 서봉총의 연대는 5세기 초로 편년했다.[16]

은합우의 제작 기법을 분석하여 은합우가 신라의 자체 작품이 확실하다고 보고, 5세기 후반에서 6세기 초반에서 신묘년이 되는 해를 찾아, 그 제작 시기가 지증왕 12년(서기 511년)이라고 추정한 연구도 있다.[17] 은합우 명문에 왕의 이름이 없이 그냥 '태왕'이라고 한 점에 주목한 연구도 나왔다.

고구려와 신라의 금석문 자료를 검토하고 '태왕'의 용례를 비교하여, 391년·451년·511년의 어느 경우에도 신라의 금석문에서는 태왕의 예가 없다는 사실을 근거로, 은합우 명문의 글자는 고구려에서 쓰여졌다는 견해도 제시되었다. 그리고 고구려 금석문에 나타나는 태왕과 왕의 용례와 비교하여, 은합우에 보이는 '태왕'의 때를 장수왕 39년(서기 451년)으로 해석했다.[18] 또는 은합우의 문장에 보이는 '태왕'이라는 표현과 연

15 金煐泰, 〈高句麗 因現義佛像의 鑄成時期−延嘉·延壽의 長壽王 年號 가능성 試考〉, 《佛教學報》 34輯, 東國大學校佛教文化研究院, 1997, 21∼40쪽.

16 崔秉鉉, 《新羅古墳研究》, 一志社, 1992, 374∼378쪽.

17 朴光烈, 〈新羅 瑞鳳塚과 壺杅塚의 絕對年代考〉, 《韓國考古學報》 41, 韓國考古學會, 1999, 73∼99쪽 ; 김병모, 《금관의 비밀》, 푸른역사, 1998, 161쪽.

18 金昌鎬, 〈古新羅 瑞鳳塚의 年代 問題(Ⅰ)〉, 《伽倻通信》 13·14合輯, 1985, 64∼76쪽 ; 金昌鎬, 〈古新羅瑞鳳塚 출토 銀合銘文의 검토〉, 《歷史教育論集》 第16輯, 歷史教育學會, 1991,

도 표기에 나타나는 '태세'라는 표현 등을 고려하여, 이것들이 고구려 문화의 요소라 판단하고 '연수'의 연대를 장수왕 39년(서기 451년)으로 해석하기도 했다.[19]

이상의 내용을 종합해보았을 때, '연수'에 대한 견해는 신라 연호설과 고구려 연호설로 대별되며, 이에 따라 은합우가 제작된 곳도 고구려와 신라라는 견해로 나뉜다. 이처럼 서로 다른 신묘년 해석으로 말미암아, 서봉총의 연대는 5세기 초기, 5세기 중기, 5세기 후기, 6세기 초기 등 다양하게 비정되고 있다.

그렇다면 앞에서 보았듯이 많은 연구에서 끊임없이 찾고 있는 그 신묘년은 과연 은합우 명문에 대한 올바른 해석에서 비롯된 것일까? 왕의 무덤에서 출토된 물건에 당시 사용하지도 않던 '연수'라는 연호를 새기는 것이 과연 가능한 일인가? 이와 같은 기본적인 문제가 당연히 제기되어야 한다. 당시 이웃나라와 활발한 교류를 가졌던 신라의 국제적인 성격을 고려한다면, 신라 주변국에서 사용했던 연호에 대해서도 더욱 상세한 검토가 필요할 것으로 생각된다.

2. 은합우 명문의 새로운 해석

우선 은합우 명문의 해석에 들어가기에 앞서, 글자를 분석하며 〈그림 2〉와 〈그림 3〉처럼 은합우를 묘사한 사람들의 견해 차이를 좁혀보는 작업부터 해보자.

〈그림 2〉에 보이는 글자1(〈그림 4〉)과 글자2(〈그림 5〉) 그리고 〈그림

43~58쪽.

19   정운용, 《다시보는 고구려사》, 고구려연구재단, 2004, 100~101쪽 ; 정운용, 〈三國關係史에서 본 中原高句麗碑의 意味〉, 《고구려 국제관계》(연구총서 5), 고구려연구재단, 114쪽.

〈그림 4〉 글자1   〈그림 5〉 글자2   〈그림 6〉 글자3   〈그림 7〉 글자4

〈그림 8〉 글자5   〈그림 9〉 글자6   〈그림 10〉 글자7 〈그림 11〉 글자8 〈그림 12〉 글자9

3〉에 보이는 글자3(〈그림 6〉)과 글자4(〈그림 7〉)를 연구자에 따라 '敬'으로 보기도 하고 '敎'로 보기도 한다. 이 두 그림에 보이는 묘사가 올바른 것이라 가정하고, 서체 변화의 내용을 토대로 이것들을 분석하면 흥미로운 결과를 얻을 수 있다.

　〈그림 2〉의 왼편에 보이는 글자1과 오른편에 보이는 글자2 그리고 〈그림 3〉의 왼편에 보이는 글자3은 획이 그어진 양상이 동진(東晋) 왕의지(王羲之)의 《징청당첩(澄淸堂帖)》(글자5, 〈그림 8〉)과 《집자성교서(集字聖敎序)》(글자6, 〈그림 9〉), 송(宋)나라 미불(米芾)의 《삼희당법첩(三希堂法帖)》(글자7, 〈그림 10〉), 역시 동진(東晋) 왕의지(王羲之)의 《돈화각첩(激化閣帖)》(글자8, 〈그림 11〉) 등에 보이는 '敬' 자의 서법 형태와 같다.[20] 그러나 〈그림 3〉의 오른편에 보이는 글자4는 오히려 송나라 미불(米芾)의 《쾌설당척독(快雪堂尺牘)》(글자9, 〈그림 12〉)에 보이는 '敎' 자[21]에 가깝다. 실물을 볼

20　大通書局編輯部, 《歷代書法字彙》, 大通書局, 1974, 683쪽.

21　같은 책, 678쪽.

수 없어 안타깝지만, 모사체에서 '敬' 자와 비슷한 것이 더 보이므로 나는 이것을 '敬'으로 보고자 한다.

'合杆'과 '合杅'의 경우에도, 지금으로서는 실물을 확인해볼 방법이 없기 때문에, 두 그림에 보이는 글자 가운데 어느 것이 더 제대로 묘사한 것인지 알 수 없다. 그러나 그 뜻으로 보건대, '合杅'가 옳다고 생각한다. 《정자통(正字通)》에 따르면 '간(杆)'은 나무 막대기를 뜻하고,[22] 《공양전(公洋傳)》에 따르면 '우(杅)'는 물을 담는 그릇이라고 한다.[23] 이 출토물의 전체 높이가 15.9센티미터이고 직경이 19센티미터임을 고려했을 때,[24] 이 제품은 은으로 만든 '합간'이 아니라 '합우'라고 보는 것이 타당할 것이다. 이상의 검토를 토대로 서봉총 은합의 명문 내용을 다음과 같이 다시 정리해볼 수 있다.

〈은합 겉면 바닥〉
延壽元年太歲在辛
三月□太王敬造合杅
三斤

〈은합 덮개 안쪽〉
延壽元年太歲在卯三月中
太王敬造合杅三斤六兩

---

22 《正字通》. "俗作杆. 木梃也."
23 《公洋傳》. 宣十二年. 여기서 "古者杅不穿, 皮不蠹, 則不出於四方"이라고 했고, 이에 대한 주에서 "杅, 飮水器"라고 했다.
24 朴光烈, 〈新羅 瑞鳳塚과 壺杅塚의 絶對年代考〉, 《韓國考古學報》 41, 韓國考古學會, 1999, 77쪽.

명문의 내용을 가장 먼저 분석한 연구에서는 은합의 겉면에 새겨진 '延壽元年太歲在辛'의 마지막 글자 '辛'과 덮개에 새겨진 '延壽元年太歲在卯'의 '卯'가 '간지를 양쪽으로 나누어 쓴 것'이라고 보고, 두 글자를 합쳐 '신묘년'이라고 해석했다. 따라서 이 은합우가 만들어진 연대를 '연수원년 신묘년'으로 파악해 비정을 한 것이다.[25]

이 연구를 계기로 서봉총의 연대에 관한 모든 연구는 신묘년을 근거로 추론하기 시작했다. 은합우의 각기 다른 부분에 새겨진 두 글자를 막연히 합쳐 '신묘'라고 하는 간지를 만들어냈는데도 아무도 '신묘년'에 대한 문제 제기를 하지 않았음은 물론, 한결같이 신묘년을 근거로 서봉총 연대를 추정하려고 시도했던 것이다. 마땅한 근거도 없이 서로 다른 부분에 있는 '辛' 자와 '卯' 자를 합쳐 과연 간지로 해석할 수 있을까? 물론 그럴 수 없거니와, 그런 식으로 표기한 사례도 발견할 수 없다. 그렇다면 명문의 기록은, 간지를 나누어 표기한 것이라고는 할 수 없겠고, 과연 어떤 사실을 나타내고자 한 것일까?

먼저 은합의 겉면 바닥에 새겨진 '延壽元年太歲在辛'을 해석하면 다음과 같다. 여러 학자들 사이에 해석이 분분했던 '연수(延壽)'는 고창국(高昌國)의 연호이다. '연수원년'은 고창국 국문태(麴文泰) 왕이 즉위한 지 5년이 되는 해에 '중광(重光)'에서 '연수'로 연호를 바꾼 원년이다. 즉, 연수원년은 고창국 국문태왕 5년으로서 서기 624년에 해당한다.[26] 그렇다면 '태세재신'은 어떻게 해석해야 할까?《이아(爾雅)》〈석천(釋天)〉에 따르면, "태세재신왈중광(太歲在辛曰重光)"이라고 했다. '중광'은 바로 덕이 있어 많은 것을 이룬 명군(明君)이 계속하여 재위했다는 뜻이다.[27] 따라서

25 李弘稙, 앞의 글 참조.
26 林幹·陸峻岭 合編,《中國歷代各族紀年表》, 內蒙古人民出版社, 1980, 404쪽.
27 《書經》의〈顧命〉에서 "昔君文王·武王宣重光"이라고 했고, 이에 대해《孔傳》에서 "言昔先君文·武, 布其重光累聖之德"이라고 했다;《淮南子》의〈天文〉에서 "酉在辛曰重光"이라고 했

위의 명문은 연수원년에 국문태 왕이 계속 명군으로 재위했다는 뜻으로
해석할 수 있을 것이다.

이러한 명문의 해석 내용으로 볼 때, 서봉총 은합우는 서기 624년에
고창국에서 만들어 신라에 예물로 보낸 것이라 추정된다. 당시 신라의
고분에는 은합우와 같은 고창국의 물건뿐만 아니라 서역의 물건들이 다
수 출토된 바 있다.

문헌 기록으로 볼 때, 신라와 서역의 관계는 내물왕 26년(서기 381년)
에 위두(衛頭)가 전진(前秦)으로 파견된 일에서 엿볼 수 있다.[28] 왜냐하면
그 나라 수도에서 서역인과 교류가 가능했을 것으로 보이기 때문이다.
그러나 신라와 서역의 교류는 서기전 2세기 무렵 장건(張騫)의 서역 경영
이후 개척된 비단길 등을 통하여 더 이른 시기부터 진행되었을 것으로
짐작된다. 실제로 지금의 신강 자치구 낙보현(洛甫縣)에 위치한 노인-울
라(Noin-ula)의 산보랍(山普拉) 고묘에서는 두터운 실크 천인 견(絹)[29]으로
만든 신라의 바지가 출토된 바 있다.[30] 산보랍 고묘의 시기와 관련하여
발굴자들은 한대(漢代, 서기전 1세기~서기 1세기)에 속하는 것으로 추정하고
있다. 노인-울라는 고대 실크로드 남도(南道)의 우전국(于闐國)이 위치했
던 곳으로, 우전국의 위쪽에 고창국과 귀자국(龜玆國) 등이 자리하고 있
었다. 이곳은 지금 신강(新疆)과 화전(和闐) 지역이다.[31] 고대에 이 지역은,
서쪽으로는 파미르 고원과 카슈미르 지역을 넘어 중앙아시아와 서남아

고, 이에 대한 주석에서 "言萬物就成就. 其光煌煌. 故曰重光"이라고 했다.

28 《三國史記》卷3, 〈新羅本紀〉, 奈勿尼師今 26年條. "遣衛頭入苻秦. 貢方物."

29 《渤海國志長編》卷17, 〈食貨考〉. "謹案釋名絹絙也. 其絲絙厚而疏也：廣雅絹縑也. 本草綱
目云：絹. 疏帛. 生曰絹. 熟曰練(삼가 《석명》의 '견은 질긴 것이다. 그 실이 질기고 두터우면서
도 성글다'고 한 것을 살펴본다 : 《광아》에서 '견은 겸이다'라고 했고, 《본초강목》에서 '견은 성
근 백으로, 날것은 견이고 익힌 것은 연이다'라고 했다)."

30 박선희, 《한국 고대 복식-그 원형과 정체》, 지식산업사, 2002, 424~431쪽.

31 箭内亙 編著, 和田淸 增補, 李毓澍 編譯, 《中國歷史地圖》(九思叢書 3), 九思出版社, 1977, 第
5圖~第15圖 참조.

시아 및 유럽과 통했으며, 동쪽으로는 타림 분지와 인접하고, 그 남쪽으로는 돈황을 거쳐 중국으로 통했다.

고창국의 이 같은 지리적 환경은 여러 민족의 물건들이 모이는 등 문화적으로 다양한 요소를 갖게 했다. 그리고 언제부터인지 확인할 수는 없지만, 신라에서는 우전국의 탈춤을 밤새도록 즐겼고 최치원은 이를 시[32]로 남기기도 했다. 이로 볼 때, 신라는 서역과 교류를 통하여 우전국과 고창국 등에 대해서 잘 알고 있었고, 그곳의 문화와 문물도 상당한 정도 수입되었다고 하겠다.

중국은 양진남북조시대부터 서역과 교류가 매우 활발해지기 시작했다. 이에 따라 서역 사람들의 귀화자가 늘어났으며, 수나라 때는 서역 출신의 3대 기술자인 우문개(宇文愷)·염비(閻毗)·하조(何稠)가 대흥성(大興城)·낙양성(洛陽城)·인수궁(人壽宮)·광통거(廣痛渠)·통제거(通濟渠) 등 큰 규모의 걸작들을 두루 남겼다.[33] 당나라 때는 이당(李唐) 황실 자체가 북조(北朝)의 호화(胡化)한 한인(漢人)으로부터 성립되었기 때문에, 이하(夷夏) 관념이 상당히 약해졌다. 건국 초기부터 주변국들에 대한 정벌과 항복이 여러 차례 반복되면서 이하(夷夏) 관념은 더욱 약해졌다. 그런 까닭에 이민족의 중국 거주자가 늘어나기 시작했다. 구체적인 자료를 보면, 정관(貞觀) 초기부터 현종(玄宗) 천보(天寶) 연간까지 120여 년 동안 적어도 170만 명 이상이 중국으로 들어왔다고 한다. 이주자들은 국적도 매우 다양해서, 서역을 비롯하여 파사(波斯, 페르시아)·아라비아[大食]·고창·신라·고(구)려·곤륜(崑崙)·돌궐·토번(吐蕃) 등 여러 나라 사람들이었다.[34]

---

32 《三國史記》卷32,〈雜志〉, 樂條. "月顚 ; 肩高項縮髮崔嵬, 攘臂群儒鬪酒杯, 廳得歌聲人盡笑, 夜頭旗幟曉頭催(우전의 탈춤 ; 어깬 으쓱 목은 움츠리고 머리털은 삐죽, 팔을 걷은 선비들 술잔을 다툰다네. 노래를 듣는 사람들 맘껏 웃으니, 밤의 깃발 날 밝기를 재촉한다네)." '月顚'은 '于闐' 또는 '于田'의 음역이다.

33 《隋書》卷68,〈列傳〉, 宇文愷傳·閻毗傳·何稠傳 참조.

34 傅樂成,〈中國民族與外來文化〉,《漢唐史論集》, 聯經出版社業公司, 1977, 383~428쪽 참조.

이러한 현상은 숙위(宿衛) 학생 수에서도 나타나는데, 태종 정관 초기부터 장안에 고구려·백제·신라·고창·토번 등 주변 국가에서 숙위 학생들이 많이 모이기 시작하여, 태종 13년에는 동궁에 숭문관(崇文館)을 세우기도 했다. 이 숭문관에 모인 숙위 학생 수가 8,000여 명에 달했다고 한다.[35]

고구려와 백제, 신라 학생들이 많았다고 하는 것은 이들 세 나라 국가와 중국의 교류가 빈번했음을 시사하는 것이다. 따라서 신라와 고창국의 교류도 상당히 활발했을 것으로 짐작된다. 신라와 고창국 사이의 교류는 고창국과 직접 교류와 중국을 통한 간접 교류 등의 형태로 진행되었을 것으로 생각된다. 따라서 고창국에서 만든 물건이 신라의 무덤에서 발견되는 것은 매우 자연스러운 일이라 하겠다.

다음으로 '三月□太王敬造合杅'에 보이는 '태왕'은 '대왕'과 같은 뜻으로, 국문태 왕을 가리키는 것으로 해석된다. 은합 덮개 안쪽에 새겨진 '延壽元年太歲在卯三月中'의 의미도 같은 방식으로 해석할 수 있다. 《이아(爾雅)》〈석천(釋天)〉에 따르면, "'太歲在卯三月中' 가운데 '太歲在卯'는 '言萬物茂也'라 하여 만물이 무성함을 말한다"고 했다. 따라서 '延壽元年太歲在卯三月中'은 새롭게 해석하지 않을 수 없다. 즉, 국문태 왕이 즉위한 지 5년 되는 연수원년은 만물이 무성하기 시작하는 3월에 해당한다는 뜻으로, 고창국의 정치와 경제가 안정되어 번영하기 시작했다는 사실을 나타낸 것으로 해석해야 할 것이다.

실제로 고창국은 수(隋) 양제(煬帝) 때 처음으로 중국에 입조(入朝)하기 시작했다. 당(唐) 고조(高祖) 2년(서기 619년)에 국문태의 아버지인 국백아(麴伯雅)가 죽자 국문태가 즉위했는데, 이때 당 고조가 사신을 파견하여 조문했다. 이후 국문태는 당나라 고조 7년에 당에 예물을 보냈고, 당

---

35 《新唐書》 卷44, 〈志〉, 選擧志 참조.

나라 태종이 계위한 뒤에도 줄곧 조공했다. 정관(貞觀) 7년(서기 630년)에
는 국문태가 직접 당나라에 내조하여 서역 여러 나라의 동정을 알리기도
하는 등, 중국과 가까워지면서 차츰 서역의 여러 나라들 사이에서 세력
이 강해지기 시작했다. 그렇게 세력이 강해지자, 당나라 사람들이 돌궐
족에게 투항하다가 고창국으로 도망치자 이를 돌려보내지 않았을 뿐 아
니라, 당 태종 13년(서기 639년) 무렵에 이르면 조공도 하지 않게 된다. 그
러자 중국은 국문태가 '번신예(藩臣禮)'를 지키지 않는다고 했다.[36]

고창국의 이러한 대외 교류 정황으로 볼 때, 국문태가 왕좌에 올라
연수 연호를 쓰기 시작하던 시기가 가장 세력이 강성했던 때임을 알 수
있다. 따라서 고창국이 신라에 예물로 보내는 그릇을 만들면서 그 융성
함을 알리고자 '延壽元年太歲在卯'라는 글귀를 새긴 것은 자연스러운
일이라 하겠다.

초창기 연구에서는 '三月中'의 '三月' 뒤에 붙은 '中' 자가 없어도 좋
고 있어도 좋은 것으로 보고, 신라의 금석문이나 향가 및 신라장적(新羅
帳籍)의 단간(斷簡) 등에서 '中' 자가 이두로 쓰인 용법에 주목했다. 그래
서 "간단한 서봉총 출토의 은합의 명문은 일견하여 전체가 순한문같이
보이지만, '延壽元年太歲 在卯 三月中'의 一條에서 '中' 자는 후의 문헌
에서 뚜렷이 나타나는 이두적인 '中'의 성격을 이미 가지고 있는 것을 부
인치 못할 듯싶다"[37]고 했다.

그런데 이러한 해석은 은합우가 어디까지나 신라에서 만들어졌을
것이라는 전제 아래에서만 가능한 것이다. 그러나 은합우 연호가 고창국
의 연호라는 사실이 밝혀짐에 따라, 명문이 이두로 기록되었다는 해석은
당연히 잘못일 가능성이 크다. 해나 달처럼 시기를 뜻하는 단위 다음에

---

36 《舊唐書》卷198,〈列傳〉, 高昌傳 참조.
37 李弘稙, 앞의 글, 70쪽.

'中' 자를 기록하는 사례는 고창국과 관련한 문서에서 여러 차례 발견할 수 있다.

고창국의 역사는 오래 지속되지 못했다. 국문태 연수 17년(서기 640년)에 그의 아들 국지성(麴智盛)이 왕위를 이어받았지만, 그 다음 해인 서기 641년에 당나라에 선항(旋降)하며 멸망하고 말았다. 이후 당나라와 고창국 사이에는 균전제(均田制)가 실시되었는데, 이를 확인할 수 있는 땅에 관한 계약 문서가 신강 토로번현(吐魯番縣) 아사탑나(阿斯塔那) 북쪽 지역에서 발굴되었다. 당나라 고종(高宗) 용삭(龍朔) 3년(서기 663년)에 당나라와 고창국의 무성북거(武城北渠) 지역 땅 주인이었던 장해융(張海隆)의 토지 계약 문서를 보면, 해당 연도 뒤에 '中' 자를 자주 사용한 용례를 발견할 수 있다.

> 龍朔三年越阿歡仁與張海隆租佃常田契;
> 龍朔三年九月十二日武城鄕人張海隆, 於
> 同鄕人趙阿歡仁邊, 夏取參肆年中,
> 五年, 六年中, 武城北渠?口分常田貳畝. 海
> ……
> 肆年, 五年, 六年中不得田佃, 食者과別〈賠〉錢伍拾文,
> ……[38]

이 내용에서 보이는 것처럼, '年' 자 뒤에 '中' 자를 붙여 쓰는 빈도가 높다. 문장 구성으로 보아 '中'은 '해당 연도 내'라는 뜻으로 쓰였다. 그러므로 '三月中'은 '3월에'라는 뜻으로 해석할 수 있을 것이다.

---

38 吳震, 〈介紹八件高昌契約〉, 《文物》, 1962年 第7・8期, 76~82쪽.

3. 서봉총 금관의 주인 진평왕

앞에서 밝힌 것처럼, 기존의 연구에서는 '연수'라는 연호를 고구려의 연호 또는 신라의 연호일 것으로 추정했다. 또한 연대를 설정하는 데서도 서기 451년이나 서기 511년 등으로 분석하는 바람에 묘주를 짐작하기가 어려웠다.

서봉총 묘주에 관한 직접적인 연구는, 금관의 전반적인 연구와 더불어, 신묘년을 서기 511년으로 해석한 연구에서 비로소 이루어졌다. 즉, 60세에 즉위한 지증왕이 재임 기간(서기 500~514년)까지 생존했던 어머니 조생(鳥生)부인의 장수를 기원하는 뜻으로 호화로운 유물을 내장하고 신묘년이라는 명문까지 남겼다는 해석이 그것이다. 그리고 금관들 가운데 유일하게 새가 장식되어 있는 점을 들어 새의 의미가 담긴 조생부인의 무덤일 것이라고 추정하기도 했다.[39]

그러나 앞에서 '연수'는 고창국의 연호이며, '연수원년'은 서기 624년임을 밝혔다. 서기 624년은 신라 진평왕(서기 579~632년) 46년으로, 갑신년이 된다. 그러므로 '연수원년'의 연호 해석을 근거로 볼 때, 서봉총의 묘주는 진평왕일 가능성이 크다고 생각된다. 그러나 지금까지의 연구에 따르면, 금관이 출토된 무덤은 5세기 후반에서 6세기 전반 무렵으로 편년되어 있다. 이 때문에 금관 또한 5세기 후반에서 6세기 전반 무렵에 만들어진 것으로 자연스럽게 비정되었다.

연수원년인 서기 624년에 만들어진 은합우는 적어도 서기 624년 이전에 조성된 무덤에는 묻힐 수 없다는 사실로 미루어볼 때, 지금까지 편년에서 금관 사용의 하한 연대를 6세기 전반 무렵으로 비정한 내용은 받아들이기 어렵게 된다. 적어도 진평왕이 재위했던 서기 632년까지를 금

39　김병모, 앞의 책, 160~161쪽.

관이 쓰인 잠정적인 하한 연대로 삼아야 할 것이기 때문이다. 그렇다면 여기서 금관이 쓰인 하한 연대를 7세기까지 잡을 수 있는데, 이 문제와 관련해 좀더 이해를 쉽게 하기 위하여 신라의 복식 제도를 잠시 살펴보도록 하겠다.

신라는 법흥왕 때부터 신분에 따른 복식의 차이를 제도화했으며, 그러면서도 신라 고유의 것을 고수했다. 경주 백률사(栢栗寺) 석당기(石幢記)에 양각되어 있는, 이차돈이 순교 당시에 입었던 의복과 모자가 그 좋은 증거가 된다.[40] 그런데 신라는 진덕여왕 3년(서기 649년)부터 당의 복제를 받아들였다. 이는 진덕여왕 2년에 김춘추가 당에 가서 당의 복식 제도를 따르겠다고 말하고 돌아온 바로 다음 해이다. 그리고 문무왕 4년(서기 664년)에는 부인들까지도 중국의 복식 제도를 따르도록 했다.[41] 실제로 신라 초기의 토우는 우리 민족 고유의 복식을 그대로 보여준다. 관모의 경우에는 변이나 절풍을 썼으며, 위에는 긴 겉옷을 입고, 아래에는 밑을 댄 통이 넓은 바지인 궁고(窮袴)와 주름 잡힌 바지나 치마 등을 입었다. 신발도 목이 없는 이(履)를 주로 신었다. 그러나 후대에 만들어진 토우들은, 중국 복식의 영향을 그대로 보여주듯이, 관모로는 복두를 쓰고, 원령의 긴 겉옷을 입었으며, 신발도 목이 긴 화(靴)나 짧은 화(鞾)를 신은 모습이다.[42] 따라서 진덕여왕 이후 우리 민족의 고유한 양식을 갖는 복식은 사라지지 않을 수 없었다.

이러한 신라 복식 제도의 변화 시기를 고려하면, 금관은 진덕여왕 2년(서기 648년)에 김춘추가 당에서 돌아와 신라 고유의 복식을 중국의 복식으로 바꾸기 시작하기 이전까지 사용되었던 것으로 볼 수 있다. 그러

---

40 국사편찬위원회 소장, 《慶州栢栗寺石幢記》.

41 《三國史記》卷33, 〈雜志〉, 色服條 참조.

42 박선희, 앞의 책, 제2부 참조.

나 진덕왕 3년부터 중국의 관모인 복두로 관모를 모두 바꾸었기 때문에, 이 시기부터 왕이 사용하던 금관도 더 이상 만들지 않게 되었고 금관은 사라져갔을 것으로 추론된다. 그러므로 금관이 사용되던 하한 연대를 7세기 초기까지로 보는 것이 타당할 것이다.

이제부터 신라가 진평왕 시대까지 금관을 비롯한 민족 고유의 문화를 지킬 수 있었던 배경을 살펴보고, 고창국 등 이웃 나라와 어떤 식으로 교류를 활발히 이어나갔는지도 알아보도록 하겠다.

앞에서 분석했던 것처럼, 신라는 진평왕 시기에 고창국과 활발한 교류를 가졌는데, 중국을 통한 간접 교류보다도 직접적인 교류가 더욱 활발했을 것으로 생각된다. 왜냐하면 지증마립간과 법흥왕 시대의 기반 위에서, 진흥왕·진지왕·진평왕 시대에 신라는 커다란 도약을 이루었기 때문이다.

진흥왕은 한편으로는 신라 사회와 문화를 국제화하기 위하여 외래 종교인 불교를 진흥시켰고, 다른 한편으로는 민족 정체성과 정통성을 확보하고 유지하기 위하여 국사를 편찬하여 정의와 민족 정기를 일깨우는 정책을 펼쳤다. 그리고 화랑도를 설립하여 젊은이들로 하여금 한민족의 가치관과 이념을 계승·발전시키도록 했다. 이러한 국력의 기반 위에서 진흥왕은 영토 확장에도 힘을 기울였던 것이다.

신라가 진평왕 때 그 이전보다 주변국과 활발한 교류를 가질 수 있었던 이유로는 진흥왕 시기에 신라의 영토가 역사상 가장 넓었다는 사실을 들 수 있다. 이는 단지 영토가 넓어졌다는 점에서뿐만 아니라, 한강과 황해를 따라 중국 및 주변 나라와 직접 통할 수 있는 외교 통로를 확보했다는 점에서도 중요한 의미를 갖는다. 당시의 신라 강역은 지금의 경남 창령, 서울 북한산, 함남 함흥 황초령, 함남 이원군 마운령 등에 세워진 진흥왕 순수비와 단양의 적성비[43]가 잘 말해주고 있다.

진흥왕은 중국과 외교에도 힘을 기울여 서기 564년·566년·567년·

570년·578년 등 여러 해에 걸쳐 계속 중국에 사신을 파견했는데, 이러한 신라의 중국 외교는 통일국가인 수나라가 들어선 진평왕 때도 계속되었다. 서기 594년(진평왕 16년)에는 수나라 문제(文帝)가 진평왕을 '상개부낙랑군공신라왕(上開府樂浪郡公新羅王)'이라 칭하는 조서를 보냈고, 서기 596년·600년·602년·611년에는 수나라에 사신을 파견했다. 중국에 당나라가 들어선 뒤에도 신라의 중국 외교는 변함없이 계속되었다. 서기 621년(진평왕 43년)부터 시작해 623년·625년·626년·627년·629년·631년에도 당나라에 사신을 파견하여 외교관계를 돈독히 했다.[44]

이상에서 살펴본 바와 같이, 신라는 진평왕 시기까지 한민족 고유의 가치관과 이념을 바탕으로 정체성을 유지·발전시키면서 신라의 정치와 사회를 국제화하려고 노력했던 것으로 확인된다. 따라서 이 시기까지 신라의 가치관이 담긴 고유 문화의 산물인 금관이 사라졌을 것이라고는 생각하지 않는다. 신라 사람들이 관 전체를 금으로 만들어 쓰기 시작한 것은 5세기부터라고 할 수 있지만, 실제로 금관의 기본 양식은 외래적인 것이 아니라 건국 초기부터 신라 사람들이 쓰던 관모에서부터 그 양식이 부분적으로 변모된 것이기 때문이다.[45]

제3장에서 분석한 것처럼, 지금까지의 출토품으로 보아 고구려는 4세기 말부터 금관을 만들기 시작했음을 알 수 있다. 그리고 고구려의 영향을 받은 신라는 대체로 5세기 초기부터 금관을 만들기 시작했을 것으로 추정된다. 고구려 금관에 보이는 절풍의 형태나 그 위에 달려 있는 원형과 나뭇잎 모양의 장식 등이 신라 금관에 모두 그대로 나타나고 있어 더욱 그러하다. 단지, 고구려 지역에서 출토된 금동관들이 고구려 건국

---

43   檀國大學校 史學會, 《史學志》 第12輯(丹陽新羅赤城碑特輯號), 檀國史學會, 1978 참조.
44   《三國史記》 卷4, 〈新羅本紀〉의 해당 연도 참조.
45   박선희, 앞의 책, 221~292쪽.

신화를 형상화하고 있듯이, 신라의 금관도 건국 신화의 하나인 김알지 신화를 형상화하고 있다는[46] 점에서 차이가 있을 뿐이다.

결과적으로, 신라 금관은 고구려의 영향으로 만들어졌음을 알 수 있다. 이처럼 고구려에서 금관이 사용되었다는 사실로부터, 우리는 신라에서 5세기부터 만들기 시작한 금관이 적어도 진평왕 재위 기간까지 그대로 사용된 이유를 파악할 수 있게 된다.

진평왕은 중국에 통일국가가 출현하기 전부터 대(對)중국 외교를 벌여왔고, 통일국가인 수나라와 당나라가 들어선 뒤에는 이를 한층 발전시켜 고구려를 협공하는 방향으로 이용했다. 중국 세력을 이용하여 고구려를 치고자 하는 전략은 이미 이 시기부터 진행되고 있었던 것이다. 그 결과 중국과 외교에 성공을 거두어 고구려를 협공하는 형세를 이루었다. 이러한 일련의 상황을 볼 때, 진평왕 때까지 신라에서 고구려 왕이 쓰는 금관보다 훨씬 화려하고 독특한 양식의, 신라인 고유의 가치관이 담긴 금관을 그대로 사용했으리라고 보아도 무리가 없을 것이다.

지금까지는 서봉총이 만들어진 시간에 대한 연구도 불분명했지만, 그 묘주에 대한 연구도 불분명했는데, 이는 다음과 같은 이유 때문이다. 즉, 부장 상태와 부장 유물을 기준으로 볼 때 다른 왕릉급 고분에서 출토된 것들에 견주어 격이 훨씬 떨어지고 철부 등의 유물도 적다는 것이다. 이러한 점을 들어 왕비릉급이거나 그보다 한급 아래인 왕모(王母) 또는 왕 자매(姉妹)의 무덤으로 추정하기도 했다.[47] 그러나 실제 발굴 상태를

---

46 임재해, 〈왜 지금 겨레문화의 뿌리를 주목하는가?〉, 《比較民俗學》第31輯, 比較民俗學會, 2006, 183~241쪽.

47 李鐘宣, 〈황남대총과 고신라 지배계층의 위계구조-장신구를 중심으로〉, 《皇南大塚의 諸照明》, 國立慶州文化財研究所, 2000, 220쪽. "금관과 함께 금제과대, 금동장환두대도, 금동제안교, 금동제행엽등의 마구류가 출토되었다. 그러나 금관에 부착되어 있는 곡옥의 질과 양이 1류 고분에 비해 현저히 떨어진다. 8조의 요패수하식이 달린 금제과대 역시 다른 왕릉급 고분에서 출토된 것들에 비해 격이 훨씬 낮다. 금동관이나 모도 출토되지 않았다. 철부의 수는 2점에 불과하지만, 은제완이나 기명은합 등의 금속용기류가 추가되어 있다. 이는 1d류 고분의 왕비릉급

분석해보면, 이와 같은 추측에 무리가 있음을 알 수 있다. 먼저 머리 부분에서 출토된 청동기와 철기 유물 등 금속 유물은 머리 앞부분의 부장품이었다. 동벽 좌우에서는 큰 철부(鐵釜) 두 개와 청동기(鐎斗)·금은기(金銀器) 등이 출토되었고, 발 부분에서는 주로 철기류가 많이 출토되었다. 출토된 철기류의 종류를 보면, 부(斧)·수부(手斧)·겸(鎌)·족(鏃)·도자(刀子) 등의 기구와 안금구(鞍金具)·행엽(杏葉)·운주(雲珠) 등의 금동 제품들이었다. 보고에 따르면, 특히 금동으로 만든 도자는 묘장자의 왼손에서 오른손 방향으로 놓여 있었다고 했다.[48] 이러한 출토품으로 보아 묘주를 여성이라고 단정할 수는 없을 것이다.

또 다른 묘주의 성별은 피장자의 허리 부분에서 출토된 요패의 부장 상태와 부장 유물로 판단할 수 있다. 요패에서 가장 길게 드리운 부분이 오른쪽인가 왼쪽인가를 기준으로 성별을 살펴볼 수 있기 때문이다. 황남대총 북분에서 '부인대(夫人帶)'라는 명문이 새겨진, 은으로 만든 허리띠가 출토되어 여성의 무덤일 것으로 추정한 바 있는데, 그것의 위치 또한 성별 판단의 단서가 된다. 황남대총 북분처럼 요패에서 가장 길게 드리운 부분의 위치가 피장자의 왼쪽이라면 여성의 무덤이라고, 오른쪽이라면 남성의 무덤이라고 판단할 수 있을 것이다.

황남대총 북분과 서봉총의 요패에서 가장 길게 드리운 부분의 위치를 같은 방향으로 판단하여 서봉총을 여성의 무덤으로 보는 견해도[49] 있

이거나 그보다 한급 아래인 王母 혹은 王 姊妹의 무덤으로 추정된다."

48 小泉顯夫, 〈慶州瑞鳳塚の發掘〉, 《史學雜誌》第三十八篇 第一號, 1927, 75~83쪽.

49 崔秉鉉, 《皇南大塚-北墳發掘調査報告書》, 文化財管理局 文化財研究所, 1975, 70쪽. "(황남대총 북분) 內棺 안의 금제요패가 피장자 오른쪽에 착장되어 있었던 점이다. 이것은 피장자가 남성이었다고 믿어지는 이 고분의 南墳, 그리고 天馬塚, 金鈴塚에서와 다르고, 같은 瓢形墳의 北墳인 瑞鳳塚과는 같은 점이다. 이와 같은 사실은 男女 姓에 따라 대형요패의 착장위치가 달라서 남성은 대형요패를 왼쪽에, 여성은 오른쪽에 찼던 것을 말해주는 것이라 생각된다"; 崔秉鉉, 《新羅古墳研究》, 一志社, 1992, 168쪽. "(서봉총) 金冠의 金垂下飾이 太鐶式인 점, 木棺內에 大刀가 없고 刀子만 있는 점. 大形腰佩가 앞의 皇南大塚 北墳에서와 같이 피장자의 오

으나, 이 경우는 황남대총 북분과 서봉총의 요패에서 가장 길게 드리운 부분의 착장 방향이 서로 다름을 간과하고 있다.

황남대총 북분에서는 '부인대'라는 명문이 새겨진 은으로 만든 허리띠와 '부(夫)' 자가 새겨진 새 날개 모양의 관 장식이 출토되었기 때문에 여성의 무덤일 것으로 추정하고 있다. 따라서 일반적으로 요패에서 가장 길게 드리운 부분의 위치가 황남대총 북분에서와 같이 왼쪽이면 여성의 무덤이고 오른쪽이면 남성의 무덤이라고 추정할 수 있을 것이다. 그러나 이 물건들이 반드시 묘주의 것이라고 단정할 수 있는가 하는 데서는 다소 의문의 여지가 남는다. 따라서 요패의 드리운 위치만을 근거로 삼아 황남대총 북분의 주인공이 여자일 것이라고 추론하는 것에 대해서는 좀더 연구가 필요하다고 생각한다.

지금까지 출토된, 신라 고분들에 보이는 요패에서 가장 길게 드리운 부분의 위치와 그 모습을 살펴보면 다음과 같다. 요패에서 가장 길게 드리운 부분의 위치가 피장자의 왼쪽인 것은 황남대총 북분(〈그림 13〉), 천마총(〈그림 14〉), 금령총(〈그림 15〉)이고, 오른쪽인 것은 황남대총 남분(〈그림 16〉), 서봉총, 금관총이다. 위의 견해를 따른다면, 황남대총 북분과 천마총·금령총은 묘주가 여성이 되고, 황남대총 남분과 서봉총·금관총은 묘주가 남성이 된다. 백제 무령왕릉의 경우에는 출토된 왕의 패에서 가장 길게 드리운 부분의 위치가 오른쪽(〈그림 17〉)이고, 왕비는 요패를 착장하지 않았다.[50] 따라서 요패의 착장 위치로 보더라도 서봉총의 묘주는 남성일 것으로 판단되며, 이 무덤이 진평왕릉이라고 추정하는 데 큰

른쪽 허리에 착장된 점, 그리고 이 고분이 瓢形墳의 북분인 점 등으로 미루어 보아 필자는 瑞鳳塚 피장자가 女性이었다고 판단한다. 표형묘의 일반적인 성격으로 보아 남분의 피장자는 남자였을 것이므로, 婦人이 먼저 사망하여 북쪽에 瑞鳳塚이 만들어지고, 남편이 뒤에 사망하여 그 무덤이 부인의 무덤 남쪽에 추가된 것이라 하겠다."

50 文化財管理局, 《武寧王陵發掘報告書》, 三和出版社, 1974, 도판98·99 참조.

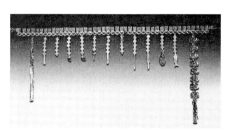

〈그림 13〉 황남대총 북분 출토 요패 　　　　〈그림 14〉 천마총 출토 요패

〈그림 15〉 금령총 출토 요패 　　　　〈그림 16〉 황남대총 남분 출토 요패

무리가 없을 것으로 생각된다.

　　요패는 한민족의 고유 복식은 아닌 것 같다. 때문에 우리보다 앞서 요패를 만들어 쓴 주변국의 사용 양식을 살펴보고, 요패 착장 방법이 성별과 관계가 있는지 알아볼 필요가 있겠다.

　　요패식은 허리 복식에 단 장식이다. 중국은 전국시대에 진(秦)이 불패(韍佩)를 수(綬)로 바꾸었고, 이것이 한대에 이르러 관계(官階)에 따라 수(綬)를 달리하면서 의례(儀禮)로 발전했다. 상주대(商周代)에는, 남자는 가죽으로 만든 대대(大帶)를, 여자는 사직물로 만든 대대를 착용했다. 은허(殷墟)에서 출토된 상대(商代)의 좌상을 보면, 문양을 새긴 넓은 폭의 대를 하고 대 앞에 네모난 불패(韍佩)를 찬 모습이 확인된다. 한편,《후한서》〈여복지(輿服志)〉에서는 불패에 옥 등의 패식을 달았다고 했다. 그러나, 패옥 등이 신분 또는 관계를 나타내는 상징적 구실을 한 것은 틀림없

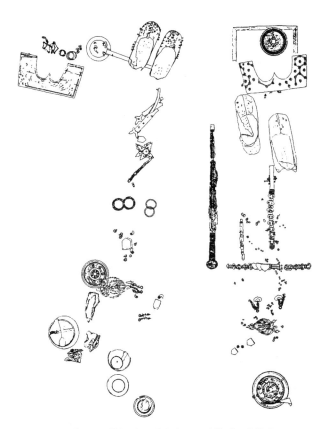

〈그림 17〉 무령왕릉 유물 배치도(오른쪽이 왕, 왼쪽이 왕비)

지만, 패옥의 발굴 지점과 불패의 위치가 일치하지 않고, 한대의 화상석 등을 참고해보면 패옥을 묶은 수(綬)와 대(帶)는 관계가 없다.

　　서한에서는 수(綬)에 옥 대신 관인(官印)을 달았기 때문에 관수(印綬) 라고도 했다.[51] 이렇게 관위(官位)를 알 수 있는 인수(印綬)는 곧 신분과 관 계(官階)를 상징했고, 후한에서는 의례로 정착했다. 그리고 황후와 공주

51　《漢書》, 〈朱買臣傳〉. "衣故衣, 懷其印綬, 步歸郡邸.…… 守邸怪之, 前引其綬, 視其印, 會稽太 守章也."

및 열후 등 대신들의 부인들도 패수에 해당하는 장식을 의례로 정하기도
했다. 그러나 후한까지는 수(綬)와 대(帶)가 한 조(組)를 이루지는 않았
다. 패수가 대와 조를 이루기 시작한 것은 후한대 이후이다.

양진시대에는 한의 복제를 따랐으나, 북방 민족들이 중국 본토에
건국하는 일이 생기면서 북방 민족의 복식인 고습(袴褶)이 성행하고 속
대(束帶)를 매기 시작했다. 속대는 금이나 은 등의 금속으로 장식했다. 과
대나 패식(佩飾) 등과 관련된 자료는 선진 이전의 북방 민족을 중심으로
한 문화권에서 보편적으로 나타난다. 그리고 패식이 달린 속대가 당대
이전에 돈황 등 서역에서도 나타나는 것은, 바로 한대에 들어서면서 흉
노가 월씨(月氏) 등을 몰아내고 서역을 장악하면서 보급되었기 때문이라
고 보아야 할 것이다.

과대 및 패식의 풍습과 관련하여 송대(宋代)의 심괄(沈括)은《몽계필
담(夢溪筆談)》에서, 중국의 의관(衣冠)은 북제(北齊) 이래 모두 호복을 입
었고, 착수(窄袖)·비록단의(緋綠短衣)·장요화(長靿靴)·접섭대(蹀躞帶)가 모
두 호복이라고 했다.[52] 또한《신당서》〈오행지(五行志)〉에는 고종(650~
683년) 때 태평공주(太平公主)가 자삼(紫衫)에 옥대(玉帶)를 하고, 흑라(黑
羅)의 절상건(折上巾)을 쓰고, 칠사(七事)가 달린 접섭(蹀躞)을 한 채 가무
를 하여 고종 부부를 즐겁게 했다는 내용이 나온다. 당에서는 상원(上元)
원년(674년)에 고종(高宗)이 문무관에게 칠사대(七事帶)를 착용하도록 했
는데, 1품에서 5품까지는 금으로, 6품에서 7품까지는 은으로, 8품에서 9
품까지는 유석(鍮石)으로 만든 것을 착용했다.[53] 그리고 관리뿐만 아니라
서인(庶人)까지도 철로 만든 과대를 착용한 것으로 보아, 남녀를 구별하

52   沈括,《夢溪筆談》卷1, "中國衣冠, 自北齊以來, 乃全用胡服. 窄袖·緋綠短衣·長靿·有鞢
      鞢帶, 皆胡服也", "帶衣所垂鞢鞢, 蓋欲佩弓劍巾分挩算囊刀礪之類, 自後雖去鞢鞢, 猶
      存其環帶所以銜鞢鞢, 如馬之鞦根, 卽今之帶銙也."
53   《唐會要》卷31, 景元2年(711)條.

지 않고 호복과 과대 및 패식이 크게 유행했음을 알 수 있다.[54]

현종(玄宗) 개원(開元) 2년(714년)에는 사치가 극심해지자 관리들에게 근무할 때만 칠사대를 착용하게 하고, 관품에 따라 재료를 규제했다. 그러나 서역뿐만 아니라 변방의 각국에서는 제한이 없었다. 그리고 칠사(七事)에 들어가지는 않았지만 당초(唐初)에 금어(帛魚)가 포함된 이래, 현종 개원(開元, 713~741년)과 천보(天寶, 741~755년) 연간까지 계속 금어를 달았다. 협서성 건현(乾縣)에 있는, 측천무후(684~704년)의 손녀 영태(永泰) 공주묘에서 출토된 석각화를 보면, 여시중의 대에 바로 대식이 달려 있다. 그러나 여시중의 패식에는 칠사에 해당하는 것이 없다. 그저 단순한 장식에 그치고 있으며, 거의 일정한 길이로 내려와 있어 어느 한쪽이 길거나 짧은 상태가 아니다. 이는 특별한 정제가 없었음을 말해준다(〈그림 18〉). 이와 비슷한 모양이 안악 3호 고분벽화에서도 보이는데, 장하독의 웃옷에 둘린 패식이 그것이다(〈그림 19〉).

《구당서》〈여복지〉에 따르면, 칠사는 패도(佩刀)·도자(刀子)·여석(礪石)·계필(契苾)·진홰궐(眞噦廠)·침통(針筒)·화석대(火石袋)를 말한다.[55] 이로 볼 때, 칠사는 생활에 필요한 도구 등을 나타내는 것이지, 의예(儀禮)의 상징물은 아니다. 신라의 금관총 등에서 출토된 과대와 패식에는 《구당서》의 칠사 가운데 패도·도자·여석·계필·진홰궐·침통·화석대가 있으며 '물고기 문양[帛魚]'도 있다.

이러한 정황으로 볼 때, 과대와 패식의 습속이 중국에서 유래하지 않은 것만은 틀림없다. 그리고 중국에서도 흉노 및 선비족과 모용씨 등 북방 민족들이 황하 지역까지 그 국역을 넓혀 건국하면서 한족 사이에도

---

54 《舊唐書》,〈車服志〉. "腰帶者, 自垂頭以下, 名曰鉈尾. 取順下之義. 一品二品銙以金, 六品以上以犀, 九品以上以銀, 庶人以鐵."
55 《舊唐書》,〈車服志〉. "佩䪓韝七事. 七事爲佩刀·刀子·礪石·契苾眞·噦廠·針筒·火石袋也."

〈그림 18〉 당 영태공주묘 석각화에 보이는 패식

〈그림 19〉 안악 3호분 벽화에 보이는 장하독의 패식

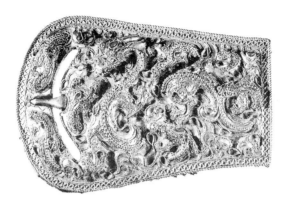

〈그림 20〉 석암리 9호 무덤 출토, 금으로 만든 허리띠 장식

호복이 유행했기 때문에, 중국의 사서뿐만 아니라 이와 관련된 연구에서
도 이때 과대와 패식이 함께 나타난 것으로 보았던 것이다. 전국 때 흉노
가 북방을 지배하면서 선비족인 모용씨(慕容氏)가 서역까지 옮겨 다니며
부침(浮沈)을 거듭했던 것처럼, 선비족은 동북아 및 서역 등까지 옮겨 다
닌다. 어쩌면 이들이 서역에 첩섭(鞊鞢) 등을 전해주었고, 서역은 터키
등의 패식을 쉽게 받아들였을 가능성이 크다. 서역에서는 내려뜨리는 길
이 등 일정한 정제가 없이 요패가 장식과 검대(劍帶)의 구실을 했음이 극
자이(克孜爾) 석굴벽화[56] 등에서 확인된다.

한반도의 과대와 패식에 관한 고분벽화 및 출토 자료는 다음과 같
다. 후한대에 속하는 평양 지역 석암리 9호묘에서는 패도와 도자가 대구
와 함께 출토되었다(〈그림 20〉). 서기 4세기에 속하는 집안현 마선구의 마
선구 1호묘[57]에서는 방형의 금속판으로 연결된 허리띠가 출토되었고, 그

56 李肯冰, 《中國西域民族服飾硏究》, 新疆人民出版社. 24쪽.
57 李殷福, 〈集安卷雲紋銘文瓦當考辨〉, 《中國考古集成》 東北卷(兩晉至隋唐(二)), 北京出版社.
    701~711쪽. 압록강 浴池遺址에서 東晉 太寧 4년(326년, 고구려 미천왕 27년)의 연호가 새
    겨진 瓦가 출토되었고, 마선구의 中學遺址 등 여러 곳에서 같은 시기의 것으로 보이는 瓦들이
    출토되었다. 이로 볼 때, 마선구 1호묘는 서기 4세기 초의 묘로 추정된다.

대구(帶鉤)에 나뭇잎 모양의 패식 하나가 달려 있다. 벽화로는 대표적인 것이 안악 3호분이다. 고구려의 고유 복식을 입고 있는 의장기수도의 기수 세 명 모두 대에 금속판을 붙이지는 않았지만 복숭아 모양의 패식을 달고 있다. 《한원(翰苑)》〈번이부(蕃夷部)〉고(구)려 조에서는 "칼과 숫돌로 등위(等威)를 알 수 있고, 금우(金羽)로 장식한 것으로 귀천(貴賤)을 알 수 있다"[58]고 했다. 그리고 이에 대한 주에서 양원제직공도(梁元帝職貢圖)를 묘사하며 "허리에는 은대(銀帶)가 있고, 왼쪽에는 숫돌을 차고, 오른쪽에는 오자도(五子刀)를 찼다"[59]고 했는데, 이 내용을 통해 고구려에서도 과대와 패식을 달았고 이것이 검대 구실을 했음을 알 수 있다. 집안 지역의 고구려 왕릉에서도 과대와 패식을 착용한 자료가 확인된다.

신라의 대형 묘에서는 과대와 패식이 거의 모두 발굴되고 있다. 1921년 금관총이 발굴되기 이전에, 경남의 양산 북정동 고분, 경북의 창주 성산동 고분군, 대구 달성공원 고분군, 경주 보문리 고분군 등에서 대식과 패식으로 장식한 금동대(金銅帶)들이 발굴되었다. 양산 북정동 고분의 묘주 장신구로는 금동관과 함께 은과대(銀銙帶)와 은패식(銀佩飾) 등이 나왔고, 부인의 장신구로도 은과대와 은패식 등이 발굴되었다. 가야의 유적인 창령 교동의 고분군과 고령 지산동 고분[60] 그리고 합천 옥전 고분에서도 같은 과대와 패식이 출토되었다.[61] 이 가운데 대표적인 것이 금관총의 출토품이다.

금관총의 과대는 투조된 복숭아 모양의 과판을 대에 붙이고, 과판에 복숭아 모양의 장식을 달아 여기에 패식을 부착한 모습인데, 당의 칠

58　《翰苑》,〈蕃夷部〉, 高句麗 條. "佩刀礪而見等威, 飾金羽以明貴賤."

59　"腰有銀帶, 左佩礪而右佩五子刀."

60　金鐘徹 《高靈池山洞古墳群》(啓明大學校博物館 學術調査報告 第1輯), 1981.

61　경상대학교 박물관, 《합천 옥전고분 1차 발굴조사개보》, 1986 ; 《합천 옥전고분군 I－목곽묘》, 1988 ; 《합천 옥전고분군 II－M3호분》, 1990 ; 《합천 옥전고분군III－M1・M2호분》, 1992.

사 외에 백어(帛魚)까지 달려 있다. 이 금관총의 요패에서 가장 길게 드리운 부분의 위치는 피장자의 왼쪽으로, 천마총과 황남대총 북분의 경우와 같다. 금관총에서 출토된 유물들은 그 규모가 큰데, 장신구·용기류·마구류 외에 환두대도(環頭太刀)를 비롯한 무기류와 물고기 비늘 모양의 금동찰갑 조각으로 만든 갑옷과 투구 등도 출토되었다.[62]

지금까지의 연구에서는 요패에서 가장 길게 드리운 부분이 위치가 피장자의 왼쪽일 경우 여성의 무덤으로 간주했는데, 금관총의 경우는 갑옷과 투구 등이 출토된 것으로 보아 여성의 무덤이라고 생각되지는 않는다. 따라서 요패에서 가장 길게 드리운 부분의 위치가 피장자의 왼쪽이면 여성의 무덤이고 오른쪽이면 남성의 무덤이라고 하던 종래의 주장은 새롭게 검토되고 수정될 필요가 있다.

지금까지 서봉총에서 출토된 은합우의 명문에 대하여 새롭게 해석해보았다. 그럼으로써 서봉총의 정체를 해명한 것은 물론, 서봉총 금관의 주인과 성격, 그리고 신라 금관과 적석목곽분의 하한 연대를 새롭게 추론할 수 있게 되었다.

은합 겉면 바닥에 새겨진 '延壽元年太歲在辛'을 해석한 결과, '연수'는 고창국의 연호라는 사실을, 그리고 '연수원년'은 고창국 국문태 왕이 즉위한 지 5년이 되는 해로, 연호를 '중광(重光)'에서 '연수(延壽)'로 바꾼 원년에 해당한다는 사실을 밝혔다. 즉, 연수원년은 고창국 국문태왕 5년으로, 서기 624년이다. 그리고 '태세재신'은 덕이 있어 많은 것을 이룬 명군이 계속하여 재위했다는 뜻이다. 따라서 이 명문은 고창국에서 연수원년에 국문태 왕이 계속 명철한 성군으로서 재위했다는 것을 드러내는 기록이라 하겠다. 명문의 해석 내용으로 보아, 서봉총 은합우는 서기 624년에 고창국에서 만들어져 신라에 예물로 보내진 것이라 추정된다.

---

62 濱田耕作·梅原末治, 《慶州金冠塚と其遺物》, 朝鮮總督府, 1924.

　　은합 덮개 안쪽에 새겨진 명문인 '延壽元年太歲在卯三月中'은, 국문태 왕이 즉위한 지 5년이 되는 연수원년은 만물이 무성하기 시작하는 3월에 해당한다는 뜻이다. 즉, 연수원년에 고창국의 정치와 경제가 안정되어 번영하기 시작했음을 나타내고 있다.

　　지금까지 우리 학계에서는 신라에서 금관이 사용된 하한 연대를 서기 6세기로 보았다. 그러나 연수원년이 진평왕 46년으로 해석된다는 점, 그리고 진덕왕 3년부터 신라 고유의 복식에서 벗어나 중국의 복제를 따랐다는 점을 고려한다면, 신라에서 금관이 사용된 하한 연대는 서기 7세기 무렵이라고 생각된다. 하한 연대에 대한 분석 과정에서, 신라 금관은 건국 초기부터 사용되었던 절풍에서 변모한 것이라는 사실과 고구려 금관의 영향을 받아 만들어졌다는 사실도 함께 밝혀지게 되었다. 아울러 신라가 진평왕 시대에 이르기까지 고창국 등 이웃 나라들과 활발히 교류했음에도, 금관을 비롯한 민족 고유의 문화를 변함없이 지켜왔다는 사실도 확인했다.

　　신라에서 5세기 초부터 만들기 시작한 금관이 적어도 진평왕 재위 기간인 7세기까지 사용되었던 요인은, 중국 세력을 이용하여 고구려를 치고자 하는 전략이 줄곧 진행되고 있었다는 사실과 연관이 있을 것이다. 금관은 왕권을 상징하는 것으로, 신라 왕실의 주체성을 대내외적으로 알리는 데 금관이 중요한 문화적 상징물 구실을 했던 것으로 해석된다. 그 결과 신라는 중국과 외교에서 성공을 거두어 고구려를 협공하는 형세를 이루었다. 이러한 일련의 상황을 고려할 때, 신라에서 진평왕 때까지, 고구려 왕이 쓰는 금관보다 훨씬 화려하고 독특한 양식의, 신라인 고유의 가치관이 담긴 금관을 계속해서 사용했던 것으로 보아도 무리가 없겠다.

　　은합우 명문에 대한 새로운 해석의 결과로 서봉총의 절대 연대를 밝히게 되었으므로, 신라 적석목곽분의 편년과 더불어 신라 금관의 하한 연대를 설정하는 데도 이것이 좋은 기준이 되기를 기대한다. 우리 학자들은 오랫동안 서봉총에 대하여 연구해왔다. 그러나 일본인 학자들의 해석 범주와 수준을 벗어나지 못했다. 발굴 당사자였던 일본인이 붙인 '서봉총'이라는 국적 없는 이름을 고스란히 이어받은 것은 물론, 그들이 만들어낸 '신묘년'이라는 간지 설정에 매달려 헛된 연대 해석에 몰입해왔다. 그러므로 이제 서봉총이라는 조작된 이름에서 해방되어 진평왕릉이라고 일컬어야 함은 물론, 신라 사람들의 혼이 담긴 신라 금관의 자리매김도 새롭게 이루어져야 할 것이다. 서봉총 금관은 진평왕이 썼던 왕관으로 다시 태어나야 마땅하다.

백제가 강성하던 시기는 바로 고구려가 금관과 금동관을 만들기 시작한 소수림왕 때였다. 고구려는 이 시기에 금관과 금동관을 만들어 왕권의 기반을 더욱 공고히 하고 국가 지배 체제를 정비했으며, 아울러 중앙집권을 강화하면서 나라를 한층 견실하게 다져나갔던 것이다.

그러므로 당시 국력이 절정에 이르렀던 백제가 고구려보다 훨씬 늦은 5세기 무렵에 가서야 금관과 금동관을 만들었을 것으로는 생각되지 않는다. 백제의 유적에서 출토되는 금동관들이 만들어진 시기를 한성백제가 가장 곤경에 처했던 5세기로 편년하는 것은 실제 백제의 정치적 상황과는 부합하지 않기 때문이다. 따라서 백제의 여러 유적에서 출토된 비슷한 모양의 금동관들이 만들어진 시기는 마땅히 4세기 말 무렵으로 편년되어야 할 것이다.

제6장

백제 금관의
유형 추론과 관모 장식

1. 나관(羅冠)에 보이는 금관 양식

백제 지역에서는 고구려나 신라와 달리 관 전체를 금으로 만든 금관이 아직 출토되지 않았다. 여기서는 지금까지 출토된, 금으로 만든 관 장식과 금동관 등을 토대로 백제 금관의 양식을 추론해보고자 한다. 우선 백제 왕관에 대하여 알아보자. 《구당서》〈열전〉의 백제전과 《신당서》〈열전〉의 백제전에는 다음과 같은 내용이 나온다.

그 나라의 왕은 소매가 큰 자주색 겉옷에 푸른 금(錦)으로 만든 바지를 입고, 오라관에 금화로 장식하며, 흰 가죽띠에 까만 가죽신을 신는다. 관인들은 다 붉은색 옷을 입고 은화로 관을 장식한다.[1]

왕은 소매가 큰 겉옷에 푸른 금(錦)으로 만든 바지를 입고, 흰 가죽띠에 까만 가죽신을 신으며, 오라관에 금화로 장식한다. 군신들은 붉은 옷을 입고 관은 은화로 장식한다.[2]

이 두 기록에서 백제 왕관의 모양이 다음과 같이 확인된다. 백제 왕의 관은 검은색 나(羅)로 만들고 그 위에 금화(金花)로 장식한 구조와 양식을 갖는다. 관리들은 모두 붉은색의 옷을 입었고, 내솔(柰率) 이상은 은화(銀花)로 장식했음을[3] 알 수 있다.

금화의 경우는 무령왕릉에서(제5장의 〈그림 17〉 참고) 출토된, 금으로 만든 한 쌍의 관식들을 들 수 있다(〈그림 1〉, 〈그림 2〉). 무령왕릉의 금제 관

---

1 《舊唐書》卷199,〈列傳〉, 百濟傳. "其王服大袖紫袍, 靑錦袴, 烏羅冠, 金花爲飾, 素皮帶, 烏革履. 官人盡緋爲衣, 銀花飾冠."

2 《新唐書》卷220,〈列傳〉, 百濟傳. "王服大袖紫袍, 靑錦袴, 素皮帶, 烏革履, 烏羅冠飾以金䩶, 羣臣絳衣, 飾冠以銀䩶."

3 《隋書》卷81,〈列傳〉, 百濟傳. "唯柰率以上飾以銀花."

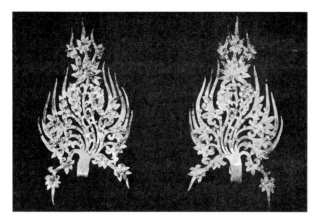

〈그림 1〉 무령왕릉 출토, 금으로 만든 왕의 관 장식

〈그림 2〉 무령왕릉 출토, 금으로 만든 왕비의 관 장식

식은 금판을 투조한 것으로, 중앙에 큰 꽃이 놓여 있고 여러 갈래의 가지
가 뻗어 있으며, 앞면은 달개장식으로 꾸몄다. 발굴 보고서에 따르면, 한
쌍의 관 장식이 발견된 상태에 대하여 "이 두 개는 머리 위치에서 거의
포개진 상태로 나왔는데, 위의 것은 경부(莖部)를 동쪽으로 하여 가로로,
영락이 달린 면을 전식(前飾)은 아래쪽으로, 후식(後飾)은 위쪽으로 하고

발견되었다"[4]고 했다. 한편 "금제 관식 2매는 머리 부위에서 영락이 달린 면을 전식은 아래쪽으로, 후식은 위쪽으로 하여 거의 포개진 채(겹친 채) 발견되었는데, 문양의 윤곽선이 고르지 못하고 2매의 높이와 폭의 크기가 조금씩 차이가 난다"[5]고도 했다. 발굴 당시의 이러한 상태로부터 이 관식과 관련해 다음과 같은 세 가지 의견이 제시되었다.

첫째, 무령왕릉에서 나온 왕과 왕비의 관식이 출토 당시 가슴 부위에서 발견되었기 때문에 단선(團扇)이라고 주장하는[6] 경우이다. 그러나 발굴 도면(제5장의 〈그림 17〉 참고)을 자세히 보면, 가슴이 아니라 귀고리와 함께 머리 부분에 위치하고 있음을 알 수 있다. 따라서 이것들은 관식이라고 생각된다.

둘째, 관식으로 보는 데 이견이 없는 쪽에서도 이 관식들이 관모의 어디에 위치했는지에 대해서는 의견이 엇갈리고 있다. 왕과 왕비의 관식이 2매씩 출토되었기 때문에 머리 부분의 좌우에 붙어 있었을 것이라고 보는 견해도 있지만,[7] 다른 견해도 있다.

셋째, 또 다른 견해는 관식 2매를 앞뒤로 겹쳐 관의 앞에 고정해 부착시켰다고 보는 것이다.[8]

그러면 어느 견해가 옳은지 관 장식의 출토 상황과 양식 등을 다시 상세하게 분석해보자.

관 장식은 경부(莖部)의 아랫부분이 약 60도 정도 구부러져 있고 이

4   文化財管理局,《武寧王陵發掘報告書》, 三和出版社, 1974, 18쪽.

5   忠淸南道 · 公州大學校 百濟文化硏究所,《百濟武寧王陵》, 1991, 210쪽.

6   伊藤秋男,〈武寧王陵出土の宝冠飾の用途とその系譜について〉,《朝鮮學報》第97輯, 朝鮮學會, 47～69쪽.

7   秦弘燮,〈百濟 · 新羅의 冠帽 · 冠飾에 관한 二三의 問題〉,《史學志》第7輯, 檀國大學校 史學會, 1973, 18쪽.

8   尹世英,〈武寧王陵의 副葬 遺物 · 1〉,《百濟武寧王陵》, 忠淸南道 · 公主大學校 百濟文化硏究所, 1991, 215쪽.

부분에 작은 구멍 2개가 뚫려 있어, 이를 통해서 모자에 고정시켰을 것으로 생각된다. 달개장식이 달린 면을 아래로 하여 출토된, 발굴자들이 관전식(冠前飾)으로 분류한 관 장식은 전체 높이가 30.7센티미터(莖 8.8센티미터)이고 폭이 14센티미터이며, 경폭(莖幅) 윗부분이 1.5센티미터이고 아랫부분이 1.1센티미터이다. 발굴자들이 관후면(冠後面)이라고 분류한, 달개장식이 달린 면을 윗면으로 하고 있는 관식은 전체 높이가 29.2센티미터(莖 8.2센티미터)이고 폭이 13.6센티미터이며, 경폭 윗부분이 1.4센티미터이고 아랫부분이 1.1센티미터이다. 이는 앞에서 설명한 관식에 견주어 약간 작은 편이다. 달개장식들은 직경 5밀리미터 정도의 소원판(小圓板)에 구멍을 뚫어 금사(金絲)로 꿰어 꼬은 뒤 줄기·잎·꽃 각부(各部)에 매단 것으로, 전체 개수는 127개이다.[9]

이와 같이 하나의 모자의 꽂았던 것임에도 두 개의 관 장식은 높이와 폭 등에서 크기가 서로 다르다. 그리고 달개장식이 달린 부분은 서로 다른 방향으로 포개어진 채 출토되었다. 이런 점으로 미루어볼 때, 이들 관식을 관의 좌우 양쪽에 대칭이 되도록 꽂았던 것이 아니라 앞뒤로 꽂았을 것으로 보인다. 대칭이 되게 할 경우 두 개의 관 장식을 서로 다른 크기로 하지 않았을 것이다. 또한 관모의 앞부분에 서로 겹쳐 꽂은 것도 아닐 것이다. 두 개의 관 장식 경부의 아랫부분이 달개장식이 달리지 않은 뒷면을 향해 구부러져 있으므로, 서로 다른 방향으로 구부러진 관식을 포갰다고는 볼 수 없기 때문이다. 달개장식이 달린 면을 뒷면으로 하는 것은 관모의 뒷부분에 꽂았던 것이고, 달개장식이 달린 면을 앞면으로 하는것은 관모의 앞부분에 꽂았던 것으로 추정된다. 그렇다면 출토 당시 위에 놓였던 크기가 큰 관 장식이 관모의 뒷면에 배치되고, 조금 작은 관 장식이 관모의 앞면에 배치되었을 것이다. 또한 이 관 장식의 아랫

---

9   文化財管理局, 앞의 책, 18쪽.

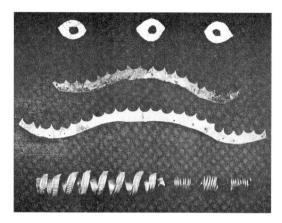

〈그림 3〉 무령왕릉의 관식 옆에서 출토된, 금으로 만든 장식들

부분에 늘여뜨려진 장식이 검은색 관모의 관테 둘레까지 드리운 상태였을 것이다.

이들 관 장식 옆에서는 길이가 각각 13.5센티미터와 10센티미터인, 금으로 만든 톱니 모양의 길고 얇은 금판 장식이 휘어진 상태로 출토되었다(〈그림 3〉).[10] 이것들은 관 장식을 꽂았던 관테 둘레였을 것으로 추정되는데, 고구려 안악 3호 고분벽화의 주인도에서 확인할 수 있는 백라관(白羅冠)의 앞이마 부분에 둘린 금테와 마찬가지로 오라관(烏羅冠)에 두른 금테두리였을 것으로 생각된다. 또한 이 머리 부분과 두침(頭枕)에 부착된 상태로 황색·등색(橙色)·담청색의 세소(細小)한 유리옥들이 무수히 나왔는데, 그 출토된 위치로 보아 이것들은 아마도 오라관에 수놓았던 옥들일 것이다.[11]

이상의 내용으로 미루어볼 때, 백제의 왕은 유리옥들이 수놓아진 금테를 두른 오라관에, 금으로 만든 큰 크기의 관 장식이 관모의 뒷면에

10   같은 책, 212 · 315〜316쪽.
11   같은 책, 19쪽.

배치되고 조금 작은 관 장식이 관모의 앞면에 배치된 관을 썼을 것으로 추정된다.

왕비의 금제 관식 한 쌍은 왕의 것보다 전체 크기가 약간 작다. 발굴자들이 관전면(冠前面)이라고 분류한 관 장식은 전체 높이가 22.6센티미터이고(莖部折損, 現長 2.1센티미터), 폭은 13.4센티미터이다. 발굴자들이 관후면(冠後面)으로 분류한 관 장식은 높이가 22.8센티미터이고(莖長 9.5센티미터 包含), 폭은 13.6센티미터이다. 왕의 관 장식은 앞면에 꽂은 것이 뒷면의 것보다 더 작지만, 왕비의 것은 이와 달리 앞면에 꽂은 것이 뒷면에 꽂은 것보다 더 크다. 또한 특기할 것은, 관 장식에 투조된 장식 문양이 왕의 관식과 차이를 보인다는 점이다. 달개장식이 하나도 달리지 않은 것 역시 큰 특징이다.

위의 분석된 내용과 함께, 발굴자들이 관모 부근에서 나왔다고 하는 관식을 비롯하여 여러 출토품을 모두 조합하면 왕과 왕비의 관이 복원될 수 있을 것이다.

무령왕릉에서 출토된 관 장식이 양쪽 옆으로 꽂았던 것이 아님을 다시 확인해보는 데는, 은화로 관을 장식한 또 다른 사례로서 남경박물원구장본(南京博物院舊藏本) 백제사신도에 보이는 관모가 좋은 예가 될 것이다(〈그림 4〉).

양직공도(梁職貢圖)의 모본(模本)은 여러 개가 전해지고 있는데, 현재 확인할 수 있는 것으로는 앞서 말한 남경박물원구장본과 대만 고궁박물관에 소장되어 있는 염립본(閻立本, ?~673년)의 왕회도(王會圖), 그리고 남당(南唐, 937~975년) 때 고덕겸(顧德謙)[12]이 모사한 양원제번객입조도(梁元帝蕃客入朝圖) 등이 있다. 연대로 보면 염립본의 모본이 가장 이르고, 고덕

---

12 南唐(937~975년)의 顧德謙. "江寧人. 工人物. 多喜寫道像. 雜工動植. 後主李煜曰 : '古有愷之, 今有德謙. 二顧相繼. 爲畵絶矣. 有蕭翼賺蘭亭圖'."

〈그림 4〉 남경박물원구장본 백제사신도

겸의 모본이 가장 늦으며, 남경박물원구장본은 그 연대가 명확하지 않다. 이들 그림이 비록 모본이라고는 하지만 원본을 모사한 것이 아니라 요지만을 간추린 것으로, 작가 자신의 견해가 많이 개입되어 있다. 따라서 이들 그림의 복식을 직공도가 그려질 당시 각국의 사신들이 입었던 복식이라고 하기는 어렵다. 이는 세 그림 가운데 백제 사신만을 뽑아 비교해보면 쉽게 알 수 있을 것이다. 이들 가운데 그래도 그림으로서 흐트러짐이 없는 것은 남경박물원구장본이다.

　　문헌과 전래하는 양직공도에는 고구려와 신라가[13] 포함되어 있다.

13　　張楚金이 지은 《翰苑》에 〈梁元帝職貢圖〉의 고(구)려 자료를 인용했고, 道先이 645년에 지은 《續高僧傳》에서 梁職貢圖의 신라 자료를 인용했다.

양직공도가 그려진 배경은 다음과 같다. 양을 건국한 무제(武帝) 소연(蕭衍)은 즉위 3년(504년) 4월 8일에 도교(道敎)를 버리고 불교를 국교로 선포했다. 무제 즉위 40년을 기념하여 일곱째 아들 소역(蕭繹), 곧 원제가[14] 양과 외교관계를 맺고 있는 나라들이 보낸 사신을 그리고 이들 나라의 지리와 풍속 등을 기술하도록 했다. 이것이 바로 양직공도라 불리는 그림이다. 원제가 554년 12월에 피살된 것으로 보아, 양직공도는 554년 12월 이전에 처음 그려졌을 것이다.

남경박물원구장본에는 백제 사신을 그린 다음에 백제와 관련하여 다음과 같이 간략한 내용을 기재했다.

> 百濟, 舊來夷, 馬韓之屬. 晉末呴瑟略, 有遼東樂浪, 亦有遼西晉王縣. 自晉已來, 常修蕃貢. 義熙中, 其王餘腆, 宋元嘉中, 其王餘毗, 齊永明中, 其王餘太皆受中國官爵. 梁初以太爲征東將軍, 尋爲高句麗所破. 普通二年〔521년〕, 其王餘隆〔무령왕〕遣使奉表云累破高麗. 所治城曰固麻, 謂邑曰檐魯, 於中郎扉縣有二十二檐魯, 分子弟宗族爲之. 旁小國有叛, 波卓多羅·前羅·斯羅止迷, 麻連上已文下·枕羅等附之. 言語衣服略同高麗, 行不張, 拱拜不申足. 以帽爲冠, 襦白[15]複衫, (袴)曰禪. 其言□諸夏, 亦秦韓之遺俗.

양 무제 소연(蕭衍)은 502년 4월 제(齊)로부터 제위를 선양받았다. 당시 고구려의 공략으로 위기에 몰렸던 백제의 무령왕은 재위 12년(512년) 때 고구려를 견제해줄 것을 바라며 처음으로 양에 사신을 보냈다. 그 뒤 무령왕 21년(521년)에도 사신을 보냈는데, 양 무제는 이때 무령왕을

---

14 무제의 아들 蕭紀가 552년 4월 蜀에서 즉위했지만, 蕭繹이 552년 11월 江陵에서 원제로 즉위하고 다음 해 소기를 죽였다. 그러나 소역도 554년 12월에 피살되었다.

15 《梁書》, 〈百濟傳〉의 "呼帽曰冠, 襦曰複衫, 袴曰禪. 其言□諸夏, 亦秦韓之遺俗云"을 옮겨 쓰다가 '曰'을 '白'으로 잘못 쓴 것이라고 하겠다.

행도독백제제군사진동대장군백제왕(行都督百濟諸軍事鎭東大將軍百濟王)에
서 사지절도독백제제군사녕동대장군백제왕(使持節都督百濟諸軍事寧東大將
軍百濟王)으로 책봉했다. 무령왕은 책봉을 받은 다음 해에 죽었고, 매지권
(買地卷)에 바로 '영동대장군백제사마왕(寧東大將軍百濟斯麻王)'이라고 한 것
에서 책봉의 사실이 확인된다. 무령왕의 아들 성왕이 즉위하자 양은 성
왕 2년에 성왕을 지절도독백제제군사수동장군백제왕(持節都督百濟諸軍事
綏東將軍百濟王)으로 책봉했다. 백제는 성왕 12년에 사신을 보냈고, 성왕
19년(541년)에 사신을 보낼 때는 모시박사(毛詩博士)·열반등경의(涅槃等經
義)와 함께 공장(工匠)과 화사(畵師) 등을 보내줄 것을 요청했으며, 양은
이를 허락했다. 성왕 27년(549년)에는 양의 수도가 후경(侯景)에 함락된
것을 모르고 사신을 보냈다가 후경에게 붙잡히는 일도 있었다. 사신은
후경의 난이 평정된 뒤에야 귀국할 수 있었다. 그뒤 위덕왕(威德王) 14년
(567년)에는 진(陳)에 사신을 보냈다. 양 원제가 직공도를 그리게 한 것은
백제 위덕왕 즉위년(554년) 12월 이전이다. 따라서 처음 그려진 양직공도
의 백제 사신은 바로 무령왕과 성왕 재위 당시의 복식을 하고 있었음에
틀림없다.

《주서(周書)》《열전(列傳)》의 이역상(異域上)에서는 백제의 6품 이상
관리는 은화(銀花)를 관식으로 했고, 조례(朝禮)나 제사 때는 관 양쪽에
날개를 꽂았다고 했으며,[16] 《신당서》에서는 백제의 왕은 금(金)이나 금
위(金銙)로 오라관을 장식하고, 신하는 붉은 옷에 은위(銀銙)로 관을 장식
했다고 했다.[17] 무령왕릉에서 출토된 왕과 왕비의 금관식은 경부에 작은
구멍이 뚫려 있는데, 이로 볼 때 《주서》의 기록처럼 상(廂)에 꽂을 수 있

---

16 《周書》卷49,〈列傳〉, 異域上. "官有十六品. …… 六品以上冠飾銀花. …… 其衣服男子畧同於
高麗. 若朝拜祭祀, 其冠兩廂加翅."

17 《新唐書》卷220,〈東夷列傳〉, 百濟條. "王服 …… 烏革履·烏羅冠, 飾以金以金銙, 羣臣絳衣
飾冠以銀銙, 禁民衣絳紫. 有文籍紀時月如華人."

〈그림 5〉 중상총에서 출토된 금동제 관 장식

도록 되어 있는 것이라 하겠다. 남경박물원구장본의 백제 사신이 쓴 관의 앞부분은 그림의 손상이 심하여 관식이 어떤 상태로 꽂혀 있는지 잘 알 수 없으나, 옆 부분에 관식을 꽂지 않은 것만은 분명하다.

앞에서 말한 것처럼, 백제는 관모의 앞뒤로 꽂는 관모 장식 외에, 중상총에서 출토된 금동제 관 장식과 같이 문양을 대칭으로 투조하여 만든 것을 사용했다(〈그림 5〉). 이 관 장식은 높이가 8.7센티미터이고 최대폭이 6.8센티미터이다.[18] 이것이 출토된 위치는 중상총 피장자의 머리 부분인데, 관 장식 둘레에 두 개의 구멍이 나 있는 것으로 보아 관에 붙였던 장식으로 추정된다. 따라서 양직공도에 보이는, 무령왕과 성왕 재위 당시의 복식을 입은 백제 사신의 관모에 관 장식이 양쪽으로 꽂히지 않은 점과, 3절에서 밝히게 될 수촌리와 부장리 및 안동 고분 등에서 출토된 금동관모가 모두 앞뒤로 관식을 두고 있다는 점은, 무령왕이 썼던 오라관의 금으로 만든 관 장식 또한 관 앞뒤로 꽂았을 것이라는 추정을 가능하게 한다.

18   關野貞, 《朝鮮の建築と藝術－朝鮮美術史, 王陵里古墳》, 岩波書店, 東京, 1941, 48~50쪽.

2. 관모 장식의 양식

《북사(北史)》〈열전(列傳)〉의 백제전에 따르면, 백제는 조배(朝拜)나 제사지낼 때 절풍에 새의 깃을 꽂았다고 한다.[19] 또한 《삼국사기》〈잡지(雜志)〉 색복(色服) 조에서는 "《북사》에 이르기를 '백제의 의복은 고구려와 대략 같으며, 조회와 제사 때는 그 관의 양쪽에 날개를 붙이고 군사 일에는 붙이지 않았다. 내(나)솔이 하는 관에 은화를 장식했다'"[20]고 했다. 이로 볼 때, 백제는 고구려와 마찬가지로 관모의 장식으로 새의 깃을 사용했음을 알 수 있다. 그 실제 모습이 부여 능산리 절터에서 출토된 사람새김기와편에 보인다(〈그림 6〉).

제1장에서 이미 설명했듯이, 《구당서》〈열전〉 백제전과 《신당서》〈열전〉 백제전에서는 백제 관리들의 경우 "관인들은 다 붉은색 옷을 입고 은화로 관을 장식한다",[21] "군신들은 붉은 옷을 입고 관은 은화로 장식한다"[22]고 했다. 또한 《삼국사기》〈백제본기〉 고이왕조에서는 "(27년) 2월에 영을 내려, 6품 이상은 자주색 옷을 입고 은화로 관을 장식했다"[23]고 하여, 백제는 서기 261년부터 6품 이상의 관리들이 관 장식으로 은화를 꽂았음을 알 수 있다. 실제 출토품으로부터 이를 확인해보자.

은화를 장식한 예로 능산리(陵山里) 36호 고분 목관에서 출토된 것을 들 수 있다. 목관 안의 머리 부분에서는 은제 관식과 함께 철로 만든 가는 모자심이 동쪽 피장자(남성)와 서쪽 피장자(여성)에게서 각각 출토

---

19 《北史》卷94, 〈列傳〉, 百濟傳. "若朝拜祭祀, 其冠兩廂加翅, 戎事則不(朝拜나 제사지낼 때는 관의 양쪽 곁에 새의 깃을 꽂았으나 군사 일에는 그렇지 않았다)."

20 《三國史記》卷33, 〈雜志〉. "北史云 '百濟衣服與高麗略同. 若朝拜祭祀, 其冠兩廂加翅, 戎事則不. 奈率以下, 冠飾銀花'."

21 《舊唐書》卷199, 〈列傳〉, 百濟傳. "官人盡緋爲衣, 銀花飾冠."

22 《新唐書》卷220, 〈列傳〉, 百濟傳. "羣臣絳衣, 飾冠以銀䃜."

23 《三國史記》卷24, 〈百濟本紀〉. "二月, 下令六品以上服紫, 以銀花飾冠."

〈그림 6〉 부여에서 출토된 사람 새김 기와 조각

되었다(〈그림 7〉). 발굴자들은 "삼각형 모자의 철심 두 개를 이은 것의 복원 크기는 위쪽의 너비가 29센티미터, 중심부 세로의 길이가 20.5센티미터, 두 개를 이은 간격이 2센티미터 정도의 너비를 가지고 있고, 철심의 지름은 3~3.5밀리미터 정도이다"[24]라고 했다. 또 이 철제심은 동·서쪽에서 발견된 것 모두 크기와 형태가 비슷하다고 했다. 각 철사 부분에는 올이 크고 작은 천으로 십수 겹이 겹치게 말아 감은 흔적이 남아 있어, 철사는 천으로 만든 모자의 받침대 구실을 했을 것이라 생각된다.

　　백제 관리의 관모가 어떠한 재료로 만들어졌는지에 대한 직접적인 문헌 자료는 없지만, 백제의 의복과 고구려의 의복이 대략 고구려와 같다고 하므로 고구려의 것을 참고해볼 필요가 있겠다.《구당서》〈열전〉고(구)려전에서는 "벼슬이 높은 자는 푸른 나(羅)로 만든 관을 쓰고 그 다음은 붉은 나로 만든 관을 쓰는데, 새 깃 두 개를 꽂고 금과 은으로 장식한다"고 하여, 대신들은 나로 만든 관을 썼음을 알 수 있다.

24　　國立夫餘文化財硏究所,《陵山里》, 國立夫餘文化財硏究所·夫餘郡, 1998, 184쪽.

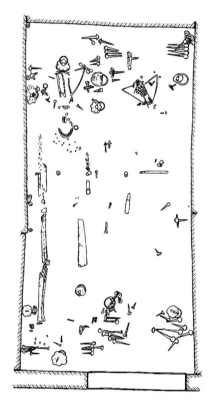

〈그림 7〉 능산리 36호분 유물 출토 배치도

　　나(羅)는 성글게 짠 실크천으로 모자를 만들 때 받침대가 있어야 형
태를 고정시킬 수 있다. 국립문화재연구소의 보존과학연구실에서는 능
산리 36호 고분에서 출토된, 철제 심에 감겨 있는 천을 분석하여 이것들
이 삼베와 견임을 밝혀냈다.[25] 성분을 분석한 결과 마섬유와 실크섬유인
것은 알아냈으나, 이들 섬유들을 좀더 분석하여 세부 명칭을 밝혀내야
할 것이다.

〈그림 8〉 삼각형 철제 모자심으로 추정한 복원 모사도 1

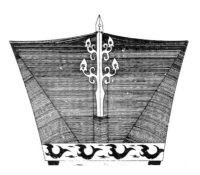

〈그림 9〉 삼각형 철제 모자심으로 추정한 복원 모사도 2

〈그림 10〉 능산리 36호분에서 출토된 서쪽 (여성) 삼각형 모자심

〈그림 11〉 능산리 36호분에서 출토된 동쪽 (남성) 삼각형 철제 모자심

발굴자들은 이 철심이 삼각형 모양으로 출토되었다고 해서 '삼각형 모자심'[26]이라고 일컬었다. 최맹식은 이를 〈그림 8〉과 〈그림 9〉처럼 모사했다.[27] 그러나 실제 출토 상황은 〈그림 10〉과 〈그림 11〉에서 보듯이, 좁은 간격의 삼각형 모양이 아니라, 이보다 윗부분과 아랫부분의 폭이 넓은 '▽▽' 모양이었을 가능성이 크다.

발굴자들은 철심의 중앙 상단 쪽에 한 변의 길이가 4센티미터 정도 되는 '∧' 모양의 철심이 약간 경사진 채 세워진 형태로 고정되어 있다고

26　같은 책, 199쪽.

27　崔孟植, 〈陵山里 百濟古墳 出土 裝飾具에 관한 一考〉, 《百濟文化》 第27輯, 1998, 159쪽.

했으며, 약간 비껴 세워졌기 때문에 길이는 4센티미터이지만 실제 높이 효과는 3센티미터 정도라고 했다. 또한 철심의 중심부 높이는 20.5센티미터 정도이고 은제 관식의 길이도 20.2센티미터여서 비슷한 높이를 가지고 있는데, 철심의 상단부에서 연결부 기능을 하고 있는 '∧' 모양의 철심은, 횡단면상 은제 관식 역시 '∧' 모양을 취하고 있다는 점에서, 관식과 연관 관계를 추론 할 수 있다고 했다.[28] 즉, 은제 관식을 이 모자의 앞면에 세워 고정시킬 때 '∧' 모양의 철심에 끼워 고정시켰을 것이라고 추론하는 것이다.

이상의 내용을 근거로 이 관모에 대한 연구자들은 모두 삼각형 철심이 은제 관 장식을 세울 수 있도록 하는 모자 테라고 추정하고 있다.[29] 그 결과 〈그림 8〉과 〈그림 9〉와 같은 두 가지 형태의 관모 복원도가 제시되었다.[30] 그러면 과연 제시된 복원도와 같은 모자인지 출토 당시의 상태들을 다시 분석해보자.

앞에서 나는 실제 출토 상황이 〈그림 8〉과 〈그림 9〉처럼 좁은 간격의 삼각형 모양은 아닐 것으로 보았다. 그러면 다시 이 모자의 철심이 발견 당시 어떠한 모양을 하고 있었는지 확인해보자. 36호분 발굴 당시 석실 안의 철심 출토 상태(〈그림 10〉과 〈그림 11〉 참조)로 보아서는 직물로 만든 관을 받치던 철심으로 추정된다. 첫째, 출토 상태에서 실제로 철심의 하단부는 앞에서 본 그림보다 C 부분이 벌어져 있다. 둘째, 철심의 오른쪽 A 부분과 왼쪽 B 부분은 약간 곡선을 띠고 있다. 셋째, A 부분이 B 부분보다 옆으로 쏠려 B보다 더 안으로 휘어져 있는데, 이를 B와 대칭이 되도록 고정시키면 〈그림 12〉와 〈그림 13〉 같은 모양이 된다. 〈그림 12〉

28 國立夫餘文化財硏究所, 앞의 책, 201쪽.
29 崔孟植, 앞의 글, 170~174쪽 ; 국립부여박물관, 《百濟人과 服飾》, 2000, 14~16쪽.
30 국립부여박물관, 같은 책, 80~83쪽.

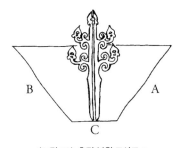

〈그림 12〉 추정 복원 모사도 1

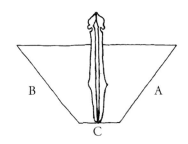

〈그림 13〉 추정 복원 모사도 2

는 동쪽에서 출토된 관식과 모자심의 추정 복원도이고, 〈그림 13〉은 서쪽에서 나온 관식과 모자심의 추정 복원도이다. 이 모자는 고구려 고분 벽화인 무용총의 무용도에 보이는 기마인의 모자(〈그림 14〉), 삼실총 행렬도에 보이는 절풍(〈그림 15〉, 〈그림 16〉), 장천 1호 고분 야유수렵도에 보이는 절풍(〈그림 17〉)과 같은 모양의, 윗부분이 각이 진 절풍일 가능성이 크다. 따라서 이 철심은 직물로 만든 모자의 형태를 만들어주는 받침대 구실을 했으리라 추정된다.

위와 같은 예가 중국의 감숙성 무위현(武威縣)에 위치한, 서한(西漢) 왕망(王莽) 시대(서기전 9~서기전 24년)에 속하는 49호·62호묘에서 출토된 칠리관(漆纚冠)의 잔여물에 보인다. 49호묘에서는 남자 주인공이 썼던, 사(紗)로 만든 관을 받치는 가는 대나무가 출토되었고, 62호묘에서도 사(紗)로 만든 관 주변에서 관을 받치는 대나무가 출토되었다.[31] 《후한서(後漢書)》〈여복지(輿服志)〉에 따르면, 장관(長冠)은 "촐칠리위지(促漆纚爲之)", "이죽위리(以竹爲裏)"라 했고, 법관(法冠)은 "이리위전용(以纚爲展筩)"이라 했다. 모두 방공사(方孔紗)를 재료로 하고 대나무로 관의 둥근 형태를 만든 것으로 설명하고 있는 것이다.

---

31   甘肅省博物館, 〈武威磨咀子三座漢墓發掘簡報〉, 《文物》, 1972年 第12期, 9~23쪽.

〈그림 14〉　　　　　〈그림 15〉　　　　　〈그림 16〉　　　　　〈그림 17〉
무용총 무용도에 보이는 기마인의 절풍(〈그림 14〉). 삼실총 행렬도에 보이는 절풍(〈그림 15〉. 〈그림 16〉).
장천 1호 고분 야유수렵도에 보이는 절풍(〈그림 17〉)

　　백제의 또 다른 은제 관식으로, 능산리 36호 고분에서 출토된 것과
비슷한 것이 나주군 반남면 흥덕리 석실분[32]에서 출토된 바 있다. 남원군
이백면 척문리 고분에서 출토된 관식은 폭이 8센티미터, 길이가 15.8센
티미터이며, 얇은 은판으로 된 높이 3.8센티미터의 작은 줄기가 2단으로
되어 있고, 맨 끝 부분은 꽃봉오리 모양을 하고 있다. 그 밖에 논산 육곡
리 백제 석실분[33]과 남원군 이백면 척문리 백제 고분[34]에서도 비슷한 것
이 출토되었다(〈그림 18〉).

　　그 밖에 관식이 없는 백제의 나관(羅冠)으로 부여 정림사지(定林寺址)
에서 출토된 도용의 관을 예로 드는 경우가 있다.[35] 정림사지는 백제가
부여로 도읍을 옮긴 시기(서기 538~660년)에 중심 사찰이 있던 자리이다.
1979년에 부여 정림사지의 회랑을 조사할 때 도용(〈그림 19〉)들이 여럿

32　朝鮮古蹟硏究會,《昭和 十三年度 古蹟調査報告》, 京城, 1940, 33쪽의 圖版31.

33　安承周・李南奭,《論山六谷里 百濟古墳 發掘調査報告書》, 公州大學校博物館, 1986.

34　洪思俊,〈南原出土 百濟冠飾具〉,《考古美術》第9卷 第1號, 考古美術同人會, 1968, 3~5쪽.

35　權兌遠,〈百濟의 冠帽系統考 – 百濟의 陶俑人物像을 中心으로〉,《史學志》16輯, 단국대학교
　　사학회, 1982, 1~31쪽.

〈그림 18〉 척문리 고분에서 출토된 은제 관식

출토되었다.[36] 도용은 칠사롱관(漆紗籠冠)과 맞여밈의 옷 등 중국의 양진
남북조시대에 유행하던 복식을 보여주고 있다. 이로부터 백제의 귀족이
농관을 착용하고 중국의 옷을 입었을 것으로 보고, 또한 이 농관이 고구
려 왕이 사용했던 백라관이라고까지 추정하면서, 고구려와 백제의 관모
가 중국 문화의 영향으로 정착되었다는 주장[37]이 제기되었다. 그러나 당
태종(627~649년) 때 중국에 갔던 백제 사신은 온전한 백제의 복식을 그대
로 보여주고 있다. 또한 남경박물원구장본 백제사신도가 그려진 것은 백
제 위덕왕 즉위년인 554년 12월 이전인데, 역시 백제 고유의 복식을 그
대로 보여주고 있다. 이러한 여러 예들로부터 백제는 당 태종 시기인 서
기 7세기까지 중국의 복식을 받아들였다고 할 수 없으므로, 정림사지에
서 출토된 도용들이 백제인을 표현한 것이라고 생각하기는 어렵다.

　　서기 538년에서 서기 660년은 백제의 성왕(聖王, 523~554년)부터 의
자왕(義慈王, 641~660년)까지의 시기이다. 칠사롱관은 중국에서 양진남북

36　　忠淸南道 · 忠南大學校博物館, 《定林寺》, 1981, 도판56~63.

37　　權兌遠, 앞의 글 참조.

〈그림 19〉 부여 정림사지 출토, 농관을 쓴 모습의 도용

조시대에 유행하여 수·당시대에도 쓰였으나, 수·당시대에 이르러 주로 유행한 것은 복두였다. 칠사롱관이 주로 유행하던 시기는 양진남북조시대인 서기 220년에서 서기 588년까지가 된다. 그러면 정림사지에서 출토된 도용은 양진남북조시대에 중국에서 만들어져 불교의 유입과 함께 백제에 들어온 도용일 가능성이 크다. 그러면 이 시기에 백제와 중국의 관계는 어떠했는지 알아보자.

무령왕은 백제의 도읍을 사비(지금의 부여)로 옮겼던 성왕보다 앞서 재위했던 왕이다. 무령왕릉에서 출토된 화려한 관식·금동신·장신구·장식 등은 중국의 복식 양식이 아닌 한민족 고유의 것이었다. 무령왕은 백가(苩加)의 반란을 평정하고 사회를 안정시켜, 백제는 군사적으로 고구려를 능가하는 강국이 되었다.[38] 공주의 무령왕릉에서 출토된 화려한 유물들은 당시 백제의 이러한 국력과 사회경제 수준을 보여주고 있다.

　성왕(聖王, 523~554년)은 도읍을 사비로 옮기고 나라 이름을 남부여
로 고쳐[39] 국가의 중흥을 이루기 위한 강한 의지를 보였다. 또한 중국 양
나라와 활발히 교류하여, 그곳에서 지절도독백제제군사수동장군백제왕
(持節都督百濟諸軍事綏東將軍百濟王)이라는 칭호를 받았다.[40] 고구려의 침략
을 막기도 하고,[41] 장군 달사(達巳)를 보내 고구려의 도살성(道薩城)을 빼
앗기도 했다.[42] 아울러 성왕은 신라·가야의 군대와 연합해 고구려군을
한강 유역에서 몰아내고 한강 하류 유역을 차지하는 등,[43] 신라와 관계가
매우 돈독하기도 했다.

　성왕의 뒤를 이어 왕위에 오른 위덕왕(威德王, 554~598년)은 중국 남
조의 진나라와는 물론 북조의 북제와도 우호 관계를 맺었는데, 북제는
위덕왕에게 사지절도독동청주제군사동청주자사(使持節都督東靑州諸軍事東
靑州刺史)라는 작위를 내렸다.[44] 이는 백제의 동청주(東靑州, 지금의 산동성 즉
묵 지역) 점령 상황을 승인했음을 말해준다. 백제는 고이왕 때(서기 245년)
부터 중국의 동북부 지역에 진출한 뒤 남쪽으로 영역을 확장해, 하북성·
산동성·강소성·절강성 등의 동부 연안 지역을 점령했다.[45] 이 같은 상황

38　《三國史記》卷26, 〈百濟本紀〉, 武靈王 元年條와 2 · 3 · 7 · 12年條 참조.

39　《三國史記》卷26, 〈百濟本紀〉, 聖王 16年條 "春, 都移於泗沘, 國號南扶餘"

40　《三國史記》卷26, 〈百濟本紀〉, 聖王 2年條.

41　《三國史記》卷26, 〈百濟本紀〉, 聖王 26年條.

42　《三國史記》卷26, 〈百濟本紀〉, 聖王 28年條.

43　《三國史記》卷44, 〈居柒夫列傳〉;《日本書記》卷19, 〈欽明天皇〉, 9~12年條 참조.

44　《三國史記》卷27, 〈百濟本紀〉, 威德王 14 · 17 · 18 · 19 · 24年條 참조.

45　《三國史記》;《宋書》;《南齊書》;《梁書》;《南史》;《北齊書》;《通典》;《文獻通考》;《增
　　補文獻通考》卷14, 〈輿地考〉2, 歷代國界 2; 申采浩,《朝鮮上古史》(丹齊 申采浩全集 上, 改
　　定版, 丹齊申采浩先生紀念事業會, 1987, 204~205쪽; 鄭寅普,《朝鮮史研究》下卷, 서울신
　　문사, 1947, 60~65쪽; 金庠基, 〈百濟의 遼西經略에 대하여〉,《東方史論叢》, 서울대학교출
　　판부, 1984, 426~433쪽(原載,《白山學報》第3號, 白山學會, 1967); 김세익, 〈중국 료서지방
　　에 있었던 백제의 군에 대하여〉,《력사과학》, 1967년 1호, 1~10쪽; 김세익, 〈중국 료서지방
　　에 있었던 백제의 군에 대하여〉,《력사과학》, 1967년 3호, 13~23쪽; 윤내현, 〈백제의 중국 동
　　부 지배〉,《傳統과 現實》第7號, 高峰學術院, 1996 참조.

은 위덕왕 때까지 계속되다가, 서기 581년 수(隋)나라가 중국을 통일함에 따라 끝나게 되었다.

백제는 도읍을 한성에서 웅진으로 또다시 사비로 옮기면서도, 중국의 동부 연안에 대한 점령 상황은 그대로 유지하고 있었다. 이러한 상황을 통해 볼 때, 백제가 여러 차례 도읍을 옮긴 것은 고구려의 남하 때문이기도 했지만, 충청도와 전라도의 곡창 지역과 함께 중국 동부 연안의 평야 지대를 손에 넣는 것이 경제적 기반을 확보할 수 있는 길이라 생각했을 것으로 보인다. 무령왕릉에서 출토된 매우 화려하고 수준 높은 다양한 유물들은 피난 왕실의 상황과는 맞지 않는다. 이것들은 강력한 국력이 뒷받침되어야 나올 수 있는 높은 수준의 장식과 고유의 복식 양식들을 보여주고 있어 더욱 그러하다. 중국과 한반도 남부의 곡창 지역을 경제적 기반으로 삼아 활동했던 백제는 수나라의 중국 통일로 중국 동부 연안에 대한 경제적 기반을 상실하게 되었다. 그러한 상황에서도 무왕은 부흥을 시도했으나, 뜻을 이루지는 못했다. 백제는 신라와 당나라의 연합군에게 멸망당하고 말았던 것이다.

백제와 중국의 이러한 관계로 볼 때, 서기 581년에 수나라가 중국을 통일할 때까지 중국의 일부를 지배했던 백제가 중국의 복식을 받아들였으리라고는 생각하지 않는다. 그러므로 농관을 쓰고 중국 복식을 한 정림사지 출토의 도용은 백제의 중국 동부 해안 지배 과정에서 유입된 것일 뿐, 백제의 복식과는 무관하다고 하겠다.

3. 금동관에 보이는 금관 양식

백제의 금동관으로는 전라남도 나주군 반남면 신촌리 제9호 고분에서 출토된 것을 들 수 있다(〈그림 20〉). 이 금동관은 금동으로 만든 절풍

〈그림 20〉 신촌리 9호분에서 출토된 금동관   〈그림 21〉 입점리에서 출토된 금동절풍

과 관테 둘레에 달개장식이 달린 세 개의 세움장식을 세운 겉관으로 구
성되어 있다. 이 절풍은 아랫부분의 폭이 19센티미터이고 높이가 18.5센
티미터이다.[46]

　　절풍을 기본으로 하지만 또 다른 양식을 보여주는 것으로, 관테 둘레
와 세움장식이 있는 금동관이 익산군 입점리에서 출토되었다(〈그림 21〉).
이는 5세기 중엽의 것으로 추정된다. 그림에서도 분별할 수 있듯이, 이
금동관모는 신촌리 출토 금동절풍의 모양과 달리, 뒷부분에서 윗면의 둥
근 부분이 조금 뒤로 옮겨간(젖혀진) 듯한, 고구려 절풍에 가까운 모양을
하고 있다. 하부 길이가 15.3센티미터이고 하부 폭이 7.5센티미터이며
높이가 13.7센티미터로, 고구려와 신라 및 가야 절풍의 크기와 비슷하
다. 특이한 것은 물고기 비늘 모양의 문양과 금동관모 뒷면에 붙어 있는
10.9센티미터 길이의 금동장식이다.[47] 이 금동절풍과 함께 금동으로 만
든 관테 둘레 파편과 세움장식 세 개가 출토되어(〈그림 22〉, 〈그림 23〉), 세
움장식이 있는 금동관이었을 것으로 추정된다.

46　梅原末治, 〈羅州潘南面 寶冠〉, 《朝鮮學報》 第14輯, 朝鮮學會, 1959, 477~488쪽.

47　문화재연구소, 《익산입점리고분 발굴보고서》, 1989 참조.

〈그림 22〉 입점리에서 출토된 금동 세움장식

〈그림 23〉 입점리에서 출토된 금동 관테 둘레

〈그림 24〉 일본의 후나야마 고분에서 출토된 금동절풍

이 같은 장식이 있는 비슷한 금동절풍이 일본의 구마모토현(熊本縣) 후나야마(船山) 고분에서 출토되었는데(〈그림 24〉), 일본인 학자들은 이것을 가야의 영향으로 해석하고 있다.[48] 같은 익산군 익점리 고분에서는 위의 것과 다른 모양의 금동관이 출토되었다. 발굴자들은 모두 금동제 관식으로 단순히 분류했으나, 출토된 유물들을 종합해보면 백제 고유의 양식을 보여주는 또 다른 금동관임이 확인된다.

첫째, 발굴 보고서에 실린 〈그림 25〉는 세부 모습에서 알 수 있듯이

---

48 《熊本縣玉名郡菊水町 江田船山古墳》, 熊本, 1980, 6쪽의 圖版 참조.

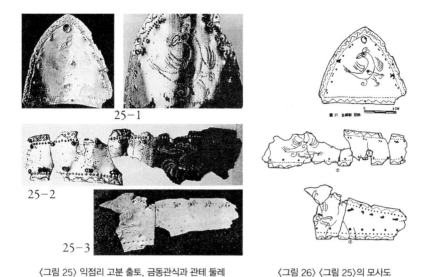

〈그림 25〉 익점리 고분 출토, 금동관식과 관테 둘레　　　〈그림 26〉〈그림 25〉의 모사도

금동판이 둥글린 모양이다. 전면에 새겨진 새문양을 보고 발굴자들은 봉황새라고 했으나, 다리가 셋이 달린 것으로 보아 나는 이것이 삼족오라고 생각한다. 발굴자들은 하부 최대 폭이 8.1센티미터이고 높이가 7센티미터라고 했다. 둘레에는 신라 금관의 관테 둘레에서 볼 수 있는, 뾰족한 도구로 찍은 연속된 점무늬와 굴곡이 이어진 무늬가 보인다.

　　이 금동판과 함께 양쪽 옆으로 연결되었을 듯한 관테 둘레로 보이는 것이 출토되었는데, 역시 위의 금동판에서와 비슷한 삼족오 문양이 보이며, 중심부로 갈수록 폭이 넓어지는 모습을 하고 있다. 이 출토품으로부터 삼족오의 문양이 고구려뿐만 아니라 백제에서도 사용되었음을 알 수 있다. 이 금동판 조각들에는 모두 일정한 간격으로 작은 구멍들이 두 개씩 또는 한 개씩 뚫려 있는데, 아마도 이곳에 영락을 달았을 것이다. 금동판과 관테 둘레의 폭이 넓은 부분을 서로 연결해 이으면 백제의 고유한 특징을 갖는 금동관이 충분히 복원될 수 있을 것이다.

(1)   (2)

〈그림 27〉 익점리 고분에서 출토된 금동절풍 조각

　발굴자들은 〈그림 25〉에서 25-1의 잔존 길이가 13.4센티미터이고, 25-3의 잔존 길이가 9.6센티미터이며, 폭이 각각 3.2센티미터와 4.9센티미터라고 했다. 25-1을 앞면에 두고 25-2와 25-3을 옆으로 둘리면 겉관의 형태가 복원될 것이다.

　둘째, 〈그림 25〉와 같은 곳에서 출토된 또 다른 출토물로서 금동으로 만든 절풍을 들 수 있다(〈그림 27〉). 발굴자들은 이것을 금동제 관 장식으로 분류했으나, 고구려의 경우처럼 상투만을 덮는 절풍으로 보아야 할 것이다. 이 출토 관 장식들은 모두 둥글게 휘어진 모양으로 되어 있어, 대칭된 양면을 이어 붙이면 절풍의 상태가 될 것이다. 실제 출토물들을 나열하면 다음과 같다. 발굴자들이 정리한 〈그림 27〉의 (1)과 (2)를 살펴보면, 이 절풍의 하단 폭은 약 8.5센티미터 정도이다. 금동판 두 면에 모두 8잎의 연화문이 두드린 점으로 묘사되어 있다. 두 면이 서로 분리된 채 출토되었으나, 이를 합치면 절풍의 모양이 된다.

　셋째, 〈그림 27〉에서 복원된 절풍을 속관으로 하여 〈그림 25〉에서 복원된 겉관과 합치면 백제 고유의 훌륭한 금동관이 복원될 수 있을 것

〈그림 28〉 〈그림 29〉

공주 수촌리 4호 고분에서 출토된 절풍과 겉관을 함께 쓴 금동관의 복원된 모양(〈그림 28〉)과 금동관(〈그림 29〉)

이다. 이처럼 절풍과 겉관을 함께 쓴 구조의 금동관으로, 익산군 입점리에서 출토된 금동관보다 세움장식이 훨씬 화려한 것이 최근 백제의 여러 지역에서 출토되었다. 2003년 말 충남역사문화원에서 발굴한 공주 수촌리 고분 출토의 세움장식이 있는 금동관이 그 가운데 하나이다. 금동관은 토관목곽묘 1호와 횡혈식 석실분 4호에서 각각 출토되었다. 관모는 청동에 금을 입혀 만들었다. 관모의 문양은 용문(龍紋)·화염문(火焰紋)·운문(雲紋)·당초문(唐草紋) 등으로 되어 있으며, 모두 피장자의 두개골 상부에 씌워진 상태로 발굴되었다. 4호 석실분에서 출토된 금동관모는 높이가 19센티미터이고 너비가 16~18센티미터이다. 발굴자들은 이 금동관이 5세기 전반에 만들어졌을 것으로 보고 있다. 이 금동관은 여덟 개의 판을 붙여 만든 것으로, 용무늬와 봉황무늬가 금동관 앞의 육각형 판에 장식되어 있다(〈그림 28〉, 〈그림 29〉).[49]

---

49 충남역사문화원, 《공주 수촌리유적 현장 설명회 자료》, 2003 ; 이훈, 〈공주 수촌리 백제 금관

〈그림 30〉 길두리 안동 고분에서 출토된 금동절풍

또한 2006년 3월에 전남 고흥군 길두리 안동 고분에서도 이와 비슷한, 5세기 무렵으로 추정되는 금동관이 출토되었다(〈그림 30〉). 발굴자들은 앞에 용이 새겨져 있고 뒷면에 반원 모양의 장식이 달려 있으며, 관모의 형태는 전북 익산에서 출토된 것과 비슷하지만, 문양은 충남 서산에서 출토된 것과 비슷하다고 했다. 발굴자들은 또한 금동관 외에 금동신발·철제갑옷·청동거울·환두도·쇠창·금귀고리·쇠도끼·쇠화살촉·방추차 등이 출토되었다고 했다.[50] 앞에서 말한, 서기 6세기 초로 알려진 후나야마 고분 출토의 금동관(〈그림 24〉)도 이와 같은 양식이기 때문에 백제에서 일본에 하사한 것으로 추정하고 있다.

이들 금동절풍과 같은 양식의 금동관이 충남역사문화원의 발굴로 충남 서산시 부장리 5호 고분에서도 출토되었다(〈그림 31〉). 금동절풍의 높이는 15센티미터이고 너비는 16∼17센티미터이다. 절풍 안에는 백화

의 고고학적 성격〉, 《충청학과 충청문화》 5권 2호, 충청남도역사문화원, 2006, 3∼32쪽.

50 전남대학교 박물관, 〈고흥 길두리 안동고분 시굴조사와 현장 설명회 자료〉(유인물), 2006.

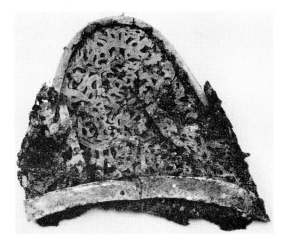

〈그림 31〉 서산시 부장리 5호 고분에서 출토된 금동절풍

수피로 만든 내관이 들어 있고, 백화수피와 금동절풍 사이에는 직물 흔적이 남아 있다. 금동절풍은 여러 개의 육각형 구획 안에 용봉문을 투조한 금동판으로 만들어졌으며, 절풍의 앞면과 뒷면에는 서로 다른 세움장식이 덧붙여 있다. 이 고분은 흙을 먼저 쌓아 봉분을 만든 뒤 그 안에 목관 등 매장 시설을 만든 분구묘(墳丘墓)였다. 이 5호 분구묘에서는 금동관모와 함께 철제 초두와 환두대도 등의 철기류 및 다수의 토기류가 출토되었다.[51]

지금까지 살펴본, 익산군 입점리, 공주 수촌리 4호분, 충남 서산시 부장리 고분, 전남 고흥군 길두리 안동 고분 등에서 출토된 금동관들은 모두 5세기 무렵의 것으로 추정하고 있다. 그러면 백제는 정말 고구려보다 늦게 금동관을 만들기 시작했을까? 앞의 제3장 1절에서 밝혔듯이, 지금까지의 출토품으로 보면 고구려에서는 소수림왕 재위 기간(371~384

51 충남역사문화원, 《서산 부장리유적 현장 설명회 자료》, 2006.

년)인 서기 4세기 말 무렵에 이미 관 전체를 금으로 만든 금관이 출현했다. 또한 관 전체를 금동으로 만든 금동관의 경우도 금관과 같은 시기에 출현한 것으로 조사되었다. 예를 들어, 이미 살펴본 것처럼 평양시 력포구역 룡산리 7호 무덤에서 출토된 절풍 모양의 금동관과 평양시 대성구역에서 출토된 불꽃뚫음무늬 금동관 및 평양시 력포구역 룡산 무진리 16호 무덤에서 출토된 절풍 모양의 금동관이 모두 4세기 말~5세기 초에 만들어졌다는 사실이다.

이와 같이 4세기 말 무렵에 고구려가 관 전체를 금이나 금동으로 만들기 시작한 배경에 관해서는 이미 앞에서 분석했다. 소수림왕 시기는 왕권을 줄기차게 강화해나가며 남진 정책의 기반을 마련하는 때였다. 따라서 왕권의 기반을 더욱 공고히 하면서, 그 일환으로 금관을 만들기 시작했을 것이다. 즉, 소수림왕 시기에 금관은 국가 지배 체제의 정비와 함께 중앙집권의 강화라는 정치·사회적 배경 속에서 출현한 것이다. 그러면 이 시기에 백제는 어떠한 상황이었는지 알아보자.

위례성은 한성으로도 불렸는데, 이곳에서 500년 역사를 운영하는 동안 백제는 삼국 가운데 최강국으로 전성기를 누렸다. 특히 3세기 중엽의 고이왕 때는 그동안의 국력 신장과 사회 발전에 따라 그에 걸맞는 관제와 신분제를 엄격하게 정돈하고[52] 관직과 행정구역을 정비·운영하는 등,[53] 지속적인 개혁 정치의 시행으로 국력을 튼튼히 했다. 고이왕의 뒤를 이은 책계왕과 분서왕은 고구려의 침략에 대비하면서[54] 중국의 동북부 지역을 점령하고 있던 자신들의 영토를 확장했다. 그 과정에서 책계왕은 지금의 난하 유역에서 전쟁으로 사망했고,[55] 분서왕은 낙랑군의 서

52 《三國史記》卷24,〈百濟本紀〉, 古爾王條 참조.

53 《三國史記》卷23,〈百濟本紀〉, 始祖 溫祚王條 참조.

54 《三國史記》卷24,〈百濟本紀〉, 責稽王條 "高句麗怨, 王慮其侵寇, 修阿且城 蛇城備之."

55 《三國史記》卷24,〈百濟本紀〉, 責稽王 13年條 ; 윤내현, 《한국열국사연구》, 지식산업사, 1998

쪽 현을 차지했으나 낙랑군의 태수가 보낸 자객에게 살해되었다.[56] 중국과 벌인 전쟁에서 왕이 두 번이나 사망하는 혼란 속에 즉위한 비류왕(比流王)은 국내의 안정에 주력해 사회를 수습했다.

근초고왕 시기(서기 346~375년)에 오면 신라에 사신을 보내는 등 신라와 우의를 돈독히 하기 시작했다.[57] 근초고왕 24년(서기 369년)에 고구려 왕 사유가 보병과 기병 2만 명을 거느리고 백제를 침공했는데, 태자 근구수(近仇首)가 치양에서 싸워 고구려군을 크게 이기고 포로 5,000여 명을 붙잡았다.[58] 2년 뒤에 다시 고구려군이 침공해 왔으나 역시 격파했다. 겨울에 근초고왕은 태자와 함께 3만 명의 군사를 이끌고 고구려의 평양성을 공격했으며, 이때 고구려의 고국원왕이 백제군의 화살에 맞아 사망했다.[59] 남으로 가야를 정복하여 남해안 지역을 장악하고, 일본과 중국에 이르기까지 영향력을 행사했다. 일본 천리시 석상신궁에 소장되어 있는 칠지도(七支刀)는 근초고왕이 왜왕(倭王)을 제후로 보고 하사한 칼로 알려져 있다. 또한 근초고왕은 박사 고흥(高興)으로 하여금 《서기(書記)》를 편찬하도록 하여[60] 왕실의 권위를 세우고 그 정통성을 강화했다.

여기서 주목할 것은, 이때가 바로 고구려가 금관과 금동관을 만들기 시작한 소수림왕 시기였다는 점이다. 고구려는 이 시기에 금관과 금동관을 만들어 왕권의 기반을 더욱 공고히 하고 국가 지배 체제를 정비했으며, 아울러 중앙집권을 강화하면서 나라를 한층 견실하게 다져나갔던 것이다.

참조.

56   《三國史記》卷24,〈百濟本紀〉, 汾西王 7年條.

57   《三國史記》卷24,〈百濟本紀〉, 近肖古王 21 · 23年條.

58   《三國史記》卷24,〈百濟本紀〉, 近肖古王 23年條.

59   《三國史記》卷24,〈百濟本紀〉, 近肖古王 26年條.

60   《三國史記》卷24,〈百濟本紀〉, 近肖古王 30年條.

그러므로 당시 국력이 절정에 이르렀던 백제가 고구려보다 훨씬 늦은 5세기 무렵에 가서야 금관과 금동관을 만들었을 것으로는 생각되지 않는다. 백제의 유적에서 출토되는 금동관들이 만들어진 시기를 한성백제가 가장 곤경에 처했던 5세기로 편년하는 것은 실제 백제의 정치적 상황과는 부합하지 않기 때문이다. 따라서 백제의 여러 유적에서 출토된 비슷한 모양의 금동관들이 만들어진 시기는 마땅히 4세기 말 무렵으로 편년되어야 할 것이다.

세움장식이 있는 금동관이든, 세움장식이 없는 금동관이든, 또는 세움장식을 한 겉관과 속관이 함께 있는 금동관이든, 모두 안에 절풍을 중요한 구조로 하고 있는 것은 한민족의 상투머리 모양에서 비롯된 것이라 생각된다. 이는 《후한서》〈동이열전〉의 한(韓)조와 《삼국지》〈오환선비동이전〉의 한(韓)전 그리고 《진서(晋書)》〈열전〉의 마한조에서 모두 한민족이 "머리를 틀어 묶고 상투를 틀어 내놓는다"고 한 데서도[61] 확인할 수 있다.

백제 무령왕릉에서는 묘주의 머리 부분에서 길이가 18.4센티미터이고 상단 폭이 6.8센티미터인 금으로 만든 머리꽂이가 나왔다. 이는 무령왕의 것으로 보인다. 그 형태를 보면, 윗부분은 부채꼴 모양이고, 중심부로 오면서 세 갈래로 나뉘는 모습인데, 갈래의 길이는 8.6센티미터이다.[62] 전체적으로 마치 새가 날아가는 모양을 하고 있다. 이러한 머리꽂

---

61 《後漢書》卷85,〈東夷列傳〉, 韓條. "대체로 머리를 틀어 묶고 상투를 틀어 내놓으며(大率皆魁頭露紒)";《三國志》卷30,〈烏丸鮮卑東夷傳〉, 韓傳. "그들의 풍속은 의책을 좋아하며 하호들도 낙랑 대방군에 가서 조알할 때는 모두 의책을 빌리고 스스로 인수를 하고 의책을 착용하는 사람이 천여 명이나 된다고 했다. …… 그들의 성질은 굳세고 용감하며 머리카락은 틀어서 묶고 상투를 드러내는데 마치 날카로운 병기와 같다(基俗好衣幘, 下戶詣郡朝謁, 皆假衣幘, 自服印綬衣幘, 千有餘人 …… 基人性彊勇, 魁頭露紒如炅兵)";《晋書》卷97,〈列傳〉, 馬韓條. "구슬을 귀중하게 여겨 옷에 꿰기도 하고 머리를 장식하거나 귀에 달기도 하며, 남자들은 머리를 틀어 묶어 상투를 드러내놓는다(以貴瓔珠, 用以綴衣或飾髮垂於, 其男子科頭露紒)."

62 忠淸南道·公州大學校 百濟文化硏究所, 《百濟武寧王陵》, 1991, 20～21쪽.

이 외에 충청남도 부여군 규암면(窺岩面) 함양리(咸陽里) 고분에서는 전체 길이가 10.1센티미터인 은제 비녀가 출토되었다.[63] 비녀의 윗부분에는 금으로 된 장식이 있고, 비녀의 표면에는 대나무문양이 음각되어 있다. 일반적으로 무령왕릉에서 출토된 것을 뒤꽂이로 분류하고 규암면에서 출토된 것을 비녀로 분류하는데,[64] 절풍의 사용이라는 점에서 본다면 모두 정수리에 틀어 올린 머리에 꽂았던 것으로 보아야 할 것이다. 여러 자료로 볼 때, 백제에서는 여자도 머리를 틀어 묶었음을 알 수 있다.

고구려와 신라의 여자들도 머리를 틀어 올렸음을 알 수 있는데, 제2장 1절의 〈그림 5〉에 보이는 고구려의 여자 도용이 머리를 틀어 올린 모습을 하고 있는 것도 그렇지만, 제2장 1절 〈표 2〉에서 보듯이 양산 부부총 등에서 백화수피로 만든 절풍이 여럿 출토된 점 또한 이 같은 사실을 잘 말해준다. 그러므로 백제뿐만 아니라 한반도와 만주 지역에 거주하던 고구려와 신라 등의 한민족은 모두 상투를 틀어 올린 것과 같은 모양의 머리 양식을 했던 것으로 생각된다.

이상의 내용으로 보건대, 백제는 고구려와 같은 서기 4세기 말 무렵부터 절풍을 속관으로 하고 백제 고유 양식의 세움장식을 겉관으로 하여, 이것들을 함께 조합한 금관과 금동관을 사용했을 것으로 추정된다.

63 金基熊, 《百濟の古墳》, 東京 : 學生社, 1976, 159쪽.
64 尹世英, 〈裝身具〉, 《百濟考古學》, 1995, 200~201쪽.

우리나라 금관은 고대 한민족이 고조선시대부터 사용해왔던 관모와 관모 장식의 고유 양식이 계승되어 만들어진 자생적 관모라는 사실을 알 수 있다. 고구려를 비롯한 고대 한민족 관모 양식의 고유성을 구체적 사례로 삼아 민족 문화의 독창성과 주체성을 재인식하는 일은 중국의 동북공정에 맞서 실증적 연구 기능을 발휘할 수 있게 해줄 뿐만 아니라. 앞으로 동북아의 역사 침탈에 대비하는 민족사관의 수립과 민족 문화 해석의 이론적 근거 또한 제공해줄 것이다. 신라 금관의 기원은 물론 민족의 북방 기원설이나 남방 문화 전래설에 매몰되어 우리 민족 문화의 창조력마저 부정해온 식민사관을 극복하고, 한반도에 자리 잡고 있는 한민족 문화는 우리 땅 안에서 자생적으로 창조되었다는 민족 문화의 정체성을 새롭게 인식해야 할 때이다.

제7장

우리 관모의 역사와
금관의 전통

나는 지금까지 고대 한국 금관의 독창성과 고유성을 밝히는 작업을 하기 위해 고조선시대부터 한반도와 만주 전 지역에서 오랫동안 써왔던 모자들이 어떻게 금관의 양식으로 이어져갔는지 고찰했다. 이 과정에서 고대 한국의 관모를 중국이나 북방 지역 등의 고대 관모와 비교·분석했다. 그 결과 고대 한국의 관모는 이웃나라의 관모와 무관하게 발전해왔음을 알 수 있었다. 또한 고구려·백제·신라·가야의 금관은 어느 날 갑자기 이웃나라의 영향으로부터 만들어 진 것이 아니라, 고조선시대부터 써오던 절풍을 금으로 만들고 더욱 장식화했음을 알 수 있었다.

고구려·백제·신라·가야의 관모와 금관은 지역에 따라 조금씩 특성을 달리할 뿐 모두 같은 양식을 지니고 있어, 한반도와 만주 전 지역이 동일한 양식의 금관 문화권이었음을 말해주고 있다.

한민족은 신석기시대부터 여러 가지 방법의 사냥 기술과 목축업의 발전으로 야생동물과 함께 많은 집짐승의 가죽을 생산해냈다. 그 동안의 고고 발굴과 연구에 따라 한반도와 만주에는 구석기시대부터 계속해서 사람들이 살고 있었음이 확인되었고, 신석기시대나 청동기시대의 주민들이 다른 곳으로부터 이주해왔다는 견해가 성립될 수 없다는 사실이 밝혀졌다. 또한 한반도와 만주의 신석기시대 시작 연대가 중국의 황하 유역과 비슷하거나 앞섰던 것으로 밝혀졌다.

제주도 고산리 유적에서 화살촉 등과 함께 토기가 발견되었는데, 그 연대가 서기전 8000년 무렵으로 추정되고 있다. 황하 유역에서 발견된 신석기시대 유적 가운데 가장 연대가 올라가는 것은 하남성의 배리강문화(裵李崗文化) 유적 그리고 하북성과 하남성 경계 지역의 자산문화(磁山文化) 유적으로 그 시작 연대가 모두 서기전 6000년 무렵인데, 한반도와 만주 지역에서도 강원도 양양의 오산리 유적과 내몽고 자치구 동부의 흥륭와(興隆洼) 유적의 연대가 서기전 6000년 무렵으로 확인되었다.

이와 같이 한민족은 이웃나라보다 신석기가 앞섰으며, 농업과 함께 목축업 및 수공업이 시작되어 가죽 가공 기술과 직물 생산 기술을 축척해나갔기 때문에, 이들을 재료로 모자를 만들어 사용한 것도 앞서 진행되었을 것이다. 그뒤 청동기시대 유적에서는 작은 야생동물과 집짐승의 출현 비율이 높아지는데, 이 시기에는 청동기의 보급과 함께 농업과 목축업 및 수공업이 더욱 발달함에 따라 사냥에 많이 의존했던 복식 재료가 집짐승의 가죽이나 그 털로 짠 모직물로 바뀌었을 것이다. 그리고 실크(누에실천)·누에고치솜·삼베 등이 계절에 따라 혼용됨으로써 야생동물 가죽을 모자의 재료로 쓰는 빈도가 줄어들었을 것이다. 절풍의 안쪽 부분이 주로 가죽인 것과 달리, 절풍 겉에 둘린 검은 테두리와 책(幘)에 실크가 재료로 쓰인 것이 그 보기가 되겠다.

고조선 후기에 이르면 철기가 사용되는데, 철기는 농업 생산 증대에 크게 기여했다. 그리고 이를 바탕으로 목축업이 한층 발달하여 집짐승의 가죽이 수공업품의 재료로서 이전보다 훨씬 많이 사용되었다. 문헌 자료에 따르면, 고구려·부여·한 등에서는 모두 가죽신을 신었다고 했는데, 신발은 복식 가운데 모자와 함께 수요가 가장 많으으로 집짐승의 가죽을 사용했을 것이다.

생가죽 상태로는 이러한 물품을 만들 수 없기 때문에, 이 같은 특수 가죽과 일반 가죽들을 얻기 위해서는 부드럽게 만드는 작업을 하는 동안 생피의 단백질을 부패시키지 않고 안정된 가죽으로 전환시키는 처리 과정을 거쳐야 한다. 고조선에서는 이미 가죽 가공 방법이 발달했기 때문에 질 좋은 물건을 만들어 중국에 수출하기도 했는데, 고구려는 고조선의 기술을 이었던 것이다.

고대 한민족은 질 좋은 가죽 등을 재료로 고조선시대부터 변과 책 및 절풍을 한반도와 만주의 모든 지역에서 사용해왔다. 절풍은 변에서 변형된 것으로 윗부분이 둥근 것과 각이 진 것의 두 가지로 나뉘며, 이 가운데 윗부분이 둥근 절풍은 이중 구조를 갖는다. 고구려에서는 절풍을 주로 가죽으로 만들었고, 신라와 가야에서는 가죽 이외에 자작나무껍질로도 만들었다. 한반도와 만주에 거주하던 고구려·동부여·백제·신라에서 모두 절풍에 새 깃을 꽂았던 것으로 보아, 한민족은 고조선시대부터 이 같은 풍습을 지녔던 것으로 생각된다. 이후 지배 계층에서는 새 깃과 사슴 귀 장식 등을 금이나 은 또는 금동으로 만들어 사용했다. 신라에서는 진덕왕 3년(서기 649년)에 한민족의 복식을 중국의 것으로 바꾸면서 남자들은 천으로 만든 복두를 쓰기 시작했는데, 복두에는 장식을 하지 않기 때문에 절풍과 관식은 이때부터 사라졌다. 이는 금속으로 만든 절풍과 관 장식이 출토되는 고분들의 연대가 대부분 서기 5~7세기에 속하는 점과도 일치한다.

고대 한민족이 가장 많이 쓰던 관모인 변의 경우 착용 때 관끈으로 이를 고정시켜 사용했으나, 절풍의 경우에는 관끈을 사용하기도 하고 머리에 고정시키는 장치가 절풍 겉에 덧관으로 있어 관끈 없이 사용하기도 했다. 책은 변에서 바뀐 것으로, 절풍에 고정시키는 장치인 덧관이 발전하여 절풍을 쓰지 않고 덧관만을 쓰게 된 것이다. 금관은 고정 장치가 있는 절풍이 바뀐 것으로, 금관의 겉 부분은 바로 이 절풍 겉에 고정시키는 장치가 한층 장식화하면서 만들어진 것이다.

고대 한국의 책에 관한 내용을 다룰 때는 안악 3호 고분벽화와 덕흥리 고분벽화에 보이는 것을 예로 든다. 그리고 이들 책이 관과 함께 중국의 것과 비슷하다는 견해가 나오면서, 이에 따라 고분의 묘주나 국적 등이 중국계일 것으로 추정되었다. 안악 3호 고분벽화에는 두 가지 종류의 책이 보인다. 하나는 뒤의 이(耳) 부분이 곧게 올라간 책이고, 다른 하나는 뒤의 이(耳) 부분이 높게 굽어져 올라간 것이다.

나는 이 책들이, 양(梁) 또는 수(收)가 있거나 옥(屋) 부분이 크게 올라오거나 가사관(加沙冠)이 덧붙어 있는, 중국이나 북방 지역의 책과는 전혀 다른 것임을 밝혔다. 또한 중국에서는 혜문관이나 칠사롱관(漆紗籠

冠) 등을 매우 성근 사(紗)로 만들었기 때문에 고분벽화 등에 그물로 표현되어 있으나, 고구려에서는 비교적 고운 나(羅)로 만들었기 때문에 안악 3호 고분벽화의 주인공이 쓴 백라관은 그물로 표현되지 않았다. 덕흥리 고분벽화나 쌍영총 주인도의 청라관이 섬세한 그물로 표현된 것은 왕관인 백라관보다 성근 나(羅)로 만들었기 때문이다.

고구려의 귀한 신분의 남자들은 나(羅)로 만든 골소를 쓰고 그 위에 금과 은으로 장식했다. 고구려 왕의 관은 흰색 나(羅)로 만들고 그 위에 금테나 금단추로 장식했으며, 대신들이 쓰는 것은 금테나 금단추 또는 은테나 은단추를 섞어 장식했다. 백제 왕의 검은색 나관(羅冠)은 금화로 장식되었고, 관인들이 쓰는 것은 은화로 장식되었다. 금테를 두른 왕관의 경우 그 실제 모습이 안악 3호 고분벽화의 주인공이 쓴 백라관에서 확인된다. 안악 3호 고분벽화의 주인공은 흑색의 책 위에 흰색의 나(羅)로 만든 덧관을 쓰고 있다. 관의 앞 이마 부분에는 금색의 테두리가 둘러져 있고, 이 테는 다시 이(耳)의 가운데 부분에서 위로 연결되어 있다. 관의 끈이 귀의 뒷부분으로부터 내려와 턱 부분에서 묶여 겉옷의 옷고름 윗부분까지 내려와 있는데, 관끈의 끝 부분은 큰 단추 모양의 화려한 장식으로 마무리되어 있다. 이 같은 모습은 중국의 짧은 관끈 제도와 큰 차이를 보인다.

안악 3호 고분벽화가 만들어진 서기 4세기 중엽까지 고구려의 왕이 백라관을 사용한 것으로 보아, 관 전체를 금으로 만든 금관은 아직 만들어지지 않았던 것으로 생각된다. 금관의 초기 형태는 나관(羅冠) 위에 금테나 금단추 또는 금화 등을 장식하는 양식으로부터 시작되었을 것이다. 금화와 금장식단추 또는 은화와 은장식단추는 같은 의미이다.

고조선에서는 초기부터 원형과 나뭇잎 모양의 장식단추를 의복·갑옷·신발·모자·활집 등에 달거나 귀고리로 만들어, 화려하고 높은 수준의 복식 양식을 이루었다. 이 같은 복식 양식은 중국이나 북방 지역에서는 볼 수 없는, 한민족의 복식만이 갖는 특징이다. 이후 장식단추의 사용은 더욱 발전했는데, 요령성의 여러 지역에서는 서기 3~4세기 무렵 고구려가 나뭇잎 모양 장식에 금으로 만든 꽃가지 모양 관 장식을 만들어 사용했음을 알려주는 금관식이 출토되었다. 금으로 만든 관 장식은 나뭇가지가 뻗어 나가고 가지마다 원형이나 복숭아 모양의 장식이 달리며 끝부분을 새순 또는 움 모양으로 마무리한 것을 공통점으로 하고 있는데, 이 같은 양식은 신라 금관의 구성요소로 이어진다. 금으로 만든 관 장식들과 함께 출토된, 줄기 부분을 나타내는 뻗어 나간 꽃가지 모양의 금 장식과 고조선 중기·후기에 속하는 유적에서 출토된 청동 조각들에 보이는 나무줄기의 문식은 꽃가지 모양의 금제 관 장식과 함께 이후 금관의 나무줄기에 해당하는 부분으로 응용되었을 것이다.

이후 광개토대왕(서기 391~413년)의 무덤에서 출토된 절풍 모양의 금관과 관 장식 그리고 소수림왕(서기 371~384년)의 무덤으로 추정되는 마선 2100호 무덤에서 출토된 금으로 만든 관 장식과 관테 둘레 등은 고구려가 4세기 말엽 이후부터 관 전체를 금으로 만든 금관을 사용했음을 알려준다.

그 밖에 룡산리 7호 무덤에서 출토된 금동절풍에는 삼족오 문양이 핵심을 이루고 있으며, 평양시 대성구역에서 출토된 불꽃뚫음무늬 금동관은 화염문 양식이 외관을 꾸며주고 있다. 이들 관모의 장식은 모두 고구려 건국 신화인 주몽 신화 가운데 특히 해모수의 출현을 상징한다. 해모수는 곧 태양신을 상징하는 존재이다.

신라의 금관은, 고구려의 금관이 금으로 만든 절풍 주변의 관 테두리에 관 장식만을 꽂는 양식을 한 것과는 달리, 관 테두리 주변을 세움장식으로 화려하게 장식하면서 이루어진 것이다. 그동안 신라는 고구려나 백제와 마찬가지로 줄곧 써오던 절풍을 금이나 금동 또는 은으로 만들어 금속의 서열에 따라 신분을 상징하고 관 장식을 달리했다. 그런데 서기

5세기 무렵에 이르러 왜 갑자기 신라만이 세움장식을 크게 올리기 시작했을까?

신라 금관의 세움장식에 대하여 북방 유목민족계통의 영향을 받았다는 견해에는 크게 두 가지 요소가 근거로 제시된다. 하나는 북방 지역과 신라 금관 양식의 형태를 선긋기 식으로 비교하여, 조금이라도 북방 지역과 비슷한 부분이 있으면 북방의 영향을 받았다고 주장하는 것이다. 또 하나는 신라를 건국한 핵심 세력이 북방계 이주민이므로, 당연히 금관은 북방 계통의 요소를 갖는다고 주장하는 것이다.

이러한 견해들과 달리 《삼국지》와 《삼국사기》 및 《삼국유사》 등에 대한 새로운 분석에 따르면, 금관을 만들고 또 사용했던 사람들은 북쪽에서 이주해 온 사람들이 아니라 고조선시대부터 이미 경주를 중심으로 경상북도 지역에 살고 있던 토착인들이라는 사실을 알 수 있다. 따라서 신라 건국의 핵심 세력이 북쪽에서 이주해 온 사람들이라 금관에 북방적 요소가 있다는 견해는 설득력이 없다고 하겠다.

신라가 서기 5세기 무렵부터 지금껏 써왔던 절풍 모양의 금관에 갑자기 세움장식을 하기 시작한 까닭은 신라 국가의 발달 과정에서 살펴볼 수 있다. 이 시기에 신라에서는 어떠한 일들이 일어났을까?

《삼국사기》〈신라본기〉의 기록을 중심으로 신라 국가의 발달 과정을 살펴보면, 마립간 시기 김씨 왕통 계보의 확립과 함께 김알지가 김씨의 시조로 인식되고 있음이 드러난다. 즉, 눌지마립간 19년 4월에 지냈던 시조묘 제사는 김씨 왕통 계보의 확립을 알리는 상징적 의미를 지니고 있다. 이때 이 의식에 걸맞는 복식도 새롭게 정비되었을 것이다. 복식 가운데 김씨 왕권을 상징하는 것은 왕관으로, 절풍 모양의 기존 관이 그대로 사용되기보다 김씨 왕통의 정당성과 정체성을 상징하는 왕관이 새로이 만들어졌던 것이다.

신라 금관의 속관은 금으로 만든 절풍인데, 이것으로 상투를 가렸다. 겉관으로는 세움장식을 새로이 했다. 신라 금관의 전체 형상을 결정하는 세움장식은 바로 김알지 신화의 배경이 되는 계림을 잘 나타낸다고 할 수 있다.

금관에 관한 기존의 연구에서는 대부분 세움장식이 나무와 사슴뿔 형상이라고 보았다. 그리고 이를 추적하여 북방의 스키타이 문화나 알타이 지역 문화의 영향으로 만들어졌다고 믿었다. 또한 세움장식을 '山' 자 모양이니 '出' 자 모양이니 하면서 어렵게만 인식하고 있다. 금관과 아무런 상관이 없는 무의미한 해석일 뿐이다. 즉, 김씨 왕조가 확립된 마립간 시기의 상황들이 금관과 무슨 관련이 있는지도 해명하지 않은 채, 단지 형태의 유사성만을 고려한 분류 방법인 것이다.

신라 신화는 물론 금관도 신라 지역의 역사적 사실과 문화적인 맥락 안에서 해명되어야 할 것이다. 왜냐하면 형태상의 유사성만을 가지고 설명하고자 한다면, 나무를 숭배하고 사슴뿔을 관 장식으로 하는 문화적 전통은 비단 북방의 스키타이뿐만 아니라 세계 여러 나라에서 널리 발견되기 때문이다.

무분별한 전파론적 시각에서 벗어나 신라의 금관을 신라의 문화적 맥락 안에서 주체적인 시각으로 해석한 연구가 최근 민속학 분야에서 이루어졌다. 금관의 비밀을 건국 신화와 계림을 통하여 명쾌하게 풀어낸 이 연구는 김알지 신화의 맥락 속에서 신라 금관의 형성과 기능 그리고 구조를 귀납적으로 해석하여 설득력을 지닌다.

아울러 이 연구는 계림이 시림을 일컫는 한갓 숲 이름이 아니라, 금관 문화가 융성하던 5~7세기까지 신라의 공식 국호였다는 사실을 놓치지 않고 있다. 마립간 시기의 신라 사람들은 김알지의 출현 공간이자 국호의 상징인 계림을 신성한 숲으로 형상화하고자 했을 가능성이 높다고 보았다. 계림을 상징하는 신성한 숲은 성수(聖樹)이자 김알지를 탄생시킨 생명수로 이루어져 있게 마련이다. 단군 신화의 성지인 태백산 신단

수(神檀樹)와 같은 나무가 바로 계림을 이루는 성수이자 생명수이다.

신라의 금관은 한결같이 신단수와 같은 성수로 장식되어 있다. 시조 김알지가 출현한 계림의 신성한 숲을 표현하기 위해 세 그루 이상의 신수(神樹) 모양 세움장식을 갖추었던 것이다. 신라 금관을 대표하는 금관들은 다섯 그루의 신수로 장식되어 있어서, 삼림으로 구성된 신성한 계림을 형상화하고 있다.

계림의 나무는 김알지를 탄생시킨 생명나무이다. 그러므로 금관의 세움장식을 하고 있는 나무들에는 한결같이 나뭇잎을 상징하는 달개장식이 달려 있을 뿐만 아니라, 가지 끝마다 생명을 상징하는 '움'이 봉긋하게 돋아 있다. 계림의 성수를 상징하려면 나무가 모두 살아 있어야 마땅하기 때문이다. 나뭇가지마다 '♤' 모양으로 도톰하면서도 뾰족하게 돋아 있는 것이 나무의 자람을 나타내는 새 '순'이며 새 '싹'이자, 새로 돋아난 '움'이다. 실제로 금관의 세움장식에는 달개와 곡옥이 달려 있지 않아도 가지 끝마다 '♤' 모양의 움만은 꼬박꼬박 붙어 있다. 그것은 곧 금관의 나무가 살아 있다는 것을 상징하는 생명의 징표이다. 이러한 분석들은 신라 금관의 세움장식을 사슴뿔로 보는 견해가 잘못임을 알게 한다. 사슴뿔이라면 곡옥으로 열매가 표현될 수 없고, 또 움과 같은 생명의 싹이 붙어 있을 수 없을 것이다. 한편, 서봉총 금관에서는 세움장식 외에 또 다른 나뭇가지 끝에 새가 앉아 있는 모습을 볼 수 있는데, 만일 사슴뿔이라면 새가 앉아 있지 않을 것이다.

민속학 분야에서 나온 이 새로운 연구는 신라에서 금관이 출현하게 된 배경과 금관의 구조가 김알지 신화를 상징한다는 사실을 알려준다. 여기서 잠시 신라의 대외적인 상황을 살펴보면서, 신라 금관의 출현 배경을 좀더 명확히 다루어보자.

신라는 당시까지 내정에 깊이 간여하고 있던 고구려의 영향권에서 벗어나고자 했다. 즉, 눌지마립간 11년(서기 427년, 고구려 장수왕 15년)에 고구려가 지금의 평양으로 도읍을 옮기고 본격적으로 남진 정책을 취하자, 신라는 서기 433년에 백제와 동맹 관계를 맺어 고구려의 남진에 대항했던 것이다. 서기 455년에는 고구려가 백제를 침범하자 군사를 보내 백제를 구원하기도 했다. 그럼으로써 외부적으로도 자주적인 태도를 취할 수 있는 발판을 마련한 시기였다. 이 시기에 고구려는 이미 금관을 사용하고 있었다.

지금까지 출토된 유물로 볼 때, 고구려는 4세기 말부터 금관을 만들기 시작했다. 고구려와 대립하던 이러한 때, 자주적인 태도를 취하기 시작한 신라는 당연히 금관을 만들기 시작했을 것이다.

이상의 대내외적인 요인들로부터 다음과 같은 사실을 알 수 있다. 즉, 김씨족에게 눌지마립간 시기는 한편으로 왕위 계승을 독점하면서 왕권을 강화해나가는 시기이며, 다른 한편으로 영토 확장에 따른 중앙집권적 국가 제도의 정비기임을 알 수 있다. 이에 따라 눌지마립간 시기에 왕관이 독특한 양식으로 바뀐 것은, 김씨 왕위 계승권을 확립하려는 의도 아래, 왕권을 상징하는 금관에 시조인 김알지 신화의 내용을 표현한 것이라 할 수 있다.

다음은 서봉총의 정체에 관한 새로운 분석 내용이다. 지금까지 서봉총 출토 은합우에 새겨진 명문의 새로운 해석을 통해 서봉총의 정체를 해명한 것은 물론, 서봉총 금관의 주인과 성격, 그리고 신라 금관과 적석목곽분의 하한 연대를 새롭게 추론할 수 있게 되었다.

은합 겉면 바닥에 새겨진 '延壽元年太歲在辛'을 해석한 결과, '연수(延壽)'는 고창국(高昌國)의 연호라는 사실을, 그리고 '연수원년'은 고창국 국문태(麴文泰) 왕이 즉위한 지 5년이 되는 해에 연호를 '중광(重光)'에서 '연수'로 바꾼 원년에 해당한다는 사실을 밝혔다. 즉, '연수원년'은 고창국 국문태왕 5년으로, 서기 624년이다. 그리고 '太歲在辛'은 덕이 있어 많은 것을 이룬 명군이 계속하여 재위했다는 뜻이다. 따라서 이 명문은 고창국에서 연수원년에 국문태 왕이 계속 명철한 성군으로 재위했다는 것을 드러내는 기록이라 하겠다. 명문의 해석 내용으로 볼 때, 서봉총 은합우는 서기 624년에 고창국에서 만들어져 신라에 예물로 보내진 것으로 추정된다.

은합 덮개 안쪽에 새겨진 '延壽元年太歲在卯三月中'이라는 명문은 국문태 왕이 즉위한 지 5년째가 되는 '연수원년'이 만물이 무성하기 시작하는 3월에 해당한다는 뜻이다. 즉, 연수원년에 고창국의 정치와 경제가 안정되어 번영하기 시작했음을 나타내는 것이다.

지금까지 우리 학계에서는 신라에서 금관이 쓰이던 하한 연대를 서기 6세기로 보았다. 그러나 연수원년이 진평왕 46년으로 해석되는 점과 진덕왕 3년부터 신라 고유의 복식에서 중국의 복제를 따랐던 점을 고려한다면, 신라에서 금관이 쓰인 하한 연대는 서기 7세기 무렵으로 보아야 할 것이다. 하한 연대를 분석하면서, 신라 금관이 건국 초기부터 사용된 절풍에서 변모한 것이라는 사실과 고구려 금관의 영향을 받아 만들어졌다는 사실도 함께 밝혀지게 되었다. 아울러 신라가 진평왕 시대에 이르기까지 고창국 등 이웃 나라들과 교류가 활발했음에도, 금관을 비롯한 민족 고유의 문화를 변함없이 지켜왔다는 사실을 확인했다.

5세기 초부터 신라에서 만들기 시작하던 금관이 적어도 진평왕 재위 기간인 7세기까지 쓰인 까닭은 중국 세력을 이용하여 고구려를 치고자 하는 전략이 줄곧 진행되었다는 사실과 연관이 있을 것이다. 금관은 왕권을 상징하는 것으로서, 신라 왕실의 주체성을 대내외적으로 알리는 데 중요한 문화적 상징물 구실을 했던 것으로 해석된다. 그 결과 신라는 중국과 외교에서 성공을 거두어 고구려를 협공하는 형세를 이루었다. 이러한 일련의 상황을 고려할 때, 신라에서 진평왕 때까지 고구려 왕이 쓰는 금관보다 훨씬 화려하고 독특한 양식의, 신라인 고유의 가치관이 담긴 금관을 계속해서 사용했던 것으로 보아도 무리가 없겠다.

은합우 명문을 새롭게 해석함으로써 서봉총의 절대 연대를 밝히게 되었으므로, 신라 적석목곽분의 편년과 더불어 신라 금관의 하한 연대 설정에도 좋은 기준이 되기를 기대한다. 비록 우리 학자들이 오랫동안 서봉총에 대한 연구를 해왔으나, 일본 학자들의 해석 범주와 수준을 벗어나지 못했다. 발굴 당사자였던 일본인이 붙인 국적 없는 명칭 '서봉총'을 고스란히 이어받은 것은 물론, 그들이 만들어낸 신묘년이라는 간지 설정에 매달려 헛된 연대 해석에 몰입해왔다. 그러므로 이제 서봉총이라는 조작된 이름에서 해방되어 진평왕릉이라 일컬어야 함은 물론, 신라 사람들의 혼이 담긴 신라 금관의 자리매김도 새롭게 이루어져야 할 것이다. 서봉총 금관은 진평왕이 썼던 왕관으로 다시 태어나야 마땅하다.

백제 왕의 금관은 검은색 나(羅)로 만들고 그 위에 금화(金花)로 장식한 구조이다. 관리들은 모두 붉은색의 옷을 입었고, 내솔(柰率) 이상은 은화(銀花)로 장식했음을 알 수 있다. 금화의 실제 예로는 무령왕과 무령왕비의 무덤에서 출토된, 금으로 만든 한 쌍의 관식을 들 수 있다. 무령왕릉의 금제 관식은 금판을 투조한 것으로, 중앙에 큰 꽃이 놓이고 여러 갈래의 가지가 뻗어 있으며 앞면은 달개장식으로 치장했다. 이 한 쌍의 관 장식은 발굴 당시 머리 위치에서 거의 포개진 상태였는데, 위의 것은 경부를 동쪽으로 하여 횡위로, 달개장식이 달린 면은 전식이 아래로, 후식이 위로 놓인 채 발견되었다. 한 쌍의 관 장식이지만, 높이와 폭의 크기에서 조금씩 차이가 난다.

이와 같이 하나의 모자의 꽂았던 두 개의 관 장식이 높이와 폭 등에서 크기가 서로 다른 점, 그리고 달개장식이 달린 부분이 서로 다른 방향으로 포개져 출토된 점 등은, 관에 좌우 대칭으로 관식을 꽂았던 것이 아니라 앞뒤로 꽂았던 것이 아닌가 추측하게 한다. 대칭이 되게 할 경우 두 개의 관 장식을 서로 다른 크기로 하지 않았을 것이다. 또한 관모의 앞부분에 서로 겹쳐 꽂지도 않았을 것이다. 두 개의 관 장식 경부의 아랫부분이 달개장식이 달리지 않은 뒷면을 향하여 구부러졌으므로, 서로 다른 방향으로 구부러진 관식을 포갰다고는 보이지 않기 때문이다. 그렇다면 출토 당시 위에 놓였던 크기가 큰 관 장식이 관모의 뒷면에 배치되고, 조금 작은 관 장식이 관모의 앞면에 배치되었을 것으로 추정된다. 이 관 장식의 아랫부분에 늘여뜨려진 장식이 검은색 관모의 관테 둘레까지 드리운 상태였을 것이다.

이 관식 옆에서 금으로 만든 톱니 모양의 긴 띠 같은 얇은 금판 장식이 휘어진 상태로 출토되었는데, 관 장식을 꽂았던 관테 둘레였을 것으로 추정된다. 고구려 안악 3호 고분벽화에 보이는 주인도의 백라관에서 앞이마 부분에 둘린 금테처럼, 이는 오라관에 둘린 금관 테두리였을 것이다. 또한 황색·등색·담청색의 작은 유리옥들이 이 머리 부분과 두침에 부착되어 무수히 나왔는데, 그 출토된 위치로 보아 이것들은 아마도 오라관에 수놓았던 옥(玉)들일 것이다.

이상의 내용으로 볼 때, 백제의 왕은 유리옥들로 수를 놓은 오라관에, 금으로 만든 큰 크기의 관 장식이 관모의 뒷면에 배치되고 조금 작은 관 장식이 관모의 앞면에 배치된 관을 썼을 것으로 추정된다.

왕비의 금제 관식 한 쌍은 왕의 것보다 전체 크기가 약간 작다. 왕의 관 장식에서 앞면에 꽂았던 것이 뒷면의 것보다 작은 것과 달리, 왕비의 것은 앞면에 꽂은 것이 뒷면에 꽂은 것보다 크다. 또한 특기할 것은 관 장식에 투조된 장식 문양이 왕의 관식과는 차이가 있다는 점이며, 달개장식이 하나도 없는 것 역시 큰 특징이다. 지금까지 분석한 내용과 더불어 발굴자들이 관모 부근에서 출토되었다고 하는 관식과 여러 출토품을 모두 조합하면, 왕과 왕비의 관을 복원할 수 있을 것이다.

백제의 금동관으로는 전라남도 나주군 반남면 신촌리 제9호 고분에서 출토된 것을 들 수 있다. 이 금동관은 금동으로 만든 절풍과 관테 둘레에, 달개장식이 달린 세 개의 세움장식을 세운 겉관으로 구성되어 있다. 절풍을 기본으로 하지만 또 다른 양식을 보이는 것으로, 익산군 입점리에서 출토된, 관테 둘레와 세움장식이 있는 금동관이 있다. 이 금동관은 신촌리 출토의 금동절풍과는 달리, 뒷부분으로 윗면의 둥근 부분이 조금 뒤로 옮겨간(젖혀진) 듯한 모양이어서 고구려 절풍에 가까워 보인다. 특이한 것은 물고기 비늘 모양의 문양과 금동관모 뒷면의 금동으로 만든 10.9센티미터 길이의 장식이다. 이 금동절풍과 함께 금동으로 만든 관테 둘레 파편과 세움장식 세 개가 출토되었기 때문에, 세움장식이 있는 금동관으로 추정된다. 한편, 익산군 익점리 고분에서는 위의 것과 다른 모양의 금동관도 출토되었다. 발굴자들은 모두 금동제 관식으로 단순히 분류했으나, 출토된 유물들을 종합해보면 백제 고유의 또 다른 양식을 보여주는 금동관임을 확인할 수 있다.

첫째, 금동판이 둥글린 모양이고, 전면에 새겨진 새문양을 발굴자들은 봉황새라고 했으나, 내가 보기에 다리가 셋이 달린 것으로 보아 삼족오처럼 보인다. 둘레에는 신라 금관의 관테 둘레에서 볼 수 있는, 뾰족한 도구로 찍은 연속된 점 무늬와 굴곡 무늬가 이어져 있다. 이 금동판과 함께 양쪽 옆으로 연결되었을 듯한, 관테 둘레로 보이는 것이 출토되었는데, 역시 위의 금동판에서 보이는 것과 비슷한 삼족오의 문양이 있고, 중심부로 갈수록 폭이 넓어지는 형태이다.

이 출토물로부터 삼족오의 문양이 고구려뿐만 아니라 백제에서도 사용되었음을 알 수 있다. 이 금동판 조각들에는 모두 일정한 간격으로 작은 구멍들이 두 개씩 또는 한 개씩 뚫려 있는데, 아마도 달개장식을 달았던 곳이라 생각된다. 이들을 서로 조합하면 백제의 고유한 특징을 지니는 금동관이 충분히 복원될 수 있을 것이다.

둘째, 위의 것과 같은 곳에서 출토된 또 다른 출토물로서 금동으로 만든 절풍을 들 수 있다. 발굴자들은 이것을 금동제 관 장식으로 분류했으나, 고구려의 경우처럼 상투만을 덮는 절풍으로 보아야 할 것이다. 이들 관 장식은 모두 둥글게 휘어진 모양으로 되어 있으므로, 대칭된 양면을 이어 붙이면 절풍 상태가 될 것이다. 금동판의 두 면에는 모두 여덟 잎의 연화문이 점으로 타출되어 있다. 두 면이 서로 분리되어 출토되었으나, 이를 합치면 절풍 모양이 된다.

셋째, 위에서 복원된 절풍을 속관으로 하여 복원된 겉관과 합치면 백제 고유의 훌륭한 금동관 모습이 드러날 것이다. 익산군 입점리에서 출토된 금동관보다 세움장식이 훨씬 화려한 금동관이 최근 백제의 여러 지역에서 출토되었다. 공주 수촌리 4호분, 충남 서산시 부장리 고분, 전남 고흥군 길두리 안동 고분 등에서 출토된 금동관들이 그것으로, 모두 5세기 무렵에 만들어진 것으로 추정되고 있다. 백제는 금동관 등을 왜 고구려보다 늦게 만들었을까? 지금까지 나온 출토품으로 보면, 고구려에서 소수림왕 재위 기간(371~384년)인 서기 4세기 말 무렵에 이미 관 전체를 금으로 만든 금관이 출현했음을 알 수 있다. 또한 관 전체를 금동으로 만든 금동관의 경우도 금관과 같은 시기에 출현한 것을 확인할 수 있다. 예를 들어, 이미 서술했듯이 평양시 력포구역 룡산리 7호 무덤에서 출토된 절풍 모양의 금동관과 평양시 대성구역에서 출토된 불꽃뚫음무늬 금동관 그리고 평양시 력포구역 룡산 무진리 16호 무덤에서 출토된 절풍 모양의 금동관들이 모두 4세기 말에서 5세기 초에 만들어졌다.

이와 같이 4세기 말 무렵에 고구려가 관 전체를 금이나 금동으로 만들기 시작한 배경은 다음과 같이 설명할 수 있을 것이다. 소수림왕 시기는 왕권을 줄기차게 강화시켜나가며 남진 정책의 기반을 마련하는 때였다. 따라서 왕권의 기반을 더욱 공고히 하기 위해 금관을 만들기 시작했을 것으로 생각된다. 즉, 소수림왕 시기의 금관은 국가 지배 체제의 정비와 함께 중앙집권의 강화라는 정치·사회적 배경 속에서 출현한 것이다. 이 시기에 백제의 상황은 어떠했는지 알아보자.

위례성은 한성으로도 불렸는데, 이곳에서 500년 역사를 운영하는 동안 백제는 삼국 가운데 최강국으로 전성기를 누렸다. 특히 3세기 중엽의 고이왕 때는 그동안의 국력 신장과 사회 발전에 따라 그에 걸맞는 관제와 신분제를 엄격하게 정돈하고, 관직과 행정구역을 정비·운영했다. 책계왕과 분서왕은 개혁 정치로 국력을 튼튼히 한 고이왕의 뒤를 이어, 한편으로는 고구려의 침략에 대비하면서 다른 한편으로는 지금의 북경과 천진 지역에 확보한 백제의 영토를 확장하는 데 주력했다. 그 과정에서 책계왕은 지금의 난하 유역에서 전쟁으로 사망했고, 분서왕은 낙랑군의 서쪽 현을 차지했으나 낙랑군의 태수가 보낸 자객에게 살해되었다. 이처럼 중국과 전쟁에서 두 번이나 왕이 사망하는 시련을 겪은 뒤 즉위한 비류왕은 국내의 안정에 주력하여 사회를 안정시켰다.

이후 근초고왕 시기에 오면 신라에 사신을 보내는 등 신라와 우의를 돈독히 하기 시작했다. 근초고왕 24년에 고구려가 보병과 기병 2만 명으로 백제를 침공했는데, 태자 근구수가 이를 맞아 싸워 고구려군을 크게 이기고, 포로 5,000여 명을 붙잡아 장군과 장교들에게 나누어주었다. 2년 뒤에도 고구려군이 다시 침공해 왔는데, 이를 격파한 뒤 근초고왕은 태자와 함께 3만 명의 병사를 이끌고 고구려의 평양성을 공격했다. 이때 고구려의 고국원왕은 백제군의 화살에 맞아 사망했다.

남으로 가야를 정복하여 남해안 지역을 장악하고, 일본과 중국에까지 영향력을 행사했다. 일본 천리시 석상신궁에 소장되어 있는 칠지도(七支刀)는 근초고왕이 왜왕을 제후로 보고 하사한 칼로 알려져 있다. 또한 근초고왕은 박사 고흥으로 하여금 《서기(書記)》를 편찬하도록 하여, 왕실의 권위를 세우고 그 정통성과 신성성을 강화했다. 여기서 주목할 것은, 이 시기가 바로 고구려가 금관과 금동관을 만들기 시작하는 소수림왕 시기라는 점이다. 고구려는 이때 금관과 금동관을 만들어 왕권의 기반을 더욱 공고히 했으며, 국가 지배 체제의 정비와 함께 중앙집권을 강화해나가기 위하여 그에 걸맞는 상징성을 더욱 견실히 하고자 했다.

그러므로 이 당시 국력이 절정에 올라 있는 백제가 고구려보다 늦은 5세기 무렵에 가서야 금관과 금동관을 만들었을 것으로는 생각되지 않는다. 백제의 유적에서 출토되는 금동관들이 만들어진 시기를 한성백제가 가장 곤경에 처했던 5세기로 편년하는 것은 실제 백제의 정치적인 상황과 전혀 부합되지 않기 때문이다. 따라서 백제의 여러 유적에서 출토된, 비슷한 모양의 금동관들이 만들어진 시기는 마땅히 4세기 말 무렵으로 편년되어야 할 것이다.

세움장식이 있는 금동관의 경우나 세움장식이 없는 금동관의 경우 모두 안에 절풍을 중요한 구조로 하고 있는 것은 머리를 틀어 올려 상투를 하는 한민족의 머리 모양에서 비롯된 것이다. 관모의 양식은 머리 양식과 밀접한 연관성을 지니는데, 절풍은 맨상투머리를 덮어 머리 양식을 단아하게 한다. 중국이나 북방 지역에서는 이러한 쓰임새가 없다.

백제 무령왕릉에서는 왕의 머리 부분에서 머리꽂이가 출토되었고, 충청남도 부여군 규암면 함양리 고분에서도 은으로 만든 비녀가 출토되었다. 이것들을 절풍 사용의 사례로 본다면, 모두 정수리로 틀어 올린 머리에 꽂았던 것으로 해석해야 할 것이다. 고구려·백제·신라 등에서 이처럼 머리를 틀어 올리는 모양을 한 것은 남자뿐만 아니라 여자도 마찬가지였다. 따라서 여자들의 무덤에서도 절풍이 출토되는 것은 자연스러운 일이라 하겠다.

이러한 사실로부터 고구려·신라·백제·가야에서 사용되었던 금관의 양식은 외래 문화의 영향을 받아 이루어진 것이 아니라, 고대 한민족이 널리 사용하던 변과 절풍 및 책의 변화 위에 새로운 왕조에 걸맞도록 건국 신화의 내용을 창조적 형상으로 상징화한 것이라고 하겠다. 또한 고조선 초기부터 사용해온 한민족 고유의 원형과 나뭇잎 모양의 달개장식 양식과 곡옥 및 나무줄기 모양의 양식이 한민족의 미의식 속에서 혼합되어 표현된 민족 고유의 자산임을 알 수 있다.

　　지금까지 길게 우리 관모의 역사를 검토한 결과, 우리나라 금관은 고대 한민족이 고조선시대부터 사용해왔던 관모와 관모 장식의 고유 양식이 계승되어 만들어진 자생적 관모라는 사실을 알 수 있다. 고구려를 비롯한 고대 한민족 관모 양식의 고유성을 구체적 사례로 삼아 민족 문화의 독창성과 주체성을 재인식하는 일은 중국의 동북공정에 맞서 실증적 연구 기능을 발휘할 수 있게 해줄 뿐만 아니라, 앞으로 동북아시아의 역사 침탈에 대비하는 민족사관의 수립과 민족 문화 해석의 이론적 근거 또한 제공해줄 것이다. 신라 금관의 기원은 물론 민족의 북방 기원설이나 남방 문화 전래설에 매몰되어 우리 민족 문화의 창조력마저 부정해온 식민사관을 극복하고, 한반도에 자리 잡고 있는 한민족 문화는 우리 땅 안에서 자생적으로 창조되었다는 민족 문화의 정체성을 새롭게 인식해야 할 때이다.

참고문헌

1. 기본 사료

(1) 문헌 자료

《嘉禮都監儀軌》	《本草綱目》	《魏略》
《管子》	《史記》	《魏書》
《古今注》	《山海經》	《資治通鑑》
《高麗史》	《三國史記》	《諸蕃志》
《高麗史節要》	《三國遺事》	《帝王韻紀》
《古事記》	《三國志》	《戰國策》
《舊唐書》	《西漢會要》	《朝鮮王朝實錄》
《南史》	《釋名》	《周書》
《南齊書》	《宣和奉使高麗圖經》	《竹書紀年》
《唐會要》	《說文解字》	《晉書》
《大載禮記》	《續日本紀》	《秦會要》
《東觀漢記》	《宋書》	《天工開物》
《東明王編》	《隋書》	《冊府元龜》
《東史綱目》	《新唐書》	《春秋左傳》
《梁書》	《新增東國輿地勝覽》	《太平御覽》
《文獻通考》	《呂氏春秋》	《通典》
《渤海國志長編》	《演繁露》	《風俗通儀》
《方言》	《鹽鐵論》	《漢書》
《北史》	《爾雅》	《翰苑》
《北齊書》	《日本書紀》	《後漢書》

(2) 고고학자료

慶州 斷石山 神仙寺 石窟의 磨崖 供養 人物像.

경주사적관리사무소, 〈銀製 冠飾〉, 《경주 황남동 제98호 고분 발굴 약보고》, 1974.

고고학 및 민속학 연구소, 〈안악 제1호 및 제2호분 발굴보고〉, 《유적발굴보고》 4, 사회과학원출판사, 1960.

고고학연구소, 〈기원전 천년기전반기의 고조선문화〉, 《고고민속론문집》 1, 사회과학원출판사, 1969.

《廣開土王陵碑文》

國立夫餘文化財研究所, 《綾山里 百濟古墳 發掘調査報告書》, 1988.

國立慶州博物館, 《慶州 月成路 古墳群》, 1990.

국립경주박물관, 《국립경주박물관》, 통천문화사, 1995.

국립광주박물관, 《국립광주박물관》, 통천문화사, 1994.

국사편찬위원회소장, 《慶州 栢栗寺 石幢記》.

金東鎬, 〈咸陽上栢里古墳群發掘調査報告〉, 《東亞大學校博物館 1972年度古蹟調査報告》, 1972.

金榮來, 《南原·月山里古墳發掘調査報告》, 全州, 1983.

김재원·윤무병, 《義城 塔里 古墳》, 국립박물관, 1962.

金鐘徹, 《高靈池山洞古墳群》(啓明大學校博物館 學術調査報告 第1輯), 1981

문화공보부·문화재관리국, 《慶州皇南洞第98號古墳(南墳)發掘略報告》, 1976.

文化財管理局, 《武寧王陵》(發掘調査報告書), 文化公報部 文化財管理局, 1973.

문화재관리국, 《경주 황남동 제155호 고분 발굴 약보고》, 1973.

문화재관리국, 《天馬塚 發掘 調査 報告書》, 1974.

文化財管理局, 《武寧王陵發掘報告書》, 三和出版社, 1974

文化財管理局 文化財研究所, 《黃南大塚》, 慶州市 黃南洞 第 98號古墳 北墳發掘調査報告書, 文化財管理局, 1985.

문화재연구소, 《익산입점리고분 발굴조사보고서》, 1989.

文化財管理局 文化財研究所, 《黃南大塚》, 慶州市 黃南洞 第 98號古墳 南墳發掘調査報告書, 文化財管理局, 1993.

사회과학원 고고학연구소 전야고고대, 〈나무곽무덤 - 정백동 37호무덤〉, 《고고학자료집》 제5집, 과학·백과사전출판사, 1978.

서울대학교박물관, 《서울대학교박물관 발굴 유물 도록》, 1977.

申敬澈, 〈釜山市福泉洞古墳群遺跡一次發掘調査槪要와 意義〉, 《釜山直轄市立博物館年報》第三輯, 1981.

安承周·李南奭, 《論山 六谷里 百濟古墳 發掘調査報告書》, 百濟文化開發研究院, 1988.

李建茂 등, 〈義昌 茶戶里遺蹟 發掘進展報告(I)〉, 《考古學誌》 第1輯, 韓國考古美術研究所, 1981.

李建茂 등, 〈昌原 茶戶里遺跡 發掘進展報告(II)〉, 《考古學誌》第3輯, 韓國考古美術研究所, 1989.

李建茂 등, 〈昌原 茶戶里遺跡 發掘進展報告(III)〉, 《考古學誌》第5輯, 韓國考古美術研究所, 1994.

李隆助·車勇杰, 〈淸州新鳳洞 百濟古墳群 發掘調査 報告書〉, 충북대박물관, 1983.

任孝宰·權鶴洙, 《鰲山里遺蹟》－서울大學校博物館 考古人類學叢刊 9冊, 서울대박물관, 1984.

任孝宰·李俊貞, 《鰲山里遺蹟 III》, 서울大學校博物館, 1988.

《梁元帝職貢圖》

鄭澄元·申敬澈, 〈東萊福泉洞古墳群I〉, 《釜山大學校博物館遺跡調査報告》第5輯, 1983.

조선유적유물도감편찬위원회, 《조선유적유물도감》1－원시편, 조선유적유물도감편찬위원회, 1988.

조선유적유물도감편찬위원회, 《조선유적유물도감》2－고조선·부여·진국편, 조선유적유물도감편찬위원회, 1989.

朝鮮畫報社, 《高句麗古墳壁畫》, 朝鮮畫報社出版部, 1985.

崔秉鉉, 《皇南大塚－北墳發掘調査報告書》, 文化財管理局 文化財研究所, 1975.

崔盛洛, 《靈巖 長川里 住居址》2, 木浦大學博物館, 1986.

韓國古代社會研究所 編, 《韓國古代金石文》제1·2권, 駕洛國史蹟開發研究院, 1992.

許興植 編, 《韓國金石全文》中世下, 亞細亞文化社, 1984.

한국토지공사 토지박물관, 《연천 신답리 고분 발굴조사 약보고서》, 2001.

忠淸南道·公州大學校 百濟文化研究所, 《百濟武寧王陵》, 1991.

國家文物局古文獻研究室·新疆維吾爾自治區博物館·武漢大學歷史系, 《吐魯番出土文書》第一冊, 文物出版社, 1981.

喀左縣文化館·朝陽地區博物館·遼寧省博物館, 〈遼寧省喀左縣山灣子出土商周靑銅器〉, 《文物》, 1977年 12期.

喀左縣文化館·朝陽地區博物館·遼寧省博物館 北洞文物發掘小組, 〈遼寧喀左縣北洞村出土的殷周靑銅器〉, 《考古》, 1974年 第6期.

郭大順·張克擧, 〈遼寧省喀左縣東山嘴紅山文化建築群址發掘簡報〉, 《文物》, 1984年 11期.

吉林省博物館·永吉縣文化館, 〈吉林永吉星星哨石棺墓第三次發掘〉, 《考古學集刊》3, 中國社會科學出版社, 1983.

吉林市文物管理委員會·永吉縣星星哨水庫管理處, 〈永吉星星哨水庫石棺墓及遺址調査〉, 《考古》1987年 第3期.

吉林市博物館·永吉縣文化館, 〈吉林永吉星星哨石棺墓第三次發掘〉, 《考古學集刊》 3, 1983.

吉林地區考古短訓班,〈吉林猴石山遺址發掘簡報〉,《考古》1980年 2期.

佟柱臣,〈赤峰東八石城址勘查記〉,《考古通訊》, 1957年 6期.

文物編輯委員會,《文物考古工作三十年》, 文物出版社, 1979.

南京博物院,〈沂南古畵象石墓發掘報告〉, 文物出版社, 1956年.

睡虎地秦墓竹簡整理小組,《睡虎地秦墓竹簡》, 文物出版社, 1978.

沈陽故宮博物館·沈陽市文物管理辨公室,〈沈陽鄭家洼子的兩座靑銅時代墓葬〉,《考古學
　　報》, 1975年 第1期.

楊虎,〈內蒙古敖漢旗興隆洼遺址發掘簡報〉,《考古》, 1985年 10期.

熱河省博物館籌備組, 〈熱河凌源縣海島營子村發現的古代靑銅器〉, 《文物參考資料》,
　　1955年 第8期.

有光敎一,〈皇吾里第54號墳甲塚〉,《古蹟調査槪報 慶州古墳昭和八年》, 1934.

王增新,〈遼寧撫順市蓮花堡遺址發掘簡報〉,《考古》, 1964年 6期.

遼寧省文物干部培訓班,〈遼寧北票縣豊下遺址1972年春發掘報告〉,《考古》, 1976年 第3
　　期.

遼寧省文物調査訓練班,〈1979年朝陽地區文物調査發掘的主要收獲〉,《遼寧文物》, 1989
　　年 1期.

遼寧省博物館文物工作隊·朝陽地區博物館文物組,〈遼寧建平縣喀口刺沁河東遺址試掘簡
　　報〉,《考古》, 1983年 第11期.

田廣金,〈近年來內蒙古地區的匈奴考古〉,《考古學報》, 1983年 1期.

田廣金,〈桃紅巴拉的匈奴墓〉,《考古學報》, 1976年 1期.

浙江省文管會·浙江省博物館,〈河姆渡發現原始社會重要遺址〉,《文物》, 1976年 8期.

中國科學院考古研究所內蒙古工作隊,〈寧城南山根遺址發掘報告〉,《考古學報》, 1975年
　　第1期.

中國科學院考古研究所內蒙古工作隊,〈內蒙古巴林左旗富河溝門遺址發掘簡報〉,《考古學
　　報》, 1964年 1期.

中國社會科學院考古研究所,《新中國的考古發現和研究》, 文物出版社, 1984.

中國社會科學院考古研究所 編著,《中國考古學中碳14年代數據集》, 文物出版社, 1983.

中國社會科學院考古研究所 編著,《中國田野考古報告集, 大田子》, 考古學傳刊 丁種第48
　　號, 科學出版社, 1996.

中國社會科學院考古研究所實驗室,〈放射性碳素測定年代報告(一五)〉,《考古》, 1988年
　　7期.

中國社會科學院考古研究所東北工作隊, 〈內蒙古寧城縣南山根102號石棺墓〉, 《考古》,
　　1981年 4期.

中國社會科學院考古研究所內蒙古工作隊,〈內蒙古敖漢旗興隆洼遺址發掘簡報〉,《考古》,
　　1985年 10期.

《泉男産 墓誌銘》.

河姆渡遺址考古隊,〈浙江河姆渡遺址第二期發掘的主要收獲〉,《文物》, 1980年 5期.

河北省文物硏究所 編,《古代墓葬壁畵》, 文物出版社, 2000.

網干善教,《五條猫塚古墳》, 奈良縣史跡名勝天然記念物調査報告, 1962.

關野貞 等,《樂浪郡時代の遺蹟》- 古蹟調査特別報告 第4冊, 朝鮮總督府, 昭和2(1927).

奈良國立博物館,《正倉院展圖錄》, 昭和 53(1975).

奈良國立博物館,《正倉院展圖錄》, 1994.

東京國立博物館,《日本古美術展 圖錄》, 1964.

東京國立博物館,《黃河文明展 圖錄》, 1986.

東京國立博物館,《高松塚などからの新發見の考古品 圖錄》, 1977.

東京國立博物館·京都國立博物館·朝日新聞社,《Central Asian Art from the Museum of Indian ART, Berlin, SMPK》, 朝日新聞社, 1991.

東京國立博物館·日本中國文化交流協會·日本經濟新聞社, 《曾侯乙墓 特別展 圖錄》, 1992.

東京帝國大學文學部,《樂浪》, 刀江書院, 昭和五年(1930).

馬場是一郎·小川敬吉,〈梁山夫婦塚と其遺物〉,《古蹟調査特別報告》第5冊, 朝鮮總督府, 1926.

梅原末治,〈慶州金鈴塚飾履塚發掘調査報告〉,《大正十三年度古蹟調査報告》第1冊, 朝鮮總督府, 1924.

濱田耕作·梅原末治,〈慶州金冠塚と其遺寶〉,《古蹟調査特別報告》 第3冊, 朝鮮總督府, 1924.

濱田靑陵,〈第6, 金銅冠其他の帽幘〉,《慶州の金冠塚》, 慶州古蹟保存會, 1932.

濱田靑陵,《慶州の金冠塚》,〈第6, 金銅冠其他の帽幘〉, 慶州古蹟保存會, 1932.

西田弘·鈴木博司·金關恕,《新開古墳》, 滋賀縣史跡調査報告 第12冊, 1961.

小場恒吉·榧本龜次郎,《樂浪王光墓》, 朝鮮古蹟硏究會, 昭和 10(1935).

小泉顯夫·梅原末治·藤田亮策,〈慶尙南北道忠淸南道古蹟調査報告〉,《大正11年度古蹟調査報告》第1冊, 朝鮮總督府, 1922.

日本經濟新聞社,《中華人民共和國古代靑銅器展 圖錄》, 1976.

齋藤忠,〈慶州皇南里第109號墳皇吾里第14號墳調査報告〉,《昭和九年度古蹟調査報告》1, 1937.

齋藤忠,〈慶州皇南里第109號墳〉,《昭和9年度古蹟調査報告》第1冊, 1937.

朝鮮古蹟硏究會,〈慶尙北道 達成郡 遠西面 古蹟調査報告〉,《1923年度古蹟調査報告》第1冊, 1923.

朝鮮古蹟硏究會,〈慶尙北道 古蹟調査報告〉,《1923年度古蹟調査報告》第1冊, 1923.

朝鮮古蹟硏究會,《昭和 十三年度 古蹟調査報告》, 京城, 1940.

朝鮮總督府,〈慶州金冠塚と其遺寶〉,《古蹟調査特別報告 第3冊》, 似玉堂, 1924.

朝日新聞社,《大英圖書館收藏 敦煌·樓蘭古文書展 圖錄》, 1983.

樋口隆康·岡崎敬·宮川徙,〈和泉國七觀古蹟調査 報告〉,《古代學研究》27, 1961.

河北新報社·日本對外文化協會,《河北新報創刊85周年·十字屋仙台店開店10周年記念 草原のシルクロード展 圖錄》, 1982.

穴澤咊光·馬目順一,〈アフラシヤテ都城址出土の壁畵にみられる朝鮮人使節について〉《朝鮮學報》第 80輯, 1976.

2. 논저

(1) 단행본

姜仁求,《百濟古墳研究》, 一志社, 1977.

高福男,《韓國傳統服飾史研究》, 一潮閣, 1991.

國立夫餘文化財研究所,《陵山里》, 國立夫餘文化財研究所·夫餘郡, 1998.

국립중앙박물관,《국립중앙박물관》, 통천문화사, 1991.

國立中央博物館,《中央아시아美術》, 三和出版社, 1986.

기수연,《《후한서》〈동이열전〉 연구－《삼국지》〈동이전〉과의 비교를 중심으로》, 백산자료원, 2005.

金基熊,《百濟の古墳》, 學生社, 東京, 1976.

金東旭,《增補 韓國服飾史研究》, 亞細亞文化社, 1979.

金東旭,《新羅의 服飾》, 新羅文化宣揚會, 1979.

金東旭,《百濟의 服飾》, 百濟文化開發研究院, 1985.

金文子,《韓國服飾文化의 源流》, 민족문화사, 1994.

金炳坤,《新羅 王權의 成長과 支配 理念의 研究》, 동국대 박사논문, 2000.

김병모,《금관의 비밀》, 푸른역사, 1998.

김석형,《초기조일관계사》(하), 사회과학원출판사, 1988.

金仁圭·申東泰,《섬유재료》, 白山出版社, 1996.

김열규,《한국고대문화와 인접문화와의 관계》, 정화인쇄문화사, 1981.

김용준,《고구려 고분벽화 연구》, 사회과학원출판사, 1958.

金貞培,《韓國民族文化의 起源》, 高麗大學校出版部, 1973.

金元龍,《韓國美術史》, 汎文社, 1968.

金元龍,《韓國壁畵古墳》, 一志社, 1983.

金元龍,《韓國考古學研究》第3版, 一志社, 1992.

金哲埈,《韓國古代史研究》, 서울대학교 출판부, 1990.

金哲埈,《韓國古代社會研究》, 知識産業社, 1976.

金泰植,《伽倻聯盟史》, 一潮閣, 1993.

盧重國,《百濟政治史研究》, 一潮閣, 1988.

나희라,《신라의 국가제사》, 지식산업사, 2003.

檀國大學校 史學會,《史學志》第 12輯－丹陽新羅赤城碑特輯號, 檀國史學會, 1978.

도유호,《조선 원시 고고학》, 백산자료원 영인본, 1994.

리순진·장주협 편집,《고조선문제 연구》, 사회과학원출판사, 1973.

리상호 역,《삼국유사》, 사회과학원출판사, 1959.

리지린,《고조선 연구》, 학우서방, 1964.

리태영,《조선광업사》, 공업종합출판사, 1991.

무함마드 깐수,《新羅 西域交流史》, 檀國大學校出版部, 1992.

민길자,《세계의 직물》, 한림원, 1998.

민길자,《전통옷감》, 대원사, 1998.

民族文化社 編輯部,《新羅考古學》, 民族文化社, 1992.

朴南守,《新羅手工業史》, 신서원, 1996.

박상진,《다시보는 팔만대장경 이야기》, 운송신문사, 1999.

박진욱,《조선고고학전서》－고대편, 과학·백과사전종합출판사, 1997.

朴眞奭·姜孟山외 공저,《中國境內 高句麗遺蹟研究》, 예하출판주식회사, 1991.

박진석·강맹산,《고구려 유적과 유물연구》, 東北朝鮮民族敎育出版社, 1999.

百濟文化研究院,《古墳과 窯址》, 1997.

복기대,《요서지역의 청동기시대 문화연구》, 백산자료원, 2002.

사회과학원 고고학연구소,《조선고고학개요》, 과학·백과사전출판사, 1977.

사회과학원력사연구소,《조선고대사》, 과학·백과사전출판사, 1979.

사회과학원력사연구소,《조선문화사》, 과학·백과사전출판사, 1988.

사회과학원력사연구소, 《고조선사·부여사·구려사·진국사》, 과학·백과사전출판사,
    1991.

사회과학원력사연구소,《백제·전기 신라 및 가야사》, 과학·백과사전출판사, 1991.

사회과학원 력사연구소,《조선전사》1－원시편, 과학·백과사전출판사, 1979.

사회과학원 력사연구소,《조선전사》2－고대편, 과학·백과사전출판사, 1979.

사회과학원 력사연구소,《고구려사》, 과학·백과사전출판사, 1991.

사회과학원 력사연구소 고고학연구소,《원시사》, 과학·백과사전출판사, 1997.

尙秉和,《歷代社會風俗事物考》, 臺灣商務印書館, 1975.

손영종,《고구려사》2, 과학·백과사전출판사, 1997.

손영종,《고구려사》3, 과학·백과사전출판사, 1999.

宋桂鉉·金舜圭,《韓國의 軍服飾發達史 1》, 國防軍史研究所, 1997.

宋基中 譯,《遊牧民族帝國史》, 民音社, 1984(國譯, Luc Kwanten, Imperial Nomads. A
    History of Central Asia, 500－1500, Univ. of Pennsylvania Press, 1979).

신용하,《韓國民族의 形成과 民族社會學》, 지식산업사, 2001.

신용하,《韓國 原民族 形成과 歷史的 傳統》, 나남출판, 2005.

申采浩, 《朝鮮上古史》, 人物研究所, 1982.

申瀅植, 《百濟史》, 이화여자대학교 출판부, 1992.

신형식, 《新羅通史》, 주류성, 2004.

심연옥, 《중국의 역대직물》, 한림원, 1998.

요미시즈 츠네오 지음, 오근영 옮김, 《로마문화 왕국, 신라》, 씨앗을 뿌리는 사람, 2002.

우실하, 《동북공정 너머 요하문명론》, 소나무, 2007.

유송옥·이은영·황선진, 《복식문화》, 敎文社, 1997.

柳喜卿, 《한국 복식사 연구》, 이화여자대학교출판부, 1980.

윤명철, 《한민족의 해양활동과 동아지중해》, 학연문화사, 2002.

윤명철, 《고구려 해양사 연구》, 사계절, 2003.

尹武炳, 《韓國 靑銅器文化硏究》, 藝耕産業社, 1996.

尹乃鉉, 《韓國古代史新論》, 一志社, 1986.

윤내현, 《고조선연구》, 一志社, 1994.

윤내현, 《한국열국사연구》, 지식산업사, 1998.

윤내현·박선희·하문식, 《고조선의 강역을 밝힌다》, 지식산업사, 2006.

尹世英, 《古墳出土副葬品硏究》, 高麗大學校 民族文化硏究所, 1988.

李基東, 《百濟史硏究》, 一潮閣, 1997.

李基白, 《韓國史新論》, 一潮閣, 1977.

李基白·李基東, 《韓國史講座》(1) - 古代編, 一潮閣, 1982.

이난영, 《신라의 토우》, 교양 국사 총서 편찬위원회, 1976.

이난영, 《한국고대의 금속공예》, 서울대학교 출판부, 2000.

李道學, 《百濟 고대국가 연구》, 一志社, 1995.

이도학, 《새로 쓰는 백제사》, 푸른역사, 1997.

李丙燾, 《韓國古代史硏究》, 博英社, 1981.

李如星, 《朝鮮服飾考》, 白楊堂, 1947.

이은창, 《한국 복식의 역사》 - 고대편, 세종대왕기념사업회, 1978.

李龍範, 《韓滿交流史 硏究》, 同和出版公社, 1989.

李鐘旭, 《新羅國家形成史硏究》, 一潮閣, 1987.

李鐘宣, 《新羅王陵硏究》, 學硏文化社. 2000.

李賢惠, 《三韓社會形成過程硏究》, 一潮閣, 1984.

李亨求, 《韓國古代文化의 起源》, 까치, 1991.

이형구, 《발해연안에서 찾은 한국고대문화의 비밀》, 김영사, 2004.

이한상, 《황금의 나라 신라》, 김영사, 2004.

임재해, 《민족신화와 건국영웅들》, 민속원, 2006.

임재해 외, 《고대에도 한류가 있었다》, 지식산업사, 2007.

仁濟大學校 加耶文化硏究所, 《加耶諸國의 鐵》, 신서원, 1995.

조선기술발전사편찬위원회, 《조선기술발전사》 원시·고대편, 과학백과사전종합출판사,

1997.

조희승, 《조선의 비단과 비단길》, 사회과학출판사, 2001.

조희승, 《가야사연구》, 사회과학원출판사, 1994.

조희승, 《일본에서 조선소국의 형성과 발전》, 과학백과사전종합출판사, 1990.

전남대박물관, 《고흥 길두리 안동고분 시굴조사와 현장 설명회 자료(유인물)》, 2006.

전호태, 《고구려 고분벽화의 세계》, 서울대학교출판부, 2004.

정운용, 《다시보는 고구려사》, 고구려연구재단, 2004.

秦弘燮, 《三國時代의 美術文化》, 同和出版公社, 1976.

秦弘燮, 《韓國金屬工藝》, 一志社, 1980.

千寬宇, 《古朝鮮史·三韓史硏究》, 一潮閣, 1991.

千寬宇, 《伽倻史硏究》, 一潮閣, 1991.

채희국, 《고구려 역사 연구》－평양 천도와 고구려의 강성, 김일성종합대학출판사, 1982.

최무장·임연철, 《高句麗壁畵古墳》, 신서원, 1990.

崔秉鉉, 《新羅古墳硏究》, 一志社, 1992.

최상준 등, 《조선기술발전사》 2－삼국시기·발해·후기신라편, 과학백과사전종합출판
      사, 1996.

崔鐘圭, 《三韓考古學硏究》, 書景文化社, 1995.

충남역사문화원, 《공주 수촌리유적 현장 설명회자료》, 2003.

충남역사문화원, 《서산 부장리유적 현장 설명회자료》, 2006.

河文植, 《古朝鮮 地域의 고인돌 硏究》, 백산자료원, 1999.

韓國考古學硏究會, 《韓國考古學地圖》, 서울대학교 고고미술사학과, 1984.

韓國文化財保護協會, 《韓國의 服飾》, 文化公報部文化財管理局, 1982.

한국역사연구회 고대사분과 지음, 《고대로부터의 통신－조우관을 쓴 사절 그림 이야
      기》, 푸른역사, 2004.

황기덕, 《조선 원시 및 고대 사회의 기술발전》, 과학백과사전출판사, 1997.

黃㴇根, 《韓國裝身具美術硏究》, 一志社, 1976.

國家文物局古文獻硏究室·新疆維吾爾自治區博物館·武漢大學歷史系, 《吐魯番出土文書》
      第八冊, 文物出版社, 1987.

國立故宮博物院, 《故宮書畵錄 增訂本一》, 國立故宮博物院, 1956.

段拭, 《漢畵》, 中國古典藝術出版社, 1958.

覃旦冏, 《中華藝術史綱》上冊, 光復書局, 1972.

覃旦冏, 《中華藝術史論》, 光復書局, 1980.

佟冬, 《中國東北史》, 吉林文史出版社, 1987.

董粉和, 《中國秦漢科技史》, 人民出版社, 1994.

勞榦, 《居延漢簡考釋》, 商務印書館, 1949年.

勞榦,《秦漢史》, 華岡出版有限公司, 1975.

傅樂成,《漢唐史論集》, 聯經出版社業公司, 1977.

北京鋼鐵學院 中國冶金簡史編寫小組,《中國冶金簡史》, 科學出版社, 1978.

上海市戲曲學校中國服裝史研究組編著, 周迅·高春明撰文,《中國服飾五千年》, 商務印書館香港分館, 1984.

上海博物館青銅器研究組編,《商周青銅器紋飾》, 文物出版社, 1984.

孫機,《漢代物質文化紫蓼圖說》, 文物出版社, 1991.

宋鎮豪,《中國春秋戰國習俗史》, 人民出版社, 1994.

史念海,《河山集》, 生活·讀書·新知三聯書店, 1963.

謝崇安,《商周藝術》, 巴蜀書社, 1997.

陝西省博物館·文物管理會,《唐李賢墓壁畫》, 北京, 1974.

陝西歷史博物館 編,《唐墓壁畫研究文集》, 三秦出版社, 2001.

新疆維吾爾自治區博物館,《新疆歷史文物》, 文物出版社, 1978.

沈福文,《中國漆藝美術史》, 人民美術出版社, 1992.

沈從文,《中國古代服飾研究》, 商務印書館, 香港, 1992.

岳慶平,《中國秦漢習俗史》, 人民出版社, 1994.

楊寬,《中國古代冶鐵技術發展史》, 上海人民出版社, 1982.

王 肯·隋書金·宮欽科·耿 瑛·宋德胤·任光偉,《東北俗文化史》, 春風文藝出版社, 1992.

王綿厚,《秦漢東北史》, 遼寧人民出版社, 1994.

王伯敏,《中國美術通史》, 山東教育出版社, 1987.

王迅,《東夷文化與淮夷文化研究》, 北京大學出版社, 1994.

王宇淸,《中國服裝史綱》, 中華大典編印會, 1978.

王禹浪·王宏北,《高句麗·渤海古城址研究滙編》(上), 哈爾濱出版社, 1994.

王孝通,《中國商業史》, 臺灣商務印書館, 1974.

王恢,《中國歷史地理》上下冊, 臺灣 學生書局, 1976.

容鎔,《中國上古時期科學技術史話》, 中國環境科學出版社, 1990.

劉慶孝·諸葛鎧,《敦煌裝飾圖案》, 山東人民出版社, 1982.

李德潤·張志立,《古民俗研究》, 吉林文史出版社, 1990.

李福順·劉曉路,《中國春秋戰國藝術史》, 人民出版社, 1994.

李 浴·劉中澄·凌瑞蘭·李 震·可 平·王乃功,《東北藝術史》, 春風文藝出版社, 1992.

李肖冰,《中國西域民族服飾研究》, 新疆人民出版社, 1995.

李天鳴,《中國疆域的變遷》上冊, 國立故宮博物院, 臺北, 1997.

李學勤,《東周與秦代文明》, 文物出版社, 1984.

林幹·陸峻岭 合編,《中國歷代各族紀年表》, 內蒙古人民出版社, 1980.

張廣文,《玉器史話》, 紫禁城出版社, 1991.

蔣孔陽 主編,《中國古代美學藝術史論文集》, 上海古籍出版社, 1981.

張博泉·魏存成,《東北古代民族·考古與疆域》, 吉林大學出版社, 1998.

張仲立,《秦陵銅車馬與車馬文化》, 陝西人民教育出版社, 1994.

張曉凌,《中國原始藝術精神》, 重慶出版社, 1992.

田昌五,《古代社會形態研究》, 天津人民出版社, 天津, 1980.

鄭若葵,《中國遠古暨三代習俗史》, 人民出版社, 1994.

陳夢家,《漢簡綴述》考古學專刊甲種第十五號, 中國社會科學院考古研究所編輯, 中華書局, 北京, 1980.

陳仁濤,《金匱論古初集》, 香港亞洲石印局印, 1952.

陳玉龍·楊通方·夏應元·范毓周,《漢文化論綱》-兼述中朝中日中越文化交流, 北京大學出版社, 1993.

陳恩林,《中國春秋戰國軍事史》, 人民出版社, 1994.

周 迅·高春明,《中國古代服飾大觀》, 重慶出版社, 1995.

中國科學院考古研究所,《廟底溝與三里橋》, 科學出版社, 1959.

中國社會科學院考古研究所編,《新中國的考古發現和研究》, 文物出版社, 1984.

中國鋼鐵學院·中國冶金簡史編寫小組,《中國冶金簡史》, 科學出版社, 1978.

朝陽市文化局·遼寧省文物考古研究所,《牛河梁遺址》, 學苑出版社, 2004.

天津藝術學院美術理論教研組,《中國古代繪畫百圖》, 人民美術出版社, 1978.

湖南省博物館·中國科學院考古研究所,《長沙馬王堆一號漢墓》, 文物出版社, 1973.

湖北省荊州地區博物館,《江陵馬山一號楚墓》, 文物出版社, 北京, 1985.

黃能馥·陳娟娟,《中華服飾藝術源流》, 高等教育出版社, 1994.

回顧,《中國絲綢紋樣史》, 黑龍江美術出版社, 1990.

侯外盧,《漢代社會與漢代思想》, 香港 嵩華出版事業公司, 1978.

慧琳,《一切經音義》卷4〈大般若經〉卷398 "音義".

江上波夫,《ユーテンの古代北方文化の研究》, 山川出版社, 1951.

關野貞,《朝鮮の建築と藝術-朝鮮美術史, 王陵里古墳》, 岩波書店, 東京, 1941.

駒井和愛,《考古學概說》, 講談社, 1972.

駒井和愛,《樂浪》, 中央公論社, 昭和 47(1972).

吉田光那,《染織の東西交涉》, 京都書院, 1982.

大塚初重·白石太一郎·西谷 正·町田 章,《考古學による日本歷史》1~18冊, 雄山閣, 1996.

杜石然·范楚玉·陳美東·金秋鵬·周世德·曹婉如 編著, 川原秀城·日原傳·長谷部英一·藤井隆·近藤浩之譯,《中國科學技術史》上, 東京大學出版會, 1997.

渡邊素舟,《中國古代文樣史(上)》, 雄山閣, 昭和 51(1976).

東京國立博物館·京都國立博物館·日本中國文化交流協會·朝日新聞社,《中和人民共和國出土文物展》, 朝日新聞東京本社企劃部, 1973.

笠井倭人,《古代の日朝關係と日本書紀》, 吉川弘文館, 2000.

梅原末治,《蒙古ノイン·ウテ發見の遺物》, 平凡社, 1960.

石澤良昭·生田 滋,《東南アジアの傳統と發展》世界の歷史13, 中央公論社, 1998.

小場恒吉·榧本龜次郎,《樂浪王光墓》, 朝鮮古蹟硏究會, 昭和 10(1935).

宋田壽男,《東西文化の交流》, 至文堂, 1962.

狩谷掖齋 著·富谷至 校注,〈本朝度巧〉,《本朝度量權衡巧》, 現代思潮社.

岩村忍,《中央アジアの遊牧民族》, 講談社, 1970.

李成市,《古代東アジアの民族と國家》, 岩波書店, 1998.

林巳奈夫,《中國玉器總說》, 吉川弘文館, 1999.

林巳奈夫 編,《漢代の文物》, 東京大學人文科學硏究所, 1976.

羽田 亨,《西域文明史槪論》, 弘文堂, 1970.

濱田耕作·梅原末治,《慶州金冠塚と其遺物》, 朝鮮總督府, 1924.

箭內亙 編著·和田淸 增補·李毓澍編譯,《中國歷史地圖》九思叢書3, 九思出版社, 1977.

田村晃一,《樂浪と高句麗の考古學》, 同成社, 2001.

町田章,《古代東アジアの裝飾墓》, 同朋舍, 1987.

齊藤 忠,《古墳文化と壁畵》, 雄山閣, 1997.

早乙女雅博,《新羅·伽倻 冠－小倉のCollectionの硏究(1)》Museum372, 東京國立博物館,
　　　　　1982.

朝鮮古墳硏究會,《樂浪王光墓》, 民族文化, 1935.

村上恭通,《東夷世界の考古學》, 靑木書店, 2000.

香山陽坪,《騎馬民族の遺産》, 新潮社, 1970.

黃展岳,《中國古代の殉葬習俗》, 第一書房, 2000.

片岡宏二,《彌生時代渡來人と土器·靑銅器》, 雄山閣, 1999.

Akishev, K. A., *Issyk Mound*, Moscow, 1978.

Artamonov, M. I., *Treasures from Scythian Tombs*, trans. Kupriyanova, Thames & Hudson,
　　　　　1969.

Chang, Kwang-chih, *Early Chinese Civilization : Anthropological Perspectives*, Harvard-Yenching
　　　　　Institute, 1976.

Chang, Kwang-chih, *The Archaeology of Ancient China*(Fourth Edition), Yale University Press,
　　　　　1986.

Jettmar, K., *Art of the Stepps*, Heidlberg, 1966.

Marcel G., *The Religion of the Chinese People*, Camelot Press, ltd., 1975.

Parrot, A., *Nineveh and Babylon*, Thames and Hudson 1972.

Rice, T. T., *The Scythians*, Thames and Hudson, 1957.

Rudenko, S. I., *Frozen Tombs of Siberia*, trans. M. W. Thompson, J. M. Dent & Sons Ltd.,
　　　　　1970.

Sergei, I. R., *Frozen Tombs of Siberia － The Pazyryk Burials of Iron-Age Horsemen*, University of California, 1970.

Sullivan, M., *The Arts of China*, Revised Edition, University of California Press, 1979.

(2) 연구논문

金煐泰,〈高句麗 因現義佛像의 鑄成時期－延嘉·延壽의 長壽王 年號 가능성 試考〉,《佛
　　教學報》34輯, 東國大學校佛敎文化硏究院, 1997.

金杜珍,〈新羅 金閼智神話의 形成과 神宮〉,《李基白先生古稀紀念 韓國史學論叢》上, 一
　　朝閣, 1994.

金昌鎬,〈古新羅瑞鳳塚 출토 銀合銘文의 검토〉,《歷史敎育論集》第16輯, 歷史敎育學會,
　　1991.

金昌鎬,〈古新羅 瑞鳳塚의 年代 問題(Ⅰ)〉,《伽倻通信》13·14合輯, 1985

金泰植,〈5세기 후반 大加耶의 발전에 관한 연구〉,《한국사론》12, 서울대 국사학과,
　　1985.

金泰植,〈6세기 전반 加耶南部諸國의 소멸과정 고찰〉,《한국고대사 연구》1, 한국 고대
　　사 연구회, 1988.

姜友邦,〈金銅三山冠思惟像巧－三國時代彫刻論의 一試論〉,《미술자료》22, 국립박물
　　관, 1978.

姜仁求,〈中國東北地方의 古墳〉,《韓國 上古史의 諸問題》, 韓國精神文化硏究院, 1987.

姜仁求,〈신라 積石封土墳의 구조와 계통〉,《韓國史論》, 서울大 7, 1981.

강인숙,〈고구려에 선행한 고대국가 구려에 대하여〉,《력사과학》, 과학·백과사전출판
　　사, 1991년 2기.

孔錫龜,〈安岳3號墳 主人公의 冠帽에 대하여〉,《高句麗硏究》第5輯, 高句麗硏究會,
　　1998.

奇修延,〈東夷의 개념과 실체의 변천에 관한 연구〉,《白山學報》第42輯, 1993.

奇修延,〈'後漢書' 東夷列傳 高句麗傳에 대한 연구〉,《史學志》第31輯, 1998.

奇修延,〈'後漢書' 東夷列傳 韓傳에 대한 연구〉,《白山學報》第57輯, 2000.

金秉模,〈古代 韓國과 西域關係〉－阿踰陀國考Ⅱ,《韓國學論集》第14輯, 漢陽大學校 韓
　　國學硏究所, 1988.

金文子,〈三國時代 鳥羽冠－변형조우관을 중심으로〉,《논문집》5, 수원대학교, 1987.

金英淑,〈高句麗의 冠帽에 관한 考察〉,《大韓家政學會志》12-2, 대한가정학회, 1974.

김용준,〈백제 복식에 관한 자료〉,《문화유산》, 사회과학원출판사, 1959.

김용준,〈안악 제3호분(하무덤)의 연대와 그 주인공에 대하여〉,《문화유산》, 1957.

金烈圭,〈東北亞脈絡 속의 韓國神話－金冠의 巫俗神話的 要素를 中心으로〉,《韓國古代
　　文化와 引接文化의 關係》, 韓國精神文化硏究院, 1981.

金榮珉,〈嶺南地域 板甲에 대한 一考察〉,《古文化》第46輯, 韓國大學博物館協會, 1995.

金元龍, 〈廣州渼沙里 櫛文土器遺蹟〉, 《歷史學報》 14, 1961.

金元龍, 〈전 高靈 출토 金冠에 대하여〉, 《美術資料》제 15호, 국립박물관, 1971.

김혜숙, 〈고구려 벽화 무덤에 그려진 수렵도 류형에 대하여〉, 《조선고고연구》, 사회과
학원출판사, 1993년 제4호.

權兌遠, 〈百濟의 冠帽系統考−百濟의 陶俑人物像을 中心으로〉, 《史學志》第16輯, 檀國
史學會, 1982

리순진, 〈강원도 철령유적에서 발굴된 고구려기마모형에 대하여〉, 《조선고고연구》
1994년 제2호, 사회과학원 고고학연구소.

리지린, 〈고조선과 3한 사람들의 해상활동〉, 《력사과학》, 과학·백과사전출판사, 1962년
제1호.

리태형, 〈고구려의 철광업과 제철야금기술의 발전〉, 《력사과학》, 1990년 제2호, 과학·
백과사전출판사.

리화선, 〈안악궁의 터 자리 복원을 위한 몇 가지 문제〉, 《력사과학》, 1980년 제1호, 과
학·백과사전출판사.

閔吉子, 〈織物의 歷史〉, 《토프론》(Summer), 동양 나일론, 1993.

복기대, 〈하가점 하층문화의 기원과 사회성격에 관한 시론〉, 《한국상고사학보》 19호,
한국상고사학회, 1995.

복기대, 〈중국요서지역 청동기시대문화의 역사적 이해〉, 《단군학연구》 제5호, 단군학
회, 2001.

복기대, 〈臨屯太守章 封泥를 통해본 漢四郡의 위치〉, 《白山學報》 61호, 백산학회, 2001.

朴光烈, 〈新羅 瑞鳳塚과 壺杅塚의 絶對年代考〉, 《韓國考古學報》 41, 韓國考古學會,
1999.

朴京子, 〈古墳壁畵에서 본 高句麗服飾 小考〉, 《韓國服飾論巧》, 新丘文化社, 1983.

朴京子, 〈德興里 古墳壁畵의 服飾史的 硏究〉, 《韓國服飾論巧》, 新丘文化社, 1983.

박두이, 〈고구려 고분벽화에 나타나는 冠帽〉, 《古美術》25, 한국고미술협회, 1990.

朴普鉉, 〈樹枝形立華式冠 型式分類 試論〉, 《歷史敎育論集》9, 경북대 역사교육과, 1986.

朴普鉉, 〈威勢品으로 본 古新羅社會의 構造〉, 慶北大學校大學院 박사학위논문, 1995.

박진욱, 〈신라무덤의 편년에 대하여〉, 《고고민속》 제 4기, 사회과학출판사, 1964.

손영종, 〈금석문에 보이는 삼국시기의 몇 개 년호에 대하여〉, 《력사과학》 4호, 과학백과
사전출판사, 1996.

申敬澈, 〈金海禮安里古墳群第4次發掘調査報告〉, 《韓國考古學年報》 8, 1980.

申敬澈, 〈釜山市福泉洞古墳群遺跡一次發掘調査槪要와 意義〉, 《釜山直轄市立博物館年
報》第三輯, 1981.

辛鐘遠, 〈新羅祀典의 成立과 意義〉, 《新羅初期佛敎史硏究》, 민족사, 1992.

西谷 正, 〈加耶와 倭의 文物交流〉, 《加耶史論》, 고려대학교 한국학연구소, 1993.

李鐘宣, 〈황남대총과 고신라 지배계층의 위계구조−장신구를 중심으로〉, 《皇南大塚의
諸照明》, 國立慶州文化財硏究所, 2000.

안병찬, 〈장수산일대의 고구려유적유물에 대하여〉, 《조선고고연구》, 1990년 제2호, 사회과학원 고고학연구소.

劉頌玉, 〈高句麗의 服飾構造〉, 《韓國의 服飾》, 韓國文化財保護協會, 1982.

尹乃鉉, 〈高句麗의 移動과 建國〉, 《白山學報》 第45號, 1995.

尹乃鉉, 〈백제의 중국 동부 지배〉, 《傳統과 現實》 第7號, 高峰學術院, 1996.

尹乃鉉, 〈가야의 건국과 성장에 대한 재고찰〉, 《史學志》, 第30輯, 1997.

尹乃鉉, 〈百濟의 建國과 成長에 대한 再考察〉, 《民俗文學과 傳統文化》, 박이정, 1997.

尹石曉, 〈伽倻의 倭地進出에 대한 一研究〉 《百濟·新羅·伽倻史 研究》, 白山學會, 1995.

尹世英, 〈古新羅·伽倻古墳의 編年에 關하여-古墳出土 冠帽를 中心으로〉, 《白山學報》 第17輯, 白山學會, 1974.

尹世英, 〈武寧王陵의 副葬 遺物·1〉, 《百濟武寧王陵》, 忠淸南道·公主大學校 百濟文化研究所, 1991.

李基東, 〈新羅太祖 星漢의 問題와 興德王陵碑의 發見〉, 《大丘史學》 15·16, 1978.

李丙燾, 〈夫餘考〉, 《韓國古代史研究》, 博英社, 1981.

李蘭暎, 〈百濟 金屬工藝의 對外交涉〉-금공기법을 중심으로, 《百濟 美術의 對外交涉》, 藝耕, 1998.

李仁淑, 〈신라와 가야의 裝身具〉, 《한국고대사논총》 제3집, 한국고대사회연구소, 1992.

이융조, 〈編年〉, 《韓國史論》 12, 國史編纂委員會, 1986.

李龍範, 〈高句麗人의 鳥羽揷冠에 대하여〉, 《東國史學》4, 동국대학교 사학회, 1956.

李龍範, 〈三國史記에 보이는 이슬람 商人의 貿易品〉, 李弘稙博士回甲紀念《韓國史學論叢》, 新丘文化社, 1969.

李龍範, 〈海外貿易의 發展〉, 《韓國史》 3, 국사편찬위원회, 탐구당, 1981.

李漢祥, 〈5-6世紀 新羅의 邊境支配方式〉, 서울大學校大學院 석사학위논문, 1994.

李鐘宣, 〈皇南大塚雙墳: 積石木槨墳研究의 새 指標〉, 第20回 韓國考古學全國大會 發表文, 1996.

이종선, 〈무령왕릉 장신구와 백제 후대의 지방지배〉, 《武寧王陵과 東亞細亞文化》, 國立夫餘文化財研究所 外, 2001.

李熙濬, 〈慶州 皇南洞 第 109號墳의 構造再檢討〉, 《三佛金元龍教授停年退任紀念論叢》, 1987.

李弘稙, 〈延壽在銘新羅銀合杅에 대한 一·二의 考察〉, 《韓國古代史의 研究-崔鉉培博士還甲紀念論文集》, 1954.

林炳泰, 〈考古學上으로 본 濊貊〉, 《韓國古代史論叢》 1, 駕洛國史蹟開發研究院, 1991.

임재해, 〈한국신화의 주체적 인식과 민족문화의 정체성〉, 《단군학연구》 17호, 단군학회, 2007.

임재해, 〈왜 지금 겨레문화의 뿌리에 주목하는가?〉, 《比較民俗學》 제 31집, 比較民俗學會, 2007.

임재해, 〈맥락적 해석에 의한 김알지신화와 신라문화의 정체성 재인식〉, 《比較民俗學》

32집, 比較民俗學會, 2007.

임진숙, 〈고대 및 중세초기 우리나라의 동합금기술〉, 《력사과학》 1991년 제4호, 과학·백과사전출판사.

全相運, 〈韓國古代金屬技術의 科學史的 研究〉, 《傳統科學》 第1輯, 漢陽大學校 韓國傳統科學研究所, 1980.

조희승, 〈안악3호무덤의 피장자와 신원 장수산유적에 대하여〉, 《고구려유적 공동조사 학술회의집》, 고구려연구재단·사회과학원, 2006.

전주농, 〈안악 하무덤(3호분)에 대하여〉, 《문화유산》, 사회과학원출판사, 1959.

전주농, 〈고구려 시기의 무기와 무장(I)〉, 《문화유산 5》, 사회과학원출판사, 1958.

전주농, 〈고구려시기의 무기와 무장(II)〉, 《문화유산 1》, 사회과학원출판사, 1959.

전주농, 〈고조선의 공예〉, 《문화유산》, 1961년 1기, 사회과학원출판사.

鄭光龍·李壽熙·宋賢貞, 〈서산 부장리 출토 금동관모의 보존〉, 《충청학과 충청문화》 5 권2호, 2006.

정운용, 〈三國關係史에서 본 中原高句麗碑의 意味〉, 《고구려 국제관계》 연구총서 5, 고구려연구재단, 2005.

정완진, 〈고구려 고분벽화 복식의 지역적 특성과 변천〉, 서울대학교 박사학위논문.

정찬영, 〈기원 4세기까지의 고구려 묘제에 관한 연구〉, 《고고민속론문집》 5, 사회과학원출판사, 1973.

朱甫暾, 〈新羅 中古期의 地方統治와 村落〉, 啓明大學校大學院 박사학위논문, 1995.

주영헌, 〈고구려의 유주에 대하여〉, 《역사과학》, 1980년 제4호, 과학백과사전 출판사.

秦弘燮, 〈百濟·新羅의 冠帽·冠飾에 關한 二三의 問題〉, 《史學志》 第7輯, 檀國大學校 史學會, 1973.

천석근, 〈고구려옷의 기본형태와 일본 고분시대옷의 변천〉, 《력사과학》, 과학·백과사전출판사, 1981년 제1호.

천석근, 〈안악 제3호 무덤벽화의 복식에 대하여〉, 《조선고고연구》, 사회과학원 고고학연구소, 1986년 제3호.

천석근, 〈고구려 옷에 반영된 계급 신분 관계의 고찰〉, 《력사과학》, 과학·백과사전출판사, 1987.

崔光植, 〈新羅와 唐의 大祀·中祀·小祀의 비교 연구〉, 《韓國史研究》 95, 1996.

崔夢龍, 〈古代國家成長과 貿易〉, 《韓國古代의 國家와 社會》, 一潮閣, 1985.

崔孟植, 〈陵山里 百濟古墳 出土 裝飾具에 관한 一考〉, 《百濟文化》 第27輯, 1998.

崔秉鉉, 〈古新羅 積石木槨墳 研究－墓型과 그 性格을 중심으로〉, 《韓國史研究》 31, 1980.

崔秉鉉, 〈古新羅 積石木槨墳의 變遷과 編年〉, 《韓國考古學報》 10·11, 韓國考古學會, 1981.

최상준, 〈우리나라 원시시대 및 고대의 쇠붙이 유물분석〉, 《고고민속》 1, 사회과학원출판사, 1966.

崔種圭, 〈中期古墳의 性格에 대한 약간의 考察〉,《釜大史學》第七輯, 1983.

崔在錫, 〈新羅의 始祖墓와 神宮의 祭祀〉,《東方學志》50, 1986.

최택선, 〈고구려 벽화무덤의 주인공 문제에 대하여〉,《력사과학》, 과학·백과사전출판사, 1985년 4호.

최택선, 〈고구려의 인물풍속도무덤과 인물풍속 및 사신도 무덤 주인공들의 벼슬등급에 대하여〉,《력사과학》, 과학·백과사전출판사, 1988년 제1호.

최원희, 〈고구려 녀자 옷에 관한 연구〉,《문화유산 2》, 사회과학원출판사, 1962.

최원희, 〈과거 조선 남자 관모의 몇 가지에 대하여〉,《고고민속》, 사회과학원출판사, 1965.

최원희, 〈과거 우리나라 남자 평상복〉,《고고민속 1》, 사회과학원출판사, 1966.

충청남도 역사문화원, 〈新羅와 百濟 帽冠의 比較〉,《충청학과 충청문화》5권 2호, 충청남도 역사문화원, 2006.

한인호, 〈고조선초기의 금제품에 대한 고찰〉,《조선고고연구》, 1995년 제1호, 사회과학원출판사.

한창균, 〈고조선의 성립배경과 발전단계 시론〉,《國史館論叢》第33輯, 國史編纂委員會, 1992.

허순산, 〈고구려 금귀걸이〉,《력사과학》, 과학·백과사전출판사, 1985년 4호.

洪思俊, 〈南原出土 百濟冠飾具〉,《考古美術》第9卷 第1號, 考古美術同人會, 1968.

황기덕·김섭연, 〈우리나라 고대 야금기술〉,《고고민속론문집》, 과학·백과사전출판사, 1983.

황욱, 〈평양 청암리 토성 부근에서 발견된 고구려 금동유물〉,《문화유산》, 1958년 5호, 사회과학원출판사.

嘉峪關市文物淸理小組, 〈嘉峪關漢畫像磚墓〉,《文物》1972年 第12期.

甘肅省博物館, 〈甘肅武威皇娘娘台遺址發掘報告〉,《考古學報》, 1960年 第2期.

江蘇省文物管理委員會·南京博物院, 〈江蘇六合程橋東周墓〉,《考古》, 1965年 第3期.

耿鐵華, 〈高句麗兵器初論〉,《中國考古集成》東北卷 兩晋至隋唐(二), 1992.

耿鐵華, 〈高句麗文物古蹟四題〉,《中國考古集成》東北卷 兩晋至隋唐(二), 1992.

蓋山林·陸思賢, 〈內蒙古境內戰國秦漢長城遺蹟〉,《中國考古集成》東北卷 靑銅時代(一).

吉林省博物館, 〈吉林江北土城子古文化遺址及石棺墓〉,《中國考古集成》東北卷 靑銅時代(三), 北京出版社.

吉林地區考古短訓班, 〈吉林猴石山遺址發掘簡報〉,《考古》, 1980年 第2期.

吉林大學歷史系考古專業·吉林省博物館考古隊, 〈大安漢書遺址發掘的主要收獲〉,《中國考古集成》東北卷 靑銅時代(三), 北京出版社.

吉林省博物館輯安考古隊, 〈吉林輯安麻線溝一號壁畫墓〉,《考古》, 1964年 第10期.

吉林省文物工作隊, 〈吉林大安縣洮兒河下游右岸新石器時代遺址調査〉,《考古》, 1984年第8期.

吉林省文物工作隊后崗組,〈鎏金青銅飛馬牌飾〉,《中國考古集成》東北卷 秦漢至三國 (二), 北京出版社.

吉林省文物工作隊·長春市文管會·楡樹縣博物館,〈吉林楡樹縣老河深鮮卑墓群部分墓葬 發掘簡報〉,《文物》,1985年 第2期.

吉林省文物工作隊·吉林博物館,〈吉林樺甸西荒山屯青銅短劍墓〉,《東北考古與歷史》, 1982年 1期.

吉林省博物館文物工作隊,〈吉林集安的兩座高句麗墓〉,《中國考古集成》東北卷 兩晋至 隋唐(二), 1992, 北京出版社.

吉林省文物工作隊·集安文管所,〈1976年集安洞溝高句麗墓淸理〉,《中國考古集成》東北 卷 兩秦至隋唐(二), 北京出版社.

吉林集安縣文管所,〈集安万寶汀墓區242號古墓淸理簡報〉,《考古與文物》, 1982年 第6期.

吉林省文物工作隊,〈吉林大安縣洮兒河下游右岸新石器時代遺址調查〉,《考古》, 1984年 8期.

吉林文物工作隊,〈吉林集安長川二號封土墓發掘紀要〉,《考古與文物》, 1983年 第1期.

吉林省文物工作隊,〈高句麗羅通山城調查簡報〉,《文物》, 1985年 第2期.

洛陽市第二文物工作隊,〈洛陽市朱村東漢壁畵墓發掘簡報〉,《文物》1992年 第12期.

內蒙古自治區文物工作隊,〈呼和浩特二十家子古城出土的西漢鐵甲〉,《中國考古集成》東 北卷 秦漢至三國(一), 北京出版社.

內蒙古自治區文物工作隊,〈1959年呼和浩特郊區美岱古城發掘簡報〉,《文物》, 1961年 9期.

內蒙古自治區文物工作隊,〈浩和浩特二十家子古城出土的西漢鐵甲〉,《中國考古集成》東 北卷 秦漢至三國(一), 北京出版社.

內蒙古文物考古硏究所·呼倫貝爾盟文物管理站·額爾古納右旗文物管理所,〈額爾古納右 旗拉布達林鮮卑墓郡發掘簡報〉,《中國考古集成》東北卷 兩晋至隋唐(一), 北京出 版社.

內蒙古自治區文物工作隊,〈內蒙古陳巴爾虎旗完工古墓淸理簡報〉,《考古》, 1965年 第6期.

內蒙古文物工作隊·內蒙古博物館,〈和林格爾發現一座重要的東漢壁畵墓〉,《文物》, 1974 年 第1期.

內蒙古自治區文物工作隊,〈內蒙古陳巴爾虎旗完工古墓淸理簡報〉,《考古》, 1965年 第6期.

段拭,〈江蘇銅山洪樓東漢墓出土紡織畵象石〉,《文物》, 1962年 第3期.

譚英杰·越善桐,〈松嫩平原青銅文化芻議〉,《中國考古集成》東北卷 青銅時代(三), 北京 出版社.

董展岳,〈近年出土的戰國兩漢鐵器〉,《考古學報》, 1957年 第3期.

董學增,〈關于我國東北系'觸角式'劍的探討〉,《中國考古集成》東北卷 青銅時代(一), 北 京出版社.

董學增,〈吉林蛟河發現'對頭雙鳥首'銅劍〉,《中國考古集成》東北卷, 青銅時代(三), 北京 出版社.

澠池縣文化館 河南省博物館,〈澠池縣發現的古代窖藏鐵器〉,《文物》, 1976年 第8期.

方殿春·劉葆華,〈遼寧阜新縣胡頭溝紅山文化玉器墓的發現〉,《文物》, 1984年 第6期.

方起東,〈吉林輯安高句麗霸王朝山城〉,《考古》, 1962年 第11期.

付惟光·辛 建,〈滕家崗遺址出土的刻劃紋飾藝術〉,《中國考古集成》 東北卷 新石器時
    (二), 北京出版社.

北京鋼鐵學院金屬材料系中心化驗室,〈河南澠池寶藏鐵器檢驗報告〉,《文物》, 1976年 第
    8期.

北京大學歷史系考古專業碳十四實驗室,〈碳十四年代側定報告(三)〉,《文物》, 1979年 第
    12期.

沙比提,〈從考古發掘資料看新疆古代的棉花種植和紡織〉,《文物》, 1973年 第10期.

山西省文物管理委員會·山西省考古研究所,〈侯馬東周殉人墓〉,《文物》, 1960年 第8·9期.

上海市紡織科學研究院·上海市絲綢工業公司文物研究組,《長沙馬王堆一號漢墓出土紡織
    品的研究》, 文物出版社, 1980.

徐殿魁·曹國鑒,〈偃師杏園東漢壁畫墓的清理與臨摹禮記〉,《考古》 1987年 第10期.

徐家國·孫力,〈遼寧撫順高爾山城發掘簡報〉,《中國考古集成》 東北卷 兩晉至隋唐(二),
    北京出版社.

陝西省文管會`博物館·咸陽市博物館 楊家灣漢墓發掘小組,〈咸陽楊家灣漢墓發掘簡報〉,
    《文物》, 1977年 第10期.

陝西省文物管理委員會,〈西安南郊草廣坡村北朝墓的發掘〉,《考古》 1959年 第6期.

沈陽市文物工作組,〈沈陽伯官屯漢魏墓葬〉,《考古》 1964年 第11期.

瀋陽故宮博物院·瀋陽市文物管理辨公室,〈瀋陽鄭家窪子的兩座青銅時代墓葬〉,《考古學
    報》, 1975年 第1期.

邵國田,〈內蒙古昭烏達盟敖漢旗李家營子出土的石范〉,《中國考古集成》 東北卷 青銅時
    代(一), 北京出版社.

邵國田,〈敖漢旗鐵匠溝戰國墓地調查簡報〉,《中國考古集成》東北卷 青銅時代(一), 北京
    出版社.

孫守道,〈'匈奴西岔溝文化'古墓群的發現〉,《文物》 1960年 第8·9期.

宋伯胤·黎忠義,〈從漢畫象石探索漢代織機構造〉,《文物》, 1962年 第3期.

隨縣擂鼓墩一號墓考古發掘隊,〈湖北隨縣曾侯乙墓發掘簡報〉,《文物》, 1979年 第7期.

安志敏,〈裵李崗·磁山和仰韶〉,《考古》, 1979年 第4期.

梁思永,〈遠東考古學上的若干問題〉,《梁思永考古論文集》, 科學出版社, 1959.

楊虎,〈內蒙古敖漢旗興隆洼遺址發掘簡報〉,《考古》, 1985年 10期.

楊泓,〈關于鐵甲·馬鎧和馬鐙問題〉,《考古》, 1961年 第12期.

楊泓,〈中國古代的甲冑〉上篇,《考古學報》, 1976年 1期.

楊泓,〈中國古代的甲冑〉下篇,《考古學報》, 1976年 2期.

楊泓,〈日本古墳時代甲冑及其和中國甲冑的關係〉,《考古》 1985年 第1期.

楊泓,〈日本古墳時代甲冑及其和中國甲冑的關係〉,《考古》 1985年 第1期.

黎瑤渤,〈遼寧北票縣西官營子北燕馮素弗墓〉,《文物》1973年 第3期.

吳震,〈介紹八件高昌契約〉,《文物》, 1962年 第7·8期.

姚鑒,〈河北望都縣漢墓的墓室結構和壁畵〉,《文物參考資料》, 1954年 第12期.

容觀琼,〈關于我國南方棉紡織歷史研究的一些問題〉,《文物》, 1979年 第8期.

于臨祥,〈考古簡訊－旅順老鐵山發現古墓〉,《考古通訊》, 1956年 3期.

于臨祥,〈營城子貝墓〉,《中國考古集成》東北卷 秦漢至三國(二), 北京出版社.

王承禮·韓淑華,〈吉林輯安通溝第12號高句麗壁畵墓〉,《考古》1964年 第2期.

王珍仁·于臨祥, 〈大蓮地區漢代花紋小磚芻議〉,《中國考古集成》 東北卷, 秦漢至三國
    (二), 北京出版社.

王禹浪·王宏北,〈高句麗·渤海古城址研究滙編〉(上), 哈爾濱出版社, 1994.

王承禮·韓淑華,〈吉林輯安通溝第12號高句麗壁畵墓〉,《考古》, 1964年 第2期.

遼寧省博物館 外,〈長海縣廣鹿島大長山島貝丘遺址〉,《考古學報》, 1981年 第1期.

遼寧省博物館·遼陽博物館,〈遼陽舊城東門里東漢壁畵墓發掘報告〉,《文物》, 1985年 第6期.

遼寧省文物干部培訓班,〈遼寧北票豊下遺址1972年春發掘簡報〉,《考古》, 1976年 3期.

遼寧省昭鳥達盟文物工作站,〈寧省縣南山根的石槨墓〉,《考古學報》, 1973年 2期.

遼寧省文物考古研究所·朝陽市博物館,〈朝陽十二台鄕磚歷88M1發掘簡報〉,《文物》, 1997
    年 第11期.

遼寧省文物考古研究所·朝陽市博物館·朝陽縣文物管理所, 〈遼寧朝陽田草溝晋墓〉,《文
    物》1997年 第11期.

遼寧省文物考古研究所,〈遼寧凌源縣五道河子戰國墓發掘簡報〉,《中國考古集成》東北卷
    靑銅時代(二), 北京出版社.

雲南博物館,〈雲南江川李家山古墓群發掘報告〉,《考古學報》, 1975年 第2期.

雲南省文物工作隊,〈雲南省昭通后海子東晋壁畵墓淸理簡報〉,《文物》, 1963年 第12期.

劉心健·陳自經,〈山東蒼山發現東漢永初紀年鐵刀〉,《文物》, 1974年 第12期.

劉謙,〈遼寧錦州漢代貝賣墓〉,《考古》1990年 第8期.

劉景文,〈從出土文物簡析古代夫餘族的審美觀和美的裝飾〉,《中國考古集成》東北卷 秦
    漢至三國(二), 北京出版社.

劉升雁,〈東遼縣石驛公社古代墓群出土文物〉,《中國考古集成》東北卷 秦漢至三國(二),
    北京出版社.

柳涵,〈北朝的鎧馬騎俑〉,《考古》, 1959年 第2期.

陸思賢·陳棠棟,〈達茂旗出土的古代北方民族金飾件〉,《文物》1984年 第1期.

尹玉山,〈吉林永吉學古漢墓淸理簡報〉,《中國考古集成》東北卷 秦漢至三國(二), 北京出
    版社.

李恭篤,〈昭鳥達盟石棚山考古新發現〉,《中國考古集成》東北卷 新石器時代(1), 北京出
    版社.

李恭篤,〈本溪發現多處洞穴墓地域遺址〉,《中國文物報》, 1988年 12月 9日 3版.

伊克昭盟文物工作站,〈內蒙古準格爾旗寶亥社發現靑銅器〉,《文物》, 1987年 12期.

李文信,〈遼陽發現的三座壁畫古墓〉,《文物參考資料》, 1955年 第5期.

李逸友,〈內蒙古昭烏達盟出土的銅器調查〉,《考古》, 1959年 6期.

李殿福,〈1962年春季吉林輯安考古調查簡報〉,《中國考古集成》東北卷 兩晋至隋唐(二),
　　北京出版社.

李殷福,〈建平孤山子·楡樹林子青銅時代墓葬〉,《中國考古集成》東北卷 青銅時代(二),
　　北京出版社.

李殿福,〈集安洞溝三座壁畫墓〉,《考古》, 1983年 第4期.

張朋川,〈河西出土的漢晋繪畫簡述〉,《文物》, 1978年 第6期.

張柏忠,〈內蒙古科左中旗六家子鮮卑墓群〉,《考古》1989年 第5期.

張雪岩,〈吉林集安東大坡高句麗墓葬發掘簡報〉,《考古》, 1991年 第7期.

田廣生,〈通楡出土金馬牌飾〉,《文物》, 1987年 第3期.

浙江省文管會·浙江省博物館,〈河姆渡發現原始社會重要遺址〉,《文物》, 1976年 第8期.

浙江省博物館自然組,〈河姆渡遺址動植物遺存的鑒定研究〉,《考古學報》, 1978年 第1期.

浙江省文物管理委員會,〈吳興錢山漾遺址第一·二次發掘報告〉,《考古學報》, 1960年 第2期.

載麗君,〈敖包山遺址的陶人〉,《中國考古集成》東北卷 新石器時代(二), 北京出版社.

鄭紹宗,〈略論中國北部長成地帶發現的動物紋青銅飾牌〉,《中國考古集成》, 東北卷 青銅
　　時代(一), 北京出版社.

中國社會科學院考古研究所實驗室,〈放射性碳素測定年代報告(六)〉,《考古》1979年 第1期.

中國社會科學院考古研究所,《中國考古學中碳十四年代數据集》 1965～1991, 文物出版
　　社, 1992.

中國社會科學院考古研究所實驗室,〈放射性碳素測定年代報告(七)〉,《考古》, 1980年 第
　　4期.

中國社會科學院考古研究所,《殷墟婦好墓》, 中國田野考古報告集, 考古學專刊, 丁種 第23
　　號, 文物出版社, 1980.

中國社會科學院考古研究所·河北省文物管理處,《滿城漢墓發掘報告》上冊, 文物出版社,
　　1980.

中國社會科學院考古研究所東北工作隊,〈沈陽肇工街和鄭家洼子遺址的發掘〉,《中國考古
　　集成》東北卷 青銅時代(二), 北京出版社.

中國科學院考古研究所內蒙古工作隊,〈赤峰葯王廟·夏家店遺址試掘報告〉,《中國考古集
　　成》東北卷 青銅時代(一), 北京出版社.

中國科學院考古研究所洛陽發掘隊,〈洛陽西郊漢墓發掘報告〉,《考古學報》, 1963年 2期.

中國社會科學院考古研究所技術室·廣州市文物管理委員會,〈廣州西漢南越王墓出土鐵鎧
　　甲的復原〉,《考古》, 1987年 第9期.

中國社會科學院考古研究所內蒙古工作隊,〈內蒙古敖漢旗周家地墓地發掘簡報〉,《考古》,
　　1984年 5期.

陳大章,〈河南鄧縣發現北朝七色彩繪畫象磚墓〉,《文物》1958年 第6期.

陳大爲,〈遼寧北票房身村晋墓發掘簡報〉,《考古》, 1960年 1期.

集安縣文物保管所,〈集安高句麗墓葬發掘簡報〉,《考古》1983年 第4期.

集安縣文物保管所,〈集安縣上, 下活龍村高句麗古墓淸理簡報〉,《文物》, 1984年 第1期

集安縣文物保管所,〈集安縣兩座高句麗積石墓的淸理〉,《中國考古集成》東北卷 兩晋至隋唐(二), 北京出版社.

河南省文化局文物工作隊第二隊,〈洛陽西晋墓的發掘〉,《考古學報》, 1957年 第1期.

河南省文化局文物工作隊第一隊,〈河南鄭州晋墓發掘記〉,《考古通訊》, 1957年 第1期.

河北省博物館 文物管理處,〈河北曲陽發現北魏墓〉,《考古》1972年 第5期.

河姆渡遺址考古隊,〈浙江河姆渡遺址第二期發掘的主要收穫〉,《文物》, 1980年 第5期.

許玉林,〈遼寧蓋縣東漢墓〉,《文物》, 1993年 第4期.

許玉林,〈遼南地區花紋磚墓和花紋磚〉,《考古》, 1987年 第9期.

許玉林,〈后洼遺址考古新發現與研究〉,《中國考古集成》東北卷, 新石器時代(二), 北京出版社.

荊州地區博物館,〈湖北江陵馬山磚廣一號墓出土大批戰國時期絲織品〉,《文物》 1982年 第10期.

荊州地區博物館,〈湖北江陵藤店一號墓發掘簡報〉,《文物》, 1973年 第9期.

亳縣博物館,〈安徽亳縣發現一批漢代字磚和石刻〉,《文物資料叢刊》2, 文物出版社, 1978.

黃河水庫考古隊,〈河南陝縣劉家渠漢墓〉,《考古學報》, 1965年 第1期.

黃河水庫考古工作隊,〈一九五六年秋河南陝縣發掘簡報〉,《考古通迅》, 1957年 第4期.

湖南省博物館·中國科學院考古硏究所·文物編輯委員會,〈長沙馬王堆一號漢墓發掘簡報〉,《文物》, 文物出版社, 1972.

湖北省宜昌地區博物館,〈當陽金家山春秋楚墓發掘簡報〉,《文物》, 1989年 第11期.

黑龍江省文物考古工作隊,〈密山縣新開流遺址〉,《中國考古集成》 東北卷 新石器時代(二), 北京出版社.

黑龍江省博物館,〈黑龍江寧安大牡丹屯發掘報告〉,《考古》, 1961年 第10期.

黑龍江省文物考古硏究所,〈黑龍江賓縣慶華遺址發掘簡報〉,《考古》, 1988年 第7期.

黑龍江省文物考古硏究所,〈黑龍江泰來縣平洋磚歷墓地發掘簡報〉,《中國考古集成》東北卷 靑銅時代(三), 北京出版社.

今西龍,〈新羅骨品考〉,《新羅史硏究》, 東洋文庫, 1933.

馬場是一郎·小川敬吉,〈梁山夫婦塚と其遺物〉,《古蹟調査特別報告》第5冊, 朝鮮總督府, 1926.

梅原末治,〈羅州潘南里の寶冠〉,《朝鮮學報》 第14輯 高橋先生頌壽紀念號, 朝鮮學會, 1959.

梅原末治,〈羅州潘南面の寶冠〉,《朝鮮學報》第14輯, 朝鮮學會, 1959.

浜田耕策,〈新羅の神宮と百座講會と宗廟〉,《東アジア世界における日本古代史講座》9, 學生社, 1982.

三上次男·山邊知行·岡田讓 編集,〈金冠〉,《東洋美術》第6卷 朝日新聞社, 1969.

西嶋定生,〈漢代における卽位儀禮－とくに帝位繼承のばあいについて〉,《榎博士還曆記念東洋史論叢》, 山川出版社, 1975.

石田英一郎·江上波夫·岡正雄·八幡一郎,〈朝鮮半島との關係〉,《日本民族の起源》, 平凡社, 1969.

小野山節,〈古墳時代の裝身具と武器〉,《日本原始美術大系 5》, 誹談社, 1978.

小泉顯夫,〈慶州瑞鳳塚の發掘〉,《史學雜誌》第三十八篇 第一號, 1927.

深津行德,〈臺灣故宮博物院所藏'梁職貢圖'模本について〉,《朝鮮半島に流入した諸文化要素の研究(2)》, 學習院大學東洋文化研究所 調查研究報告 No. 44, 1999.

伊藤秋男,〈耳飾の型式學的研究に其つく韓國古新羅時代古墳の編年に關する試案〉,《朝鮮學報》64, 朝鮮學會, 1972.

秋山進吾,〈中國東北地方の初期金屬文化の樣相(下)〉,《考古學雜志》54-4.

穴澤和光·馬目順一,〈南部朝鮮出土の鐵製鋲留甲冑〉,《朝鮮學報》第七六輯,《武具》, 1975.

坂元義種,〈古代東アヅアの日本と朝鮮－大王の成立をぐつて〉,《史林》51-4, 1978.

찾아보기